미국 주식으로 시작하는

슬기로운 퀀트투자

미국 주식으로 시작하는 **슬기로운 퀀트투자**

주린이+코알못도 파이썬으로 쉽게 따라 하는 퀀트투자 레시피

초판 1쇄 발행 2021년 9월 30일
초판 2쇄 발행 2021년 12월 22일

지은이 김용환, Yubin Kim / **펴낸이** 김태헌
펴낸곳 한빛미디어(주) / **주소** 서울시 서대문구 연희로2길 62 한빛미디어(주) IT출판부
전화 02-325-5544 / **팩스** 02-336-7124
등록 1999년 6월 24일 제25100-2017-000058호 / **ISBN** 979-11-6224-475-3 93000

총괄 전정아 / **책임편집** 홍성신 / **기획 · 편집** 김대현
디자인 표지 박정우 내지 박정화 / **전산편집** 다인
영업 김형진, 김진불, 조유미 / **마케팅** 박상용, 송경석, 한종진, 이행은, 고광일, 성화정 / **제작** 박성우, 김정우

이 책에 대한 의견이나 오탈자 및 잘못된 내용에 대한 수정 정보는 한빛미디어(주)의 홈페이지나 아래 이메일로
알려주십시오. 잘못된 책은 구입하신 서점에서 교환해 드립니다. 책값은 뒤표지에 표시되어 있습니다.

한빛미디어 홈페이지 www.hanbit.co.kr / 이메일 ask@hanbit.co.kr

지금 하지 않으면 할 수 없는 일이 있습니다.
책으로 펴내고 싶은 아이디어나 원고를 메일(writer@hanbit.co.kr)로 보내주세요.
한빛미디어(주)는 여러분의 소중한 경험과 지식을 기다리고 있습니다.

주린이+코알못도
파이썬으로 쉽게 따라 하는
퀀트투자 레시피

미국 주식으로 시작하는

슬기로운
퀀트투자

Outside up

Morning star

Black crows

Support line

Low line

김용환, Yubin Kim 지음

한빛미디어
Hanbit Media, Inc.

지은이 **김용환** finterstellar@naver.com

한국거래소 구조화상품 퀀트 출신 서학개미. 미국 증시에 깃발을 꽂는 슈퍼 서학개미가 되기를 꿈꾼다.

- 한국거래소, SK C&C

- UC어바인 MBA

- 연세대학교 산업공학과

저서: 『파이썬을 활용한 금융공학 레시피』(한빛미디어, 2018)

지은이 **Yubin Kim**

미국 주식 퀀트 분석 프로그램 퀀트머신 개발자이자 월스트리트 정복에 도전하는 고등퀀트.

- Cresskill High School

투자 기법에는 펀더멘털과 퀀트라는 양대산맥이 있다. 데이터의 정량적 활용을 통한 퀀트투자 기법은 재무 분석과 정성적 판단이 필요한 펀더멘털 투자를 보완 및 대체 할 수 있는 훌륭한 도구이며, 한국의 개인투자자가 언어장벽을 극복하고 미국 주식투자에 활용할 수 있는 강력한 무기다. 모쪼록 이 책이 많은 투자자에게 실용적인 퀀트투자 입문서가 되어 좋은 수익률을 낼 수 있길 바란다.

뉴욕주민_『뉴욕주민의 진짜 미국식 주식투자』, 『디 앤서』 저자

퀀트투자는 과학적이고 안정적이라는 장점에도 불구하고 퀀트 시스템 구축이 쉽지 않아 많은 투자자에게 그림의 떡이었다. 이 책은 퀀트 시스템 구축 방법을 실질적으로 알려줌으로써 개인투자자도 자신만의 퀀트 시스템을 구축할 수 있도록 안내한다."

윤대은_파로스자산운용 대표

2020년은 코로나19발 증시 폭락과 이로 인해 출회된 사상 초유의 유동성으로 특별한 전략 없이 시장에 뛰어든 투자자라도 높은 수익을 거둘 수 있었고, 연간 수익률 50%도 놀라울 것이 없을 정도로 비정상적인 증시 호황기였다. 하지만 이제 더이상 2020년과 같은 신규 유동성 공급은 기대하기 어려울뿐더러, 각국 중앙은행들은 풀어놓은 유동성을 언제 회수해갈지 타이밍을 잡기 위한 눈치를 보고 있는 상황이다. 오히려 유동성이 더 이상 공급되지 않는 지금이 그나마 안정적인 상태이고, 기업의 실적 개선이 충분치 못한 상황에서 유동성 회수가 시작된다면 대세 하락장도 올 수 있다는 것을 염두에 두고 투자에 임해야 한다.

그렇다. 시장이 달라졌다. 2020년 이전부터 투자를 해오던 투자자라면 2020년이 특이한 시기였다는 것을 알고 있겠지만, 2020년부터 투자를 시작한 사람이라면 달라진 시장 환경을 받아들이기 힘들 수 있다. 이런 시기에는 투자를 잠깐 쉬는 것도 방법이지만, 로또도 사야 당첨될 수 있듯 시장에서 떠나버리면 다시 올라갈 때 벼락거지 대열에 합류하게 될지도 모른다.

그러면 어떻게 해야 하나? 투자의 신이라면 불안한 장에서도 오르는 종목들만 골라서 투자할 수 있겠지만, 일반인에게는 쉽지 않은 일이다. 투자를 쉬기에는 불안하고 신적인 능력도 없다면, 남은 방법은 지속 가능한 투자 전략을 만들고 꾸준히 시행하는 것이다. 워런 버핏처럼 망하지 않을 기업의 주식을 사서 주가가 오를 때까지 보유하는 것도, 상승세를 탄 종목을 사서 짧게 치고 빠지는 것도 전략이다. 내 투자 스타일에 맞는 좋은 전략을 만들어서 실행해야 한다. 문제는 전략을 어떻게 만드는지, 내가 고안한 전략이 효과가 있는지 확인하는 방법을 알아야 한다.

학창 시절 공부할 때를 떠올려보자. 교과서에 나온 개념을 이해하고, 예제를 풀면서 기본기를 갖춘 후 본격적인 문제 풀이에 돌입한다. 투자 전략을 만들 때도 같은 절차를 따라가면 된다. 유명한 전략들이 어떻게 만들어졌는지 개념을 이해하고, 그 전략이 어떻게 구현됐는지 기본기를 따라 하며 배우고 난 뒤 이것을 응용한 전략을 스스로 개발할 수 있다. 고맙게도 많은 투자 대가들이 은퇴하면서 책을 통해 자신의 전략을 공개해 주었고, 저명한 교수들도 자신의 전략을 논문으로 공개했다.

공부할 거리는 충분히 많다. 아쉬운 것은 지금까지의 책과 논문은 어떤 전략을 구현한 기술적인 방법을 소개하지는 않는다는 것이다. 데이터를 어디에서 가져오는지, 어떻게 해석하고 어떤 의사결정으로 이어지는지 등의 기술적인 방법 등 말이다. 따라서 이러한 투자 전략을 직접 따라하기 위해서 코딩이나 수학 등 부가적인 배경지식이 필요하다. 배경지식이 있더라도 분석에 필요한 데이터를 구할 수 없다면 또 다른 난관에 부딪히게 된다. 그래서 필자는 이 책을 집필하게 되었다. 이 책은 이미 알려진 대가들의 전략을 소개한 뒤 이 전략을 자신의 컴퓨터에서 직접 구현해보고 응용하는 방법을 알려준다.

미국 시장에 투자하는 이유는 각자 다를 것이다. 한국 시장만으로는 성에 차지 않아, 미국 경제의 성장 포텐셜의 매력에 끌려, 혹은 한국 시장 투자가 곤란해서 등 다양하다. 어떤 이유든 다 좋다. 하지만 미국시장에 진출한 이상 월드클래스 투자자와 경쟁해야 한다. 월스트리트의 펀드 매니저도, 로빈후드 개미군단도 경쟁자다. 서학개미가 그들과의 전투에서 이기려면 그들보다 우월한 정보와 지식을 갖추거나 그들과 다른 전략을 이용해야 한다. 하지만 언어와 시차라는 장애물 때문에 서학 개미가 이들보다 우월한 정보력을 갖추기는 쉽지 않다. 그래서 국내 투자를 할 때보다 더 많은 무기가 필요하다. 퀀트 전략은 서학개미를 위한 좋은 무기가 될 수 있다.

퀀트라는 말을 듣고 파생상품을 이용한 화려한 전략을 생각하고 책을 펼친 사람도 있을 것이다. 물론 그런 것들이 퀀트의 본류임을 감안하면 충분히 그럴 만도 하다. 하지만 본류 수준의 지식을 책 한 권으로 담을 수는 없다. 만약 그런 기대를 했다면 아쉽지만 이 책은 덮어두길 바란다. 이 책은 서학개미를 위한 퀀트투자 입문서이자 실습서이다. 주식의 범위를 뛰어넘는 부분은 이 책에서 다루지 않는다. 레버리지를 이용하고 변동성을 다루는 일은 전문투자자가 되고 난 후에 관심을 가져도 충분하다. 아무쪼록 이 책이 성공적인 미국 주식투자 첫걸음의 기반이 되길 바란다.

2021년 9월 미국에서, 김용환

이 책은 서학개미를 위한 미국 주식 퀀트투자 입문서이자 실습서이다. 퀀트투자는 수학적, 통계적 기법을 활용해 투자 종목을 발굴하는 투자 방법이다. 퀀트투자 전략을 만들기 위해서는 유명한 전략들이 어떻게 만들어졌는지 개념을 이해하고, 어떻게 구현됐는지 기본기를 따라 하며 배워야 한다. 또한 퀀트투자 전략을 공부하기 위해서는 코딩이나 수학 등 부가적인 배경지식이 필요하다. 이 책은 이미 잘 알려진 투자 대가들의 전략을 소개하고 자신의 컴퓨터에서 이 전략을 구현해보며 응용하는 방법을 알려준다.

이 책의 구성

1장, 2장 퀀트투자 개념 이해하기/퀀트머신 설치하기

퀀트투자의 기본적인 개념을 이해한 뒤, 구글 콜랩에서 퀀트머신을 사용하기 위한 환경을 준비한다. 퀀트머신을 이용해 미국 애플 주식을 RSI 투자 기법을 활용하여 분석하면서 퀀트머신 사용법을 익힌다.

3장 단기투자의 기술

단기투자 전략의 2가지 방향 설정에 대해 이해하고 기술적 분석으로 유명한 투자 전략 중 RSI, 엔벨로프, 변동성 돌파, 볼린저밴드, 스토캐스틱 등의 여러 전략 개념을 이해하고 퀀트머신으로 실제 미국 주식 종목을 적용시켜 백테스트해본 뒤 적절한 매수/매도 타이밍을 파악하는 기술을 배운다.

4장, 5장 가치투자를 위한 재무제표 읽는 법/가치주를 찾는 기술

가치투자를 하기 위해 재무제표의 중요성을 소개하고 퀀트머신으로 재무제표에서 꼭 필요한 정보를 찾아본다. 이후 밸류에이션(가치평가) 산출 과정을 따라 가치주를 찾는 기술을 익힌다. 밸류에이션 중 상대가치법인 PER, PBR, PSR, PCR, EV/EBITDA, EV/Sales 등을 활용한 투자 방법을 알아본다.

6장 우량주를 찾는 기술

기업 자체의 수익성과 안전성을 고려한 우량주를 찾는 투자 전략을 살펴본다. 투자 효율이 좋은 기업을 찾는 ROA(자산대비이익)와 ROE(자본대비이익), RIM(잔여이익모델), 영업 효율이 좋은 기업을 찾는 GP/A 지표 등을 다룬다. 이외에도 기업의 특성에 따라 투자가치를 파악할 수 있는 안정성 지표, 성장률 지표, 회전율 지표 등 여러 지표 산출을 통한 투자 방법에 대해 알아본다.

7장 전략을 합성하는 기술

ROC와 PER의 합성 전략이라 볼 수 있는 그린블라트의 마법공식을 살펴보고 여러 지표의 조합 결과를 살펴본다. 또한 피오트로스키의 F스코어에 저PBR 전략을 합성하여 우량주를 판단하는 방법도 알아본다. 마지막으로 지금까지 배운 전략을 응용한 자신만의 새로운 전략을 만들기 위해 퀀트머신으로 여러 전략 합성 연습을 해본다.

8장 퀀트투자 시작하기

퀀트투자를 시작하기 전에 가져야 할 개인투자자의 자세에 대해 설명한다.

부록

이 책의 부록에서는 파이썬 프로그래밍을 해보지 않은 독자를 위한 파이썬 기본 문법과 퀀트머신의 기반이 되는 핀터스텔라 라이브러리에 대해 간략히 설명한다. 또한 미국 주식투자 실전에 들어가기 전에 모의 트레이딩으로 연습할 수 있는 WeBull 애플리케이션의 사용법을 다룬다. 마지막으로 퀀트머신 준비 환경으로 구글 콜랩 사용이 어려운 경우 대체할 수 있는 주피터랩의 설치와 사용법을 안내한다.

대상 독자

이 책은 미국 주식 데이터를 분석하고 퀀트투자 전략을 만들고자 하는 일반인을 대상으로 한다. 이 책에서는 데이터 분석을 파이썬 프로그래밍 기반으로 하고 있으나, 책에 수록된 부록(파이썬 기본)을 참고하면 따라 할 수 있는 수준으로 구성되어 있다. 다만 금융공학 이론과 관련된 전문적인 내용도 다루기에 책을 꼼꼼하게 읽어보는 것이 중요하다.

실습 환경

이 책은 다음과 같은 환경을 기반으로 설명한다.

- 운영체제: 윈도우10(64비트), 윈도우11, macOS11(Big Sur)
- 개발환경: 구글 콜랩

정오표와 피드백

편집 과정에서 오탈자를 확인하는 절차를 거쳤음에도 미처 발견하지 못한 오탈자나 내용에 대한 오류 문의는 출판사 도서 정보 페이지에 등록하거나 카페로 보내주시길 부탁드린다. 독자의 소중한 피드백은 모두 정리하여 다음 쇄에 반영하겠다. 책에서 사용하는 실습 예제는 아래 주소에서 받을 수 있으며, 책과 관련한 궁금한 점은 공식 카페로 문의 바란다.

- 실습 예제 https://github.com/finterstellar/quant_machine
- 저자 이메일 finterstellar@naver.com
- 공식 카페 https://cafe.naver.com/finterstellar

목차

CHAPTER **1** 투자를 시작하는 당신에게

CHAPTER **2** 일단 해보자

CHAPTER **3** 단기투자의 기술

CHAPTER 6 우량주를 찾는 기술

Appendix D 주피터랩 설치 가이드

투자를 시작하는 당신에게

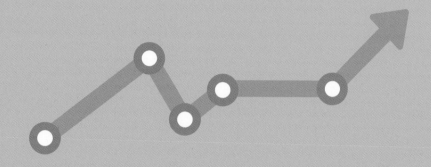

1.1 이제 벼락거지는 그만

넘치는 유동성이 만들어낸 신조어, 벼락거지. 투자에 눈 돌리지 않고 본업에만 충실했던 사람들이 하루가 다르게 치솟는 자산 가격 때문에 상대적으로 빈곤해지는 것을 빗대어 생긴 신조어다. 월급 오르는 속도가 집값 오르는 속도를 따라가질 못하니 월급만 모아서는 내 집 하나 마련하기 힘든 세상이다. 노동의 가치를 지켜오던 기존 중산층의 수가 점점 줄어들고 있다니, 평범하게 살면 중산층이 되는 것이 아니라 빈곤층에 가까워진다는 것이다. 금수저나 초고액 연봉자가 아니라면 빈곤층이 되지 않기 위해 평범한 월급쟁이 생활 말고도 뭔가를 더 하지 않으면 안 되는 시대가 왔다. 이 시대가 그동안 투자하지 않고도 잘 살던 사람들을 투자의 세계로 떠밀고 있는 것이다.

하지만 투자를 한다고 모두가 성공하는 건 아니다. 특히 이제 막 투자를 시작하는 사람이라면 모든 게 낯설고 불안하기만 하다. 그래서 인터넷도 뒤지고 유튜브도 보고 심지어 리딩방도 기웃거린다. 막상 유튜브에서 소개한 종목을 따라 들어가자니 이미 너무 오른 것 같고, 리딩방은 언론에서 사기라는 소식이 많이 들려 이용하기 불안하다. 게다가 소위 전문가라는 사람들이 하나같이 하는 얘기는 기승전존버다. 버티다 보면 언젠가는 내가 산 가격 이상으로 올라갈 텐데 당연한 말 아닌가? 별로 도움이 되지 않는다. 여유 자금으로 존버[1]하라는 말은 진실이긴 하지만 누구나 할 수 있는 얘기다.

남에게 의지한 불안한 투자는 싫다. 존버는 무식하다. 묻지마 투자나 존버가 아닌 스마트한 투자 방법은 없을까? 이 질문에 대한 몇 가지 답변 중 하나로 퀀트투자를 제시하고자 한다. 퀀트투자는 무엇인지, 퀀트투자는 어떻게 하는지, 퀀트투자가 나에게 어울리는지 이 책을 보면서 힌트를 얻길 바란다.

잠깐

책장을 넘기기 전에 미리 알려줄 것이 있다. 퀀트는 도깨비방망이가 아니다. 세상에 항상 이기기만 하는 투자 전략은 없다. 항상 이기는 전략을 찾고 있다면 공부보다 기도가 더 빠를 수도 있다. 또한 퀀트투자는 답지를 채우는 몇 개의 정답 중 하나일 뿐 유일한 정답이 아니다. 만약 정확하게 기업 분석을 할 수 있다면 퀀트투자보다 높은 수익률을 올릴 수도 있다. 다만 그렇게 하기엔 현실직으로 어려운 부분이 많다. 기업 분석을 업으로 하는 애널리스트도 힘들어하는 일이니 말이다.

---

1   주식 등 자산 투자자들 사이에서 소유하고 있는 자산 가격이 다소 떨어지더라도 매도하지 않고 인내심을 가지는 것을 의미하는 신조어.

합리적인 세상에서 승률과 수익률은 반비례한다. 복권, 경마, 도박, 주식 모두 마찬가지다. 승리할 확률이 높을수록 수익률은 작다. 높은 확률과 작은 수익률로 티끌 모아 태산을 추구할지, 어쩌다 한 번 나오는 대박 수익률을 추구할지 선택해야 한다. 퀀트는 승률과 수익률 사이에서 최적화된 지점을 찾아 나선다. 그래서 퀀트는 홈런보다 안타를 노린다. 운 좋은 모험가가 어쩌다가 100% 수익을 낼 때, 퀀트는 조금 늦게 따라 들어가고 조금 늦게 나오면서 50%의 수익을 만든다. 다만 운이 아니라 통계를 이용하고, 어쩌다 한 번이 아닌 이런 기회를 자주 만들 뿐이다.

'발꿈치에서 사서 머리에서 팔기보다, 무릎에서 사고 어깨에서 팔라'는 말이 있다. 퀀트 전략이 추구하는 것이 바로 이것이다. 퀀트는 신이 아니기에 갑자기 폭등하거나 폭락할 주식을 찾아낼 수 있는 재간이 없다. 대신 수학과 컴퓨터를 이용해 상승이 시작된 주식을 빨리 찾아 대응할 수 있게 해준다.

그림 1-1 퀀트투자가 추구하는 영역

처음부터 수학과 컴퓨터 얘기가 나오니 거부감이 들 수 있다. 하지만 파생상품이나 채권이 아닌 주식투자 정도는 고등학교 수학 수준의 지식으로도 충분하다. 코딩에 대한 부담도 갖지 말자. 이 책이 소개하는 퀀트머신을 이용하면 프로그래밍 경험이 없어도 충분히 퀀트모델을 만들 수 있다. 이마저도 귀찮다면 웹사이트를 통해 클릭 만으로 비슷한 모델을 만드는 방법도 있다. 고등학생도 충분히 고등퀀트[2]가 될 수 있다. 수학이나 코딩에 부담 갖지 말고 일단 따라 해

---

2   고등학생도 퀀트투자를 충분히 할 수 있는 퀀트가 될 수 있다는 전제하에 엠넷에서 방송했던 고등학생 대상 힙합 오디션 프로그램인 '고등래퍼'에서 따와 필자가 명명한 용어이다.

보자. 겨우 이런 것도 전략이라 부를 수 있을 것인가 싶을 정도로 간단한 것도 있다. 하지만 이것 역시 묻지마 투자보다는 강력하다. 게다가 하찮아 보이는 전략들도 결합하면 더욱 강력해진다.

이미 시중에 퀀트투자를 소개하는 좋은 책이 많이 나와있다. 하지만 대부분 개념 설명에만 집중하고 있어 막상 책을 읽고 투자를 시작하려면 어떻게 해야 할지 길이 잘 보이지 않는다. 이 책은 모델을 소개하는데 그치지 않고 본격적인 모델을 만들고 테스트하는 것까지 실습한다. 퀀트머신을 이용해 직접 데이터를 가져오고 가공하며, 트레이딩 시그널을 만들어 백테스트까지 완성한다. 책을 보다가 궁금한 점이 생기면 https://cafe.naver.com/finterstellar에 방문해보자. 다른 퀀트들과 고민을 나누다 보면 획기적인 아이디어가 떠오를 수도 있다. 지금부터 시작해보자.

1.2 주가는 왜 오르나?

자본주의 시장에서 가격이 결정되는 원리는 수요와 공급이다. 수요가 많아지면 가격이 올라가고, 공급이 많아지면 가격이 내려간다.

그림 1-2 수요와 공급의 원리

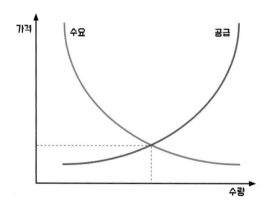

주식의 가격 역시 수요공급의 원칙에 따라 결정된다. 주식시장에서 수요는 주식을 사려는 매수 주문, 공급은 주식을 팔려는 매도 주문을 의미한다. 주식을 사려는 사람이 많으면 주가가 올라간다. 사람들은 어떨 때 주식을 사려고 할까? 주식을 보유하고 있음으로써 이익이 기대될 때이다. 주식투자로 이익을 보려면 주식을 싸게 사서 비싸게 팔아 시세차익(자본수익)을 얻거나, 기업에서 배당을 받아 배당수익을 올려야 한다.

주로 성장하는 기업에 투자할 때 자본수익을 기대하고, 성숙한 기업에 투자할 때는 배당수익을 기대한다. 구글^{Google LLC}[3]은 지금까지 한 번도 배당을 하지 않았지만 투자자들 사이에서 인기가 높은 주식이다. 벌어들인 돈을 배당을 하지 않는 대신 모두 재투자해 회사를 더 성장시키고 주가를 점프업시키기 때문이다. 배당금을 줄 돈으로 알파고를 만든 딥마인드를 사들이고, 안드로이드, 크롬 등을 인수하여 회사를 키웠다. 자율주행을 연구하는 웨이모도 설립하여 더 큰 성장을 준비하고 있다. 10년 전에 구글에 투자했다면 지금까지 약 6배 가까이 자산을 불려줬을 것이다. 기껏해야 연 5% 남짓한 배당수익과는 비교도 할 수 없는 높은 자본수익을 거뒀으니 주주가 불만을 가질 이유가 없다.

그림 1-3 구글의 연도별 주가 차트

이번에는 성숙한 산업에 속하는 부동산 기업 MGM그로스프로퍼티^{MGM Growth Properties}[4](MGP)를 보자. [그림 1-4]는 배당수익률^{Dividend Yield} 차트인데, 배당금을 주가로 나눈 값이다. 즉, 주식을 $100만큼 가지고 있으면 배당금 얼마를 받는지 보여준다. 은행 예금의 이자율과 같은 개념이다. 2021년 1분기 말 기준 배당수익률은 6%를 상회하고 있다.

----

3 웹 검색, 포털 사이트를 운영하고 광고를 주 사업 영역으로 하는 미국의 다국적 IT 회사.
4 미국의 부동산신탁업체로 MGM 그룹의 카지노, 호텔 및 리조트 등에 투자하고 있다.

그림 1-4 MGM그로스프로퍼티의 배당수익률

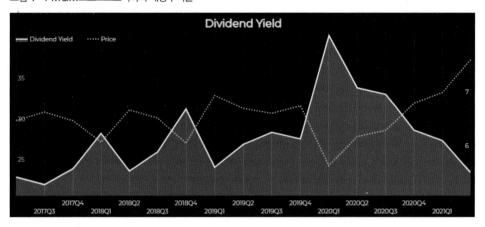

반면 주가는 구글 같은 성장형 기업처럼 많이 올라가진 않았다. 2016년 $22에서 현재(2021년
상반기 기준) $31로 50% 정도의 소소한 상승에 그쳤다. 하지만 MGM그로스프로퍼티 투자자
는 이미 배당만으로도 충분한 보상을 받고 있다.

그림 1-5 MGM그로스프로퍼티의 연도별 주가

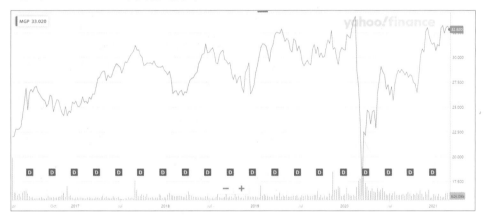

자본수익을 추구할지 배당수익을 추구할지는 투자자 본인의 성향에 따라 결정할 일이다. 대체
로 나이나 소득의 안정성에 따라 결정하는데, 본업에서 안정적인 수익이 꾸준히 나오는 사람이
라면 자본수익을, 은퇴를 준비하는 사람이라면 배당수익을 선호하는 경향이 있다. 중요한 것은
자본수익이든 배당수익이든 앞으로 기대되는 수익이 지금보다 더 높아질 것이라 기대하는 사

람이 많아지면 주식 수요가 많아지고, 반대의 경우 공급이 많아진다는 사실이다. 그럼 주식시장에서 수요가 많아지는 경우는 언제일까?

1) 기업 실적 개선

'곳간에서 인심 난다'는 말이 있듯 기업에 돈이 많아져야 투자를 늘리든 배당을 주든 할 수 있다. 따라서 기업의 실적은 투자자의 최대 관심사다. 기업의 실적이 좋아졌거나, 미래 예상 실적이 더 좋아질 것으로 예상되거나, 발표된 실적이 예상했던 실적보다 더 좋은 경우(어닝서프라이즈earnings suprise[5]) 주식의 인기는 높아진다.

실적 개선은 기업 자체의 능력이 올라가는 경우도 있지만, 외부요인 변화도 한몫 한다. 기름을 파는 회사는 기름값이 올라가면 실적이 개선된다. 화상 회의 서비스를 제공하는 줌Zoom Video Communications, Inc.[6]은 코로나19 때문에 엄청나게 성장했다. 경쟁 업체가 사라지는 것도 실적 개선의 요인이다.

2) 추가 성장 기대

기업이 잘할 것 같은 비즈니스를 새롭게 시작하면 시장은 기대감을 높인다. 반면 잘할 것 같지 않은 신규 사업 진출은 오히려 반대의 결과를 가져오기도 한다. 때로는 기존의 적자 비즈니스를 포기하면 주가가 높아지기도 한다. 2021년 초 LG전자가 스마트폰 사업을 포기한다는 뉴스에 LG전자의 주가가 2배 이상 뛰었다.

유능한 경영진 영입 같은 소식도 추가 성장 기대감의 재료가 된다. 무능한 CEO 때문에 추락한 인텔이 2021년 초 CEO 교체 뉴스로 주가가 반등한 것이 그 예다.

3) 투자자의 심리

이제는 주변에서 주식투자에 뛰어든 사람을 주변에서 쉽게 찾아볼 수 있다. 너도나도 있는 돈 없는 돈 다 끌어모아 투자를 시작했고, 이 자금들이 주식시장의 수요로 이어졌다. 주식시장에서 돈을 유동성이라 부르고, 이렇게 기업 펀더멘탈과는 상관없이 시장에서 수요가 늘어나 주가가 오르는 것을 유동성장세라고 한다.

....

5   시장 예상치에서 훨씬 뛰어넘는 깜짝 실적을 말한다. 예상치를 하회하는 경우에는 어닝쇼크earnings shock라고 한다.
6   재택 근무, 인터넷 강의, 실시간 온라인 수업 등에 사용하는 플랫폼으로 코로나19 팬데믹으로 인해 수요가 급증하였다.

주가가 움직이는 원리는 수요-공급의 법칙이고, 이를 지배하는 근간은 기업의 실적과 성장 그리고 투자자의 심리다.

1.3 장기투자 vs. 단기투자

주식투자를 언급하는 대부분의 유튜브, 책, 블로그 등은 한결같이 장기투자를 권한다. 그런데 과연 장기투자만이 정답일까?

장기투자는 개인투자자가 하기에 가장 편안하고 적합한 방향이다. 장기투자를 말할 때 함께 언급되는 것이 가치투자이다. 가치투자는 실제 가치에 비해 싼 저평가 종목을 사서 묻어두고 정상 가격으로 돌아올 때 되팔아 차익을 남긴다. 그래서 가치투자의 핵심은 저평가 종목을 찾아내는 것이다.

반면 단기투자는 가치를 얘기하지 않는다. 비싼 종목이더라도 더 오를 것 같은 종목을 매수하고, 더 비싸지면 되팔아서 이익을 남긴다. 이미 주식이 고평가인지는 중요하지 않다. 다만 내가 산 가격보다 더 비싸게 팔 수 있다는 믿음이 있다면 과감하게 투자하는 것이다.

가치투자, 저평가된 주식을 찾는 것이 핵심

가치투자는 저평가되어 있는 주식을 사서 제값을 받을 수 있을 때까지 기다리는 것이다. 흔히 존버라고 한다. 존버를 근간으로 하니 하루하루 주가 변동에 신경 쓸 필요가 없어 마음이 편하다는 장점이 있다.

> 💡 **잠깐** 가치투자의 핵심은 저평가 종목을 찾아내는 것이다. 저평가 종목을 찾아내는 방법은 여러 가지가 있는데, 크게는 ①재무제표를 분석해 기업의 절대가치를 산출하는 방법과 ②비슷한 기업들을 비교해 상대가치를 산출하는 방법으로 나눈다. 증권가의 애널리스트가 하는 일이 바로 이런 것이다.

절대가치를 산출하기는 정말 어렵다. 사실 불가능하다고 말하는 게 맞다. 절대가치 산출을 위해서는 기업이 미래에 벌어올 돈이 얼마인지를 알아야 하는데, 이를 알 수 없기 때문이다. 애널리스트 리포트를 읽어본 사람이라면 알겠지만, 이 일을 직업으로 하는 애널리스트도 기업이 미래에 벌어올 돈이 얼마인지 가정을 통해 기업가치를 산출한다. 그리고 애널리스트마다 가정이

제각각이라, 증권사마다 제시하는 목표주가 역시 제각각이다. 2021년 3월 기준으로 애널리스트가 제시한 테슬라$^{Tesla, Inc.}$[7]의 목표주가는 $135~$788이다.[8] 이렇게 광활한 목표주가 범위를 도대체 어떻게 받아들여야 할까?

상대가치는 절대가치보다 구하기 수월하다. 비슷한 기업을 골라내서 다른 기업들의 주가와 비슷하게 비율을 맞춰주는 간단한 계산으로 가치를 구할 수 있다. 하지만 비슷한 기업을 찾기가 어렵다. 삼성전자와 LG전자를 예를 들면 두 곳 모두 전자 회사지만 삼성은 스마트폰과 반도체가 메인이고, LG전자는 가전제품이 메인이다. 이 두 회사의 실적을 비슷할 것이라 가정할 수는 없는 노릇이다. 삼성전자가 반도체를 생산한다고 SK하이닉스와 비교하자니, 하이닉스에는 없는 가전과 스마트폰이 있다. 이 역시 난감하다.

절대가치도 상대가치도 제대로 구하는 건 쉽지 않지만, 가치투자자에게는 또 다른 장벽이 있다. 뉴스에 가끔 언급되는 떡상[9] 주식에 투자할 기회는 잘 오지 않는다는 점이다. 테슬라 같은 주식은 전통적인 방법으로는 가치가 산정되지 않는 주식이다. 월스트리트의 애널리스트도 테슬라 주가 예측은 이미 포기했고, 주가가 움직이고 나면 따라다니면서 목표가를 바꾸는 정도로 대응할 뿐이다. 가치투자자에게는 모멘텀투자[10]자들이 느끼는 주식시장에서의 짜릿함은 먼 나라 이야기다. 주식시장에 들어가 있으면서도 소외감을 느낄 수도 있다.

단기투자는 주가가 올라갈 것 같으면 가치와 상관없이 매수

단기투자는 여러 가지가 있다. 차트 분석을 이용한 추세추종 또는 평균회귀 매매, 호재를 따라 움직이는 테마주 매매 등 다양하다. 하지만 다양한 단기투자 방법에 공통된 주제는 딱 하나, 주가가 올라갈 것 같으면 산다는 것이다. 단기투자에서 기업가치는 중요하지 않다. 기업이 하향추세에 있어도, 단기적으로는 주가가 올라갈 것 같으면 매수한다. 애당초 주식을 오래 보유할 생각이 없기 때문이다.

---

7 2003년 설립된 전기자동차 제조업체. 2019년 말부터 흑자 전환에 성공했으며 현재까지 글로벌 전기차 시장에서 1위를 지켜오고 있는 기업이다.

8 https://www.marketbeat.com/stocks/NASDAQ/TSLA/price-target/

9 어떤 수치 등이 급격하게 오르는 것을 의미하는 신조어로 주식시장에서는 급등하는 경우를 말한다. 반대의 경우를 의미하는 떡락이란 용어도 있다.

10 주가가 움직이기 시작하면 한동안 지속되는 속성을 이용해 상승세를 탄 종목을 찾아내 추격매매하는 매매 방법. 기술적 분석이나 시장 심리 등을 이용해 주가 추이를 분석한다.

코로나19 팬데믹으로 인해 미국의 유명한 렌터카 회사인 허츠Hertz가 파산 보호 신청을 했다. 회사가 파산하면 주식은 휴지조각이 될 것이니 주가는 바닥을 치는 게 당연한데, 어이없게 주가가 한참을 치솟았다. 전혀 가치가 없는 주식의 가격이 오른 것이다. 이때 주식을 매수한 사람의 심리가 바로 주가가 올라갈 것 같으니까 산 것이다.

 잠깐 시장에서는 더 큰 바보 이론The greater fool theory이라고도 하는데 유명한 경제학자 케인즈에 의해 만들어진 것으로 나보다 더 바보인 사람이 내 주식을 비싸게 사줄 거라는 믿음에 기댄 주식투자를 의미한다.

허츠 같은 주식은 얼마든지 있다. 대개 주가 상승이 이론적으로 설명되지 않는 종목들이 그렇다.

시장에 바보들이 더 많이 있을 것처럼 보여도, 이들이 돌아서는 건 한순간이다. 떡상 종목을 잡기 위해 화끈한 종목을 선택했다면 다른 투자자가 돌아서는 시점을 놓치지 말고 같이 돌아서야 한다. 그러려면 투자기간 내내 마음이 편치 않은 고난의 길이 계속된다. 대한민국에서 투자로 가장 성공한 인물 중 한 명인 미래에셋 박현주 회장도 자사 유튜브에 마켓 타이밍을 이용한 투자는 신의 영역이라고 했다. 한국의 제임스 사이먼스James Simons[11]라는 옵투스자산운용 대표이자 서울대학교 컴퓨터공학과 문병로 교수도 그의 저서 『메트릭 스튜디오』에서 장장 4페이지에 걸쳐 타이밍의 어려움을 설명했다. 돈키언 추세 시스템[12] 등 타이밍을 잡는 방법이라 알려진 것들이 있긴 하지만, 잘못된 시그널을 발생시키는 경우가 잦고, 제대로 된 시그널이라도 전업으로 하는 게 아니라면 성공하기 어렵다.

이 책에서 소개하는 단기투자 모델 역시 마켓 타이밍을 사전에 읽어내지는 못한다. 다만 후행이라도 주가의 추이를 빠르게 읽어내 투자자가 시장에 즉시 대응할 수 있도록 도와줄 뿐이다. '현재 상승 중이다', '과거 주가 패턴 대비 현재 주가가 많이 싸졌다' 등을 읽어낼 뿐이지, '내일부터 주가가 상승 반등한다'와 같은 선행적인 판단은 하지 못한다. 주가가 이미 싼 구간에 들어갔지만, 더 싸질 수도 있다. 만일 마켓 타이밍을 선행적으로 예측하는 모델이 있다면 카페를 통해 제보해 주긴 바란다. 필자가 직접 코딩하고 테스트하여 제보자가 이용할 수 있도록 제공하겠다.

---

11 퀀트투자 전략을 통해 막대한 투자 수익률을 기록한 수학자 출신의 투자가로 전 세계 금융 업계에 퀀트 열풍을 불러 일으킨 장본인이다.
12 추세추종의 아버지라 불리우는 리처드 돈키언의 이름을 딴 고전 파생 전략으로 최근 n일간 신고가 돌파 시 매수. 신저가를 달성하면 매도하는 전략.

장기투자는 어렵고 단기투자는 힘드니 투자를 하지 말라는 건가?

아니다. 투자를 위해 공을 들여야 한다.

장기투자자는 기업가치를 더 잘 산출하기 위해 기업을 세세히 나눠서 봐야 한다. 사업 영역별로 쪼개서 절대가치와 상대가치를 모두 구해보고 여러 수치를 평균 내어 구해야 한다. 애널리스트가 하는 작업이다. 이렇게 수고를 들여도 예상 주가가 틀리는 일이 더 많다. 워낙 어려운 일이니 애널리스트를 비난할 수만은 없다. 대신, 그들이 어떻게 실적을 예측했는지 그 논리를 평가해보고, 주가의 방향 정도를 참고해서 자신이 직접 투자 의견을 정해야 할 필요가 있다.

하지만 애널리스트도 잘 못하는 일을 전업도 아닌 개인투자자가 더 잘하기는 힘들다. 그래서 필요한 게 기업분석모델이다. 애널리스트는 기업 하나를 제대로 분석하기 위해 상당한 시간과 정성을 들여 재무제표 분석부터 경영진 미팅까지 한 땀 한 땀 공들여서 수행한다. 하지만 애널리스트 수준의 모델은 개인이 만들기도 어렵거니와, 주관적 판단이 들어가야 하니 적용 범위도 한정적이다. 개인투자자라면 구하기 어려운 주관적인 판단 지표는 배제하고, 인터넷에서 구할 수 있는 데이터를 이용한 객관적인 지표로 구성한 모델을 만들 필요가 있다. 이렇게 만든 모델을 많은 기업에 범용적으로 적용해보면 객관적으로 저평가 가치주를 찾아낼 수 있다.

단기투자를 하기로 했다면 더욱 모델이 필요하다. 사람이 일일이 종목마다 주가 차트를 클릭해가며 상승 추세인지 하락 추세인지 분석하려면 시간도 많이 소요되고 번거롭다. 컴퓨터가 알아서 주가 추이를 분석하고 투자자에게 시그널을 만들어주면 훨씬 수월하게 시장에 대응할 수 있다. 트레이딩 주기가 하루 이내인 데이트레이더Day trader[13]라면 분석 모델만으로는 부족하다. 실시간으로 시장을 모니터링하고 자동으로 주문까지 할 수 있는 프로그램이 필요하다.

지속 가능한 투자 전략을 만들어 뚝심 있게 실행해야

애널리스트가 기업을 한 땀 한 땀 분석하는 사람이라면, 퀀트는 시장을 관통하는 모델을 만드는 사람이다. 장기투자를 위한 기업분석모델을 만드는 것도, 단기투자를 위한 시장분석모델을 만드는 것도 퀀트가 하는 일이다. 장기투자모델이라면 재무 정보 등 장기투자를 위한 데이터를 분석하는 기능을 갖춰야 하고, 단기투자모델이라면 주식시장 내에서 수급을 분석하는 기능을 갖춰야 한다.

---

13 매수부터 매도까지의 사이클이 하루를 넘지 않도록 하여 일간 주가 변동 리스크를 최소화하는 투자자.

이 책에서는 장기투자모델과 단기투자모델을 모두 소개한다. PER[14], PBR[15]이나 재무제표를 언급하는 모델은 대부분 장기모델이고, 차트를 읽고 주가 강도를 분석하는 것은 주로 단기모델이다. 어떤 모델을 이용할지는 독자의 몫이다. 글을 읽다가 느낌이 꽂히는 모델이 있으면 일단 한번 해보길 바란다. 실전 말고 테스트부터, 그러다 보면 자신에게 맞는 모델을 만들 수 있게 될 것이다.

주가가 언제 올라갈지 언제 내려갈지는 아무도 모른다. 주식투자를 하다 보면 수시로 천국과 지옥을 오가게 된다. 주가가 하염없이 내려가는 시기에 주식을 들고 있으면 당장에라도 주식을 때려치우고 싶은 생각이 들기 마련이다. 그러다 참지 못하고 주식을 처분했는데 바로 다음날부터 장이 반등하면 그때의 허망함은 이루 말할 수 없다. 꿈을 가지고 시장에 들어온 개미가 지갑도 멘탈도 탈탈 털린 상태로 주식시장을 떠나는 경우도 많다. 그렇게 되지 않으려면 하루하루 주가 변동에 마음 졸이지 않을 수 있는 포트폴리오를 만들어야 한다. 불안에 떨지 않는 슬기로운 투자생활, 자신의 투자 성향에 어울리는 모델을 찾는 일부터 시작이다.

1.4 미국 주식을 퀀트로 해야 하는 이유

미국에서 더 잘 작동하는 퀀트모델

미국 시장과 한국 시장을 같은 퀀트모델로 분석해보면 서로 다른 결과가 나오는 경우가 많다. 미국에서 수익성이 검증된 모델이라도 한국 시장에 적용하면 수익이 나지 않는 경우도 허다하다. 두 시장의 규제, 금융 상품의 다양성, 시장의 유동성, 투자 문화 등이 달라 미국 시장에서는 성공적인 로직이 한국에서는 작동하지 않는 경우가 많기 때문이다. 근본적으로 퀀트를 성장시킨 건 미국이고, 여전히 퀀트모델이나 대부분의 논문은 미국 시장을 기준으로 발표된다. 퀀트모델의 원산지가 미국이기 때문에 미국 시장에 더 최적화되어 있다는 의미다.

언어 장벽을 극복하는 퀀트 분석

원어민 수준의 영어를 구사하는 사람은 예외로 하고, 대한민국 투자자 대다수는 영어로 된 문서를 읽는 데 부담을 느끼기 마련이다. 전통적인 분석 방법으로 투자에 임하려면 대상 기업에

---

14 주가수익비율, Price-to-Earnings Ratio의 약칭으로 주가와 주당순이익으로 나누어 구한다.

15 주가순자산비율, Price to Book-value Ratio의 약칭으로 주가를 주당순자산가치로 나누어 구한다.

서 발표하는 사업보고서, 각종 IR 자료, 애널리스트 리포트, 언론 기사 및 공시 자료도 찾아서 읽어야 함은 물론 허위 또는 과장된 정보를 가려내려면 꼼꼼히 봐야 한다. 서학개미에게는 분명 부담이다.

뉴욕 헤지펀드Hedge Fund[16] 매니저 출신 유튜버 뉴욕주민은 그녀의 저서에서 미국 시장의 각종 공시 자료를 구하는 방법 등을 소개하며 미국 주식에 투자하려면 공시 자료를 꼼꼼히 챙겨보라고 말한다. 너무 당연한 말이지만 절대 쉬운 일이 아니다. 투자를 전업으로 하는 사람이라면 어떻게든 시간을 내서 할 수도 있겠지만, 부업으로 미국 주식에 투자하는 경우 그렇게까지 하기는 힘들다.

하지만 숫자는 만국 공통이다. 대한민국 투자자에게도 특별히 더 부담스러울 것이 없다.

더욱이 퀀트모델은 사람이 아니라 컴퓨터가 데이터를 읽어오기 때문에 투자자는 클릭 하나로 수많은 미국 종목을 자유롭게 분석할 수 있다. 퀀트는 대한민국 투자자가 미국 시장을 대하며 마주치는 거대한 장벽을 무너뜨릴 수 있는 훌륭한 도구다.

풍부한 데이터

퀀트가 사용하는 재료는 데이터고, 데이터는 한국보다 미국 시장에 훨씬 풍성하게 차려져 있다. 이것은 시장에 대한 관심도의 차이, 그리고 데이터에 대한 인식의 차이에서 비롯된다. 한국보다 미국 시장에 투자하려는 사람이 훨씬 많다 보니 데이터에 대한 수요도, 질 좋은 데이터의 공급도 미국 시장이 압도적으로 많다. 게다가 미국에서는 데이터를 돈을 내고 사는 경우가 많다. 질 좋은 데이터를 만들어 판매하려는 데이터 공급자가 많이 생겨날 수밖에 없는 구조다.

반면 한국은 어떤가? 주식시세는 당연히 무료라는 인식이 만연해있고, 보관과 가공에 엄청난 비용이 들어가는 데이터도 공짜로 제공해달라는 요구가 많다. 데이터를 만들어내는 입장에서 보면 터무니없는 요구이지만, 이게 한국의 현실이다. 당연히 데이터 공급자도, 질 좋은 데이터의 공급도 태어나기 어려운 척박한 환경이다.

---

16 소수의 투자자로부터 자금을 모집하여 운영하는 일종의 사모펀드.

1.5 퀀트 분석은 도깨비 방망이가 아니다

환상적인 마켓 타이밍을 찾아내는 능력이 있는 사람이라면 퀀트보다 훨씬 우수한 수익률을 거둘 수 있다. 퀀트투자는 이런 시간과 능력이 부족한 사람이 선택하는 대안일 뿐이다. 퀀트는 예언자가 아니라 마켓을 빠르게 읽어내고 대응하는 사람이다.

최고의 수익률은 날아오를 종목을 선택해 목적지에 도착할 때까지 보유할 때 나온다. 주가를 기반으로 만든 모델은 어떤 종목이 날아오를지 사전에 예측하지 못할뿐더러, 중간중간 가격이 하락할 때면 매도 시그널을 보내온다. 모델을 따라가다 보면 날아가는 종목의 수익률을 얻기 어렵다.

기업을 하나하나 꼼꼼하게 분석할 수 있다면 퀀트가 보지 못하는 측면을 발견하고 더 높은 수익을 거둘 수 있다. 퀀트는 특정 기업을 타깃으로 모델을 만들지 않고 여러 기업에 범용적으로 활용하는 모델을 주로 연구하기 때문이다. 퀀트모델은 모든 기업을 한 땀 한 땀 분석할 시간이 없는 부업 투자자에게 관심 종목 리스트를 스크리닝screening[17] 해준다.

숫자로 나타나지 않은 호재를 퀀트모델이 발굴하기는 어렵다. 센티멘트분석[18]을 하는 퀀트모델이 있기는 하지만 주로 관심 종목 선정을 위해 이용되는 수준이지, 어떤 키워드가 얼마나 주가를 끌어올리는지 등에 대한 내용은 아직 연구 중에 있다.

모델을 통해 발굴한 종목이 다 오르지는 않는다. F스코어[19]를 만든 피오트로스키 교수는 그의 논문에서 뛰어난 성과를 거둔 모델의 포트폴리오도 종목별 수익률을 따져보면 상승 종목이 50%가 안 된다고 한다. 다만 상승한 종목의 상승폭이 하락한 종목의 하락폭을 뛰어넘기 때문에 포트폴리오 전체 수익률이 높아지는 것이다. 아무리 좋은 모델을 만들어도 포트폴리오 안에 하락하는 종목은 들어있기 마련이다.

모델을 이용해 투자해도 한참 동안 손실이 날 수 있다. 실습을 진행하면서 기간별 수익률을 확인할 것이다. 장기 수익률이 아무리 좋은 모델이라도 몇 분기 연속으로 손실을 기록한 기간은 있다. 새로 투자를 시작하는 시점이 하필 그 기간이 되지 말라는 법은 없다.

---

17 특정 기준을 충족하는 기업을 찾아 선별하는 작업.

18 SNS 피드, 동영상, 공시 등을 이용해 주가를 분석하는 방법.

19 미 스탠포드대학교 교수인 조셉 피오트로스키가 개발한 것으로 수익성, 재무건전성, 영업 효율성 등 기업의 상태를 파악할 수 있는 9개 재무지표를 점수화 하여 수익성이 좋고 부패 문제가 없으면서 영업 효율성이 높은 기업에 투자하는 전략을 말한다.

이 책은 실제 시장에서 퀀트가 사용하는 모델의 극히 일부를 소개하고 있다. 퀀트모델은 주식 투자보다는 선물, 옵션, 구조화상품, 채권, 외환 등 다른 영역에서 더 활발하게 쓰인다. 필자는 금융 투자업계에서 오래 일했지만, 주식만 다루는 기관 소속 퀀트 트레이더는 아직 만나보지 못했다. 기관퀀트는 주식을 거래하더라도 다른 금융 상품과 엮어 합성 전략을 만들어 트레이딩 하는 경우가 대부분이기 때문에 주식에만 투자하는 사람과는 시장을 보는 관점과 전략이 다르다.

일단 해보자

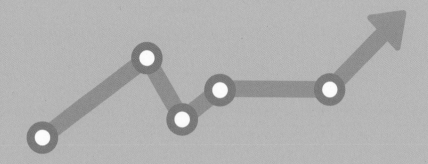

2.1 퀀트머신 준비

구글 콜랩 접속

퀀트머신을 시작하기 위해 브라우저를 열어 주소창에 https://colab.research.google.com/을 입력해 구글 콜랩Google Colab에 접속한다. 검색창에 '구글 콜랩', 'colab' 등으로 검색해도 된다. 콜랩은 구글이 무료로 제공하는 파이썬Python[1] 코딩 도구이며, 콜랩 내에서 파이썬 프로그램을 작성하고 실행할 수 있다. 물론 콜랩이 없어도 퀀트머신을 얼마든지 이용할 수 있다. (부록 참고) 주피터 노트북Jupyter Notebook[2]을 사용해본 경험이 있는 사람이라면, 콜랩을 구글이 제공하는 온라인 주피터 노트북이라고 이해하면 된다. 구글에서 기본 환경 설정을 다 해놨기 때문에, 사용자는 별도의 설치 없이 온라인으로 접속해서 이용하면 된다. 콜랩을 이용하려면 구글 계정에 로그인해야 한다.

그림 2-1 콜랩 접속 화면

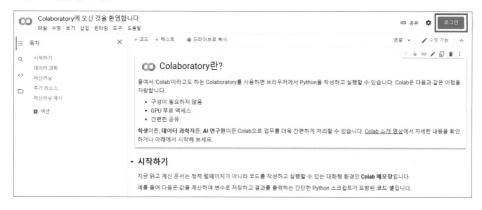

우측 상단에 있는 [로그인] 버튼을 눌러 자신의 구글 계정을 입력하고 로그인 한다. 아직 구글 계정이 없다면 새로 생성하여 실습을 진행하자.

---

1   컴퓨터 프로그래밍 언어의 일종으로 간결하고 생산성이 높다.
2   웹브라우저 안에서 실행하고 싶은 코드를 입력하고 그 결과를 바로 확인할 수 있는 애플리케이션.

그림 2-2 구글 계정으로 로그인

로그인을 한 후 메뉴에서 파일 – 새 노트를 선택해 클릭한다.

그림 2-3 새 노트 선택

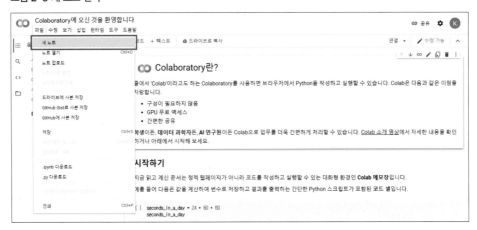

파이썬 코드를 작성할 수 있는 빈 노트가 다음과 같이 생성된다.

그림 2-4 빈 노트 생성

붉은색으로 표시한 부분을 '셀'이라 부르고, 셀 안에서 코드를 입력하고 실행시킬 수 있다.

콜랩이 처음이라면 테스트 삼아 아래 코드를 셀에 입력하고 실행시켜 보자. 셀 안에 print('Hi')라고 입력한 뒤 Shift + Enter를 누르면 실행된다.

```
1    print('Hi')
```

```
Out    Hi
```

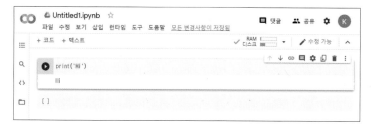

구글 콜랩에서 코드를 실행하는 방법은
① Shift + Enter를 누르거나,
② ▶ 를 클릭하면 된다.

코드가 실행되면, 다음 그림과 같이 셀 바로 아래 부분에 결과가 표시된다.

그림 2-5 테스트 코드 입력

콜랩을 편하게 사용하기 위한 추가 세팅으로 도구 – 설정으로 들어가 사이트 탭에서 다크dark 모드로 테마를 전환하고, 편집기 탭의 '행 번호 표시'를 선택하면 좋다.

그림 2-6 추가 설정

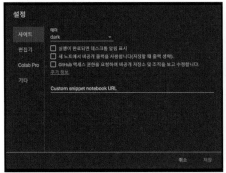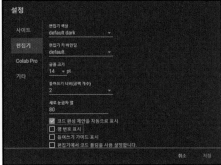

핀터스텔라 라이브러리 설치

이제 퀀트머신의 기본 골격인 핀터스텔라 라이브러리를 설치할 차례다. 다음 셀에 아래 코드를 입력하고 Shift + Enter를 눌러 실행한다.

```
1   pip install finterstellar
```

```
Out   Collecting finterstellar
        Downloading finterstellar-0.1.10-py3-none-any.whl (13 kB)
      Requirement already satisfied: requests>=2.23.0 in /usr/local/lib/python3.7/dist-
      packages (from finterstellar) (2.23.0)
      Collecting pandas-datareader>=0.10.0
        Downloading pandas_datareader-0.10.0-py3-none-any.whl (109 kB)
             |                              | 109 kB 7.5 MB/s
      ~~~
      (중략)
      ~~~
      Successfully installed finterstellar-0.1.10 pandas-datareader-0.10.0
```

아래 그림과 같이 맨 아랫줄에 Successfully installed finterstellar-x.x.x이 출력되면 정상적으로 설치가 완료된 것이다. 맨 뒤에 붙은 숫자 x.x.x는 버전 정보이며 수시로 업데이트된다.

그림 2-7 핀터스텔라 라이브러리 설치

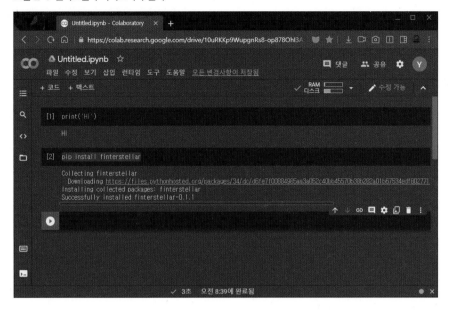

2.2 시세 가져오기

이제 본격적으로 퀀트머신을 이용해보자. 우선 위에서 설치한 퀀트머신의 엔진인 핀터스텔라 라이브러리를 불러온다. 외부 라이브러리를 불러올 때에는 import 명령어를 이용한다(import finterstellar). 불러온 finterstellar 라이브러리는 자주 사용할 것이므로 축약형인 fs를 별칭으로 붙여준다(as fs).

```
1    import finterstellar as fs
```
Out

이 한 줄로 핀터스텔라 라이브러리에 있는 모든 기능을 내 PC로 불러오는 작업이 완료됐다. 이제 필요에 따라 핀터스텔라 기능을 하나씩 호출해서 사용하면 된다. 사용하는 방법은 fs.함수명( )이다. fs.AAA( )라고 하면 'fs에 들어있는 AAA 나와' 라는 의미다.

핀터스텔라 라이브러리를 이용해 애플Apple Inc.[3](AAPL)의 주가를 가져와보자. 주가를 받아올 때는 fs 라이브러리의 get_price() 함수를 이용한다.

get_price(symbol, start_date, end_date)
- symbol: 종목코드 (문자열 또는 리스트, 필수)
- start_date: 기간 시작 일자 (날짜, 생략 시 종료 일자 1년 전)
- end_date: 기간 종료 일자 (날짜, 생략 시 최근 거래일)

종목코드를 던지면 해당하는 종목의 일자별 종가를 돌려준다.

```
1   df = fs.get_price('AAPL', start_date='2020-01-01', end_date='2020-12-31')
2   print(df)
```

```
Out    Symbols      AAPL
       Date
       2020-01-02   75.09
       2020-01-03   74.36
       2020-01-06   74.95
       2020-01-07   74.60
       2020-01-08   75.80
       ...          ...
       2020-12-24   131.97
       2020-12-28   136.69
       2020-12-29   134.87
       2020-12-30   133.72
       2020-12-31   132.69

       [253 rows x 1 columns]
```

1행은 fs에 들어있는 get_price() 함수를 이용해 애플(AAPL)의 주가를 가져와 df에 저장한다. 기간을 명시하지 않으면 현재일을 기준으로 지난 1년 치 주가를 가져온다.

2행에서는 가져온 df를 화면에 출력해 받아온 데이터를 확인한다.

가져온 데이터를 차트로 그려보자. fs의 draw_chart() 함수를 이용하면 된다. 그래프로 그려 낼 칼럼Column[4]을 지정해 줘야 하는데, 왼쪽 y축을 기준으로 표시할 칼럼은 left에, 오른쪽 y축

---

3   아이폰과 맥OS로 유명한 세계 시가총액 1위인 미국의 IT기업.
4   표의 세로축, 즉 행으로써, 열row에 대응하는 호칭.

을 기준으로 표시할 칼럼은 **right**에 지정해 준다. 여기에서는 주가를 오른쪽 축에 표시하기 위해 **right**에 주가가 들어있는 칼럼 **AAPL**을 지정한다.

---

draw_chart(df, left, right, log)

- df: 차트에 표시할 데이터 (데이터프레임, 필수)
- **left**: 왼쪽 y 축에 표시할 값 (데이터프레임의 칼럼, 생략 가능)
- **right**: 오른쪽 y 축에 표시할 값 (데이터프레임의 칼럼, 생략 가능)
- **log**: y 축을 로그로 표시할지 여부 (True/False, 기본 False)

데이터프레임의 데이터를 차트로 그린다.

```
1   fs.draw_chart(df, right='AAPL')
```

2020년 1월부터 12월까지 1년간의 주가 변동을 차트로 그려냈다.

2.3 주가 분석

RSI^{relative strength index}(상대강도지수)라는 기술적 분석 도구를 이용해 애플의 주가를 분석해보자. RSI가 무엇인지에 관한 본격적인 내용은 뒤에서 자세히 알아보기로 하고 일단 퀀트머신 맛보기 차원으로 따라 해보자. **fs**의 **rsi()** 함수를 이용해 주가 분석 보조지표인 RSI 값을 산출할 수 있다.

```
rsi(df, w)
```
- df: 주가 데이터 (데이터프레임, 필수)
- w: RSI 계산에 이용할 데이터 기간, w=20이면 20일 RSI 산출. (자연수, 생략 시 20)

RSI 값을 산출한다.

위에서 받아온 애플(AAPL) 주가 데이터가 들어있는 df를 fs에 들어있는 `rsi()` 함수에 넣어 RSI 값을 계산한다. RSI를 계산할 때 필요한 w 값은 대부분의 국내 증권사 HTS가 기본값으로 채택하고 있는 w=14로 하자.

```
1   fs.rsi(df, w=14)
2   fs.draw_chart(df, left='rsi', right='AAPL')
```

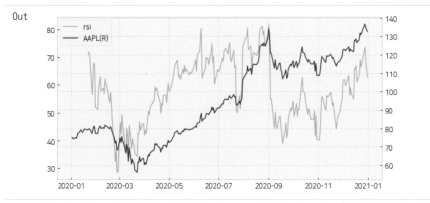

> 💡 잠깐
> RSI를 계산할 때 필요한 w 값을 14로 지정한 것은 일봉 기준으로 14일간의 주가의 상대적 세기를 표현했다는 뜻이다. 기본값을 14로 지정한 것은 이 지표를 고안한 웰레스 와일더Welles Wilder가 권장한 값이기 때문이다.

1행은 `rsi()` 함수를 이용해 RSI 값을 계산한다.

2행에서는 `draw_chart()` 함수를 이용해 주가와 RSI 값을 차트로 그려준다. 데이터프레임 df를 넣어주고, 왼쪽 축인 `left`에는 RSI 값을 표시하기 위해 칼럼 `rsi`를, 오른쪽 축 `right`에는 주가를 표시하기 위해 주가가 들어있는 칼럼 `AAPL`을 지정한다.

하늘색이 RSI 값, 빨간색이 주가이다. 주가가 상승하고 있는 시기인 4월~9월에는 RSI 값이 높고, 주가가 하락하던 2월~3월에는 RSI 값이 낮은 것을 확인할 수 있다. RSI는 주가의 강도를 표시하는 지표이기 때문이다.

2.4 백테스팅

주가를 구하고 RSI 값까지 구했다면, 이번에는 RSI 지표를 이용해 트레이딩을 했을 경우 성과가 어땠을지 알아보자. 바로 백테스팅이라고 부르는 과정이다.

백테스팅을 하기 전에 투자 전략을 세워야 한다. 모든 투자의 기본 원칙은 싸게 사서 비싸게 파는 것이다. 이것을 블래시^{BLASH}라고 하는데 'Buy Low And Sell High'의 약자다. 직관적으로 싸게 사려면 주가 강도가 약할 때 사고, 비싸게 팔려면 주가 강도가 강할 때 팔아야 할 것 같다. 이 느낌대로 트레이딩 할 수 있도록, RSI가 40 이하일 경우 매수하고 60 이상일 경우 매도하는 전략을 만들어보자. 투자 전략 세팅은 indicator_to_signal() 함수를 이용한다.

---

indicator_to_signal(df, factor, buy, sell)

- df: 주가 데이터 (데이터프레임, 필수)
- factor: 투자 판단을 위한 지표, RSI, Stochastic 등 (문자열, 필수)
- buy: 매수 기준값 (숫자, 필수)
- sell: 매도 기준값 (숫자, 필수)

주가 데이터, 투자 지표, 매수 기준값, 매도 기준값을 입력하면 이에 따른 트레이딩 시그널을 생성한다.

이제 indicator_to_signal() 함수를 이용해 RSI 값을 기준으로 투자 판단을 한다.

```
1    fs.indicator_to_signal(df, factor='rsi', buy=40, sell=60)
```

```
Out  Date
     2020-01-02    zero
     2020-01-03    zero
     2020-01-06    zero
     2020-01-07    zero
     2020-01-08    zero
                   ...
     2020-12-24    zero
```

```
2020-12-28    zero
2020-12-29    zero
2020-12-30    zero
2020-12-31    zero
Name: trade, Length: 253, dtype: object
```

입력한 투자 지표에 따른 트레이딩 시그널이 만들어졌다. 위에 표시된 결괏값을 보면 다 zero 라고 표시되어 있다. 퀀트머신의 트레이딩 시그널은 'buy, zero, sell' 이렇게 3가지로 분류된 다. buy는 매수 상태, sell은 공매도 상태, zero는 매수도 공매도도 아닌 무(無)포지션 상태를 의미한다.

산출된 트레이딩 시그널대로 주식을 운용했을 경우 매일매일의 포지션(주식 보유 현황)을 산 출해보자. 포지션 산출에는 `fs`의 `position()` 함수를 이용한다.

`position(df)`

• df: 트레이딩 시그널 데이터 (데이터프레임, 필수)

트레이딩 시그널 테이터를 입력하면 이에 따른 포지션을 산출한다.

```
1    fs.position(df)
2    fs.draw_chart(df, left='rsi', right='position_chart')
```

Out

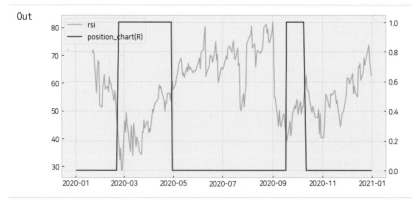

1행은 `fs.position()`를 이용해 포지션을 산출한다. 2행에서는 `fs.draw_chart()` 함수를 이용 해 RSI 값과 주식 포지션을 차트로 그려준다. 데이터프레임 df를 넣어주고, 왼쪽 축인 `left`에 는 RSI 값을 표시하기 위해 칼럼 rsi를, 오른쪽 축 `right`에는 포지션을 표시하기 위해 주가가 들어있는 칼럼 position_chart를 지정한다. (현재 데이터프레임 df에 어떤 칼럼이 들어있는지 보려면 빈 셀에 df를 입력하고 실행시켜 결과를 확인한다.)

차트에서 하늘색이 RSI 값, 빨간색이 주식 포지션이다. 위에서 매수 기준을 40, 매도 기준을 60으로 설정했기 때문에, 2020년 2월 말 RSI가 40보다 낮아졌을 때 매수해서 매수포지션으로 전환되어 빨간색 그래프가 위로 올라가고, 4월 중순 RSI가 60을 넘어섰을 때 매도하여 제로포지션으로 전환되어 빨간색 그래프가 다시 바닥으로 내려온 것을 볼 수 있다. 같은 패턴이 9월 ~10월에도 한 번 더 발생했다. 분석 대상 기간 1년 중 트레이딩을 일으켜 포지션 변동이 발생한 횟수, 그때의 RSI 값을 차트로 확인할 수 있다.

차트에서 확인한 결과 트레이딩은 의도한 대로 잘 만들어졌으니, 이번에는 수익률을 계산해보자. 수익률 계산에는 fs의 evaluate() 함수를 이용한다.

---

evaluate(df, cost)

• df: 포지션 데이터 (데이터프레임, 필수)
• cost: 매매 비용. 소수로 입력. 비용이 1% 라면 0.01 입력. (소수, 기본값 0.001)

포지션 데이터를 입력하면 수익률을 산출한다.

```
1  fs.evaluate(df, cost=.001)
2  fs.draw_chart(df, left='acc_rtn_dp', right='AAPL')
```

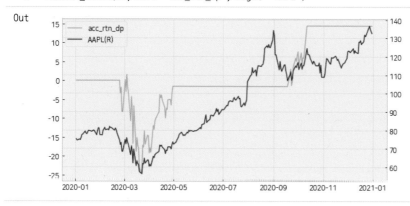

1행은 함수를 이용해 수익률을 계산한다.

2행에서 수익률 변동을 차트로 표시한다.

포지션 변동에 따른 수익률 변동 현황이 차트로 표시된다. 하늘색이 수익률, 빨간색이 주가이다. 수익률 그래프를 보면 당연하게도 주식을 보유하고 있던 두 번의 기간 동안만 수익률이 변동했고, 주식을 보유하고 있지 않은 기간에는 수익률 변동이 없다. 2020년 2월 말부터 5월까지의 첫 번째 기간에는 손해, 2020년 10월의 두 번째 기간은 수익이 발생해 전체적으로 플러스 수익률을 기록했다. 왼쪽 y 축이 수익률인데, 첫 번째 기간에는 수익률이 −23% 정도까지 빠졌다가 −2% 정도에서 포지션을 정리한 모습을 확인할 수 있다.

2.5 투자 성과분석

수익률을 계산했으면, 성과를 평가할 차례다. 여기에서는 fs의 `performance()` 함수를 이용한다. 투자성과를 측정하는 지표 중 하나인 샤프비율[Sharpe Ratio]을 구하기 위한 무위험이자율[5] (`rf_rate`)은 1%로 입력한다.

 잠깐   투자성과 측정지표는 백테스팅 결과 읽기 부분에서 설명한다. 모르는 용어는 일단 넘어가자.

`performance(df, rf_rate)`

- **df**: 포지션 데이터 (데이터프레임, 필수)
- **rf_rate**: 무위험이자율. 소수로 입력. 1% 라면 0.01 입력. (소수, 기본값 0.01)

수익률 데이터를 입력하면 성과평가 결과를 반환한다.

```
1    fs.performance(df, rf_rate=0.01)
```

```
Out   CAGR: 15.39%
      Accumulated return: 14.50%
      Average return: 7.38%
      Benchmark return : 67.05%
      Number of trades: 2
      Number of win: 1
      Hit ratio: 50.00%
```

---

5   위험이 전혀 없는 순수한 투자의 기대수익률로 정기 예금, 국채 등의 이자율 등이 해당한다.

```
Investment period: 0.9yrs
Sharpe ratio: 0.33
MDD: -25.89%
Benchmark MDD: -31.43%
```

성과평가 결과를 보자. 최종 수익률은 14.5%다. 하지만 **벤치마크**benchmark[6] 수익률은(즉 같은 기간 동안 애플 주식을 사서 그냥 쭉 보유하고 있었다면) 67.05%가 나온다. 결과론적인 이야기지만, 2020년에 애플 주가가 엄청 올랐기 때문에 다른 고민할 필요 없이 매수한 후 묻어두었다면 수익률이 더 좋았을 것이라는 얘기다.

그럼 반대로 RSI 60에 매수하고, 40에 매도하는 전략으로 매매했으면 어땠을까? 이런 방식은 주가가 강할 때 더 올라갈 것(상승 모멘텀)을 기대하고 매수를 하기 때문에 모멘텀 트레이딩이라고 부른다. 위에서 했던 것과 동일한 코드에서 buy, sell 파라미터[7] 값만 바꾸기 때문에 코드를 한 번에 모아 보도록 하겠다.

1행의 buy=60, sell=40 부분만 변경했다.

```
1   fs.indicator_to_signal(df, factor='rsi', buy=60, sell=40)

2   fs.position(df)

3   fs.evaluate(df, cost=.001)

4   fs.performance(df, rf_rate=0.01)

5   fs.draw_chart(df, left='rsi', right='position_chart')

6   fs.draw_chart(df, left='acc_rtn_dp', right='AAPL')
```

```
Out   CAGR: 47.34%
      Accumulated return: 44.62%
      Average return: 45.31%
      Benchmark return : 67.05%
      Number of trades: 2
      Number of win: 1
      Hit ratio: 50.00%
      Investment period: 0.9yrs
      Sharpe ratio: 1.25
      MDD: -30.45%
      Benchmark MDD: -31.43%
```

---

6   투자의 성과를 평가할 때 기준이 되는 지표.

7   함수에 투입되는 변수.

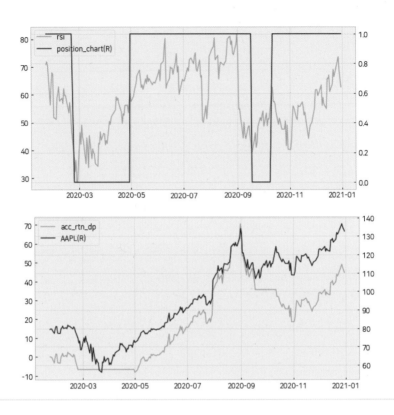

누적 수익률이 44.62%이다. 이전 모델보다 훨씬 수익률이 좋다. 왜 블래시를 반대로 했는데 수익률이 더 좋게 나올까? 뒤에서 자세히 알아보도록 하자.

2.6 백테스팅 결과 읽기

앞에서 백테스팅 결과물로 수익률을 비롯한 여러 투자성과 측정지표가 나왔다. 각 숫자는 어떤 의미가 있는지 하나씩 알아보자.

백테스팅 결과 예시

```
CAGR: 47.34%
Accumulated return: 44.62%
Average return: 45.31%
Benchmark return : 67.05%
Number of trades: 2
Number of win: 1
Hit ratio: 50.00%
Investment period: 0.9yrs
Sharpe ratio: 1.29
MDD: -30.45%
Benchmark MDD: -31.43%
```

CAGR^{Compound Annual Growth Rate}(연평균수익률)

연평균으로 따졌을 때 수익률이 얼마나 되는지 측정한 지표로, 누적수익률을 연평균수익률로 환산해서 구한다. 테스트 기간이 1년보다 짧으면 단리로 계산해 확장하고, 1년보다 길면 복리로 계산해 축소한다.

$$연간수익률 = \begin{cases} 누적수익률 \times \dfrac{1}{투자기간} \\ (1+누적수익률)^{\frac{1}{투자기간}} - 1 \end{cases}$$

여기에서 투자기간은 1년을 1로 한다. 투자기간이 1달이라면 $\dfrac{1}{12}$, 2년이라면 2다. 예를 들어 테스트 기간을 1달로 해서 누적수익률이 1%가 나오면, 연간수익률은 $1\% \times \dfrac{1}{\frac{1}{12}} = 1\% \times 12$ $= 12\%$가 된다. 반대로 테스트 기간을 2년으로 했을 때 누적수익률이 21%가 나왔다면, 연간수익률은 $(1+21\%)^{\frac{1}{2}} - 1 = 10\%$가 된다.

누적수익률^{Accumulated return}

전체 투자기간 동안의 누적수익률이다.

평균수익률Average return

해당 전략을 이용한 트레이딩을 한 사이클(매수부터 매도까지)을 돌렸을 때 발생한 건별 수익률의 평균이다. 2회 트레이딩 했고, 각각의 수익률이 10%, 20% 라면 평균수익률은 15%다.

벤치마크수익률Benchmark return

벤치마크수익률의 원래 의미는 투자 전략의 성능을 비교하기 위해 비교 대상으로 이용하는 수익률을 말한다. 금융권에서는 보통 S&P 500 지수, KOSPI 200 지수 등 대표 지수를 벤치마크로 많이 이용한다. 퀀트머신에서도 기본 벤치마크로 S&P 500 지수를 이용하는데, 개별 종목 투자 전략에서는 주가지수 대신 해당 개별 종목 수익률을 이용한다. 즉, 전략을 이용하지 않고 같은 기간 동안 주식을 쭉 보유하고 있었다고 가정했을 때의 누적 수익률이다. 종목 1개에 대한 투자 전략을 수립할 때는 주가 지수 보다 해당 종목의 수익률이 더 의미 있기 때문이다.

거래횟수Number of trades

테스트 기간 중 전략을 이용한 매매가 몇 사이클 발생했는지를 카운트한다.

성공횟수Number of win

전략이 성공한 횟수를 카운트한다. 투자에서 성공이란 돈을 벌었다는 것, 즉 플러스(+) 수익률을 의미한다.

성공확률Hit ratio

전략이 성공한 확률이다. $\dfrac{\text{성공횟수}}{\text{거래횟수}}$로 계산한다.

투자기간Investment period

테스트를 진행한 총 투자기간이다. 주의할 점은 입력한 데이터가 1년 치라도 이용할 수 있는 데이터의 길이가 더 짧으면 가능한 만큼만 테스트를 진행하기 때문에 투자기간이 더 짧아진다. 앞선 예시에서 입력한 주가는 2020년 1년 치를 집어넣었지만, RSI 값의 특성상 앞쪽 데이터 일부가 투자기간에서 제외되기 때문에 실제 투자기간은 1년보다 짧아진다.

샤프비율[8]Sharpe ratio

샤프비율은 위험 대비 수익이 얼마인지를 표시하는 지표다.

----

8 '샤프지수'라고 부르기도 한다.

$$\text{샤프비율} = \frac{(\text{수익률} - \text{무위험이자율})}{(\text{수익률} - \text{무위험이자율})\text{의 표준편차}}$$

투자를 할 때 수익률 자체도 중요하지만, 얼마나 큰 위험을 감수하고 얻은 수익인지도 중요하다. A와 B가 투자를 해서 똑같이 10%를 벌었는데, A는 은행 이자로 10%를 벌었고 B는 주식 투자를 해서 10%를 벌었다면 누구의 전략이 더 좋은 걸까? 손해 볼 걱정 없어 마음 편한 투자를 한 A의 전략이 더 좋은 것이다.

MDD^{Maximum Draw Down}(최대낙폭)

MDD^{Maximum Draw Down}(최대낙폭)

MDD는 투자기간 중 투자자가 입을 수 있는 최대 손실률을 말한다.

그림 2-8 MDD

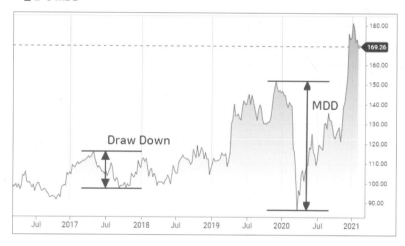

위 그림은 디즈니^{The Walt Disney Company}[9] 주가 차트이다. 주가는 원래 등락을 반복하기 때문에 올라갔을 때 주식을 산 사람은 손해를 감수할 수밖에 없다. 올라갔던 주가가 떨어지는 것을 드로다운^{Draw Down}이라고 하는데, 드로다운 중 제일 큰 것을 맥시멈 드로다운^{Maximum Draw Down}(MDD)라고 한다. 2020년 팬데믹 때 제일 큰 낙폭을 보였다. 팬데믹 직전에 투자를 한 사람은 저만큼의 고통을 감수했어야 한 것이다. 주가는 지그재그로 움직이기 때문에 드로다운은 수시로 나타나는 현상이다.

---

9   월트 디즈니가 창업한 세계에서 가장 영향력있는 미국의 거대한 미디어 그룹.

벤치마크 MDD^{Benchmark MDD}

벤치마크 MDD는 전략을 사용하지 않고 단순히 주식을 보유하고 있었을 경우의 최대 손실을 말한다. 만일 전략을 사용했을 때의 MDD가 벤치마크 MDD와 같다고 하면 그 투자 전략은 위험 방어를 전혀 못해준 것이다. 투자에 따르는 위험을 고려한다면 투자 전략을 선택할 때 MDD와 벤치마크 MDD의 비교가 필요하다.

고려 사항

이 책의 실습을 진행하다 보면 책에 표시된 백테스팅 결과와 실습을 통해 나온 백테스팅 결과가 다를 수 있다. 이것은 책을 집필할 당시 데이터와 책을 읽는 시점의 데이터가 달라졌기 때문이다. 액면분할 등의 사유로 거래소에서 과거 주가가 새로 산출되거나, 기업의 정정공시를 통해 재무 데이터가 달라졌을 수 있다. 금융 정보 사이트에서 데이터 산출 기준을 바꿔 데이터가 변경되는 경우도 있다. 백테스팅의 한계이기도 하다. 실전 투자는 리밸런싱 시점에 사용 가능한 데이터만 이용해 수행하지만, 백테스팅은 한참 지난 후에 수행하기에 나중에 업데이트된 정보까지 반영해서 수행하기 때문이다.

실습 결과가 책과 달라 자신이 실습을 잘 진행하고 있는지 확신이 서지 않을 수 있다. 코드 구현이 정확하게 되었는지 확인하고 싶은 분을 위해 스터디용 DB를 별도로 마련했다. 확인을 위해 실전용 DB 대신 스터디용 DB에 연결하여 실습을 진행해보자. 다만 스터디용 DB는 책 출간 시점인 2021년 8월 데이터로 고정되어 있음을 인지하고 있어야 한다.

때로는 퀀트머신 자체를 업그레이드할 수도 있다. 기존에 이용할 수 없었던 정보를 새로 입수하게 되는 경우 또는 반대의 경우에도 이를 반영하여 퀀트머신을 업그레이드한다.

이 책에서 이용하는 데이터는 미국 주식투자자 사이에서 널리 쓰이는 신뢰할만한 소스에서 수집한 것이나, 원천 데이터 자체가 잘못된 경우도 종종 발생한다. 이러한 경우 잘못된 분석 결과를 발생시킬 수 있다.

책은 인쇄물이라 업그레이드를 그때그때 반영할 수 없다는 한계가 있어, 핀터스텔라 공식 카페 (https://cafe.naver.com/finterstellar)에 수시로 최신 버전의 코드와 결과물을 게시해놓으니 참고하길 바란다.

단기투자의 기술

3.1 미국 차트와 한국 차트는 색깔이 반대

이 책은 미국 주식을 주로 다룬다. 미국과 한국의 증시는 여러 면에서 차이가 있는데 그중 가장 눈에 띄는 차이는 상승과 하락을 표시하는 색이다. 한국에서는 빨간색이 상승, 파란색이 하락을 의미하지만, 미국에서는 반대로 빨간색(또는 주황색)이 하락, 녹색(또는 파란색)이 상승이다.

그림 3-1 야후파이낸스의 관심 종목 표시 화면

Symbol	Last Price	Change	% Change
PFE Pfizer Inc.	40.02	-0.08	-0.20%
NNA Navios Maritime Acquisition Corporation	3.3900	+0.1800	+5.61%
JD JD.com, Inc.	68.15	+1.12	+1.67%
GOOGL Alphabet Inc.	2,278.38	+49.34	+2.21%

[그림 3-1]은 야후파이낸스Yahoo Finance[1]에 표시된 관심 종목 화면인데, 상승한 종목이 녹색, 하락한 종목이 빨간색으로 표시된 것을 볼 수 있다. 미국 주식에 투자하려면 우선 한국과는 반대로 표시되는 색부터 익숙해져야 한다.

3.2 주가가 오르는데 왜 빨간색이지? 캔들차트 읽는 방법

많이 보는 주식 차트 중 캔들차트Candle Chart라는 것이 있다. 다음 그림이 바로 캔들차트다. 양초 모양으로 생겼기 때문에 캔들차트라고 부르는데, 각각 하나의 캔들은 캔들스틱Candlestick이라고 부른다. 캔들차트를 보는 법이 조금 헷갈릴 수 있어 이 부분에 대해 설명하겠다.

....

1   미국 주식시세를 실시간으로 확인할 수 있는 애플리케이션이다. PC와 모바일에서 모두 활용할 수 있다. (finance.yahoo.com)

그림 3-2 마이크로소프트Microsoft Corporation[2]주가

앞에서 분명히 상승이 녹색, 하락이 빨간색이라고 했다. 그 내용을 바탕으로 캔들차트를 보면 이해가 안 되는 부분이 있는데, 바로 아래 [그림 3-3]처럼 오렌지색 박스로 표시해 둔 부분이다. 분명히 어제보다 올랐는데 빨간색이다. 왜 그럴까?

그림 3-3 전일보다 올랐는데 빨간색인 캔들스틱

주가를 분석할 때 일자별 주가 추이를 중심으로 보는 게 일반적이지만, 하루 중 가격이 어떻게 움직였는지 궁금할 때도 있다. 이를 위해 하루의 주가를 시고저종(OHLC)과 함께 표시하기도 한다.

 잠깐   시고저종은 하루 동안의 시작가격, 최고가격, 최저가격, 최종가격(Open, High, Low, Close)을 의미한다. 캔들차트는 이 시고저종 가격을 그래프에 한눈에 볼 수 있도록 표시하기 위해 만들어졌다.

---

2 빌 게이츠와 폴 앨런이 설립한 세계 최대의 소프트웨어 기업.

일반적으로 주가의 상승/하락을 얘기할 때는 어제 종가 대비 오늘 가격이 올랐는지 내렸는지를 기준으로 색을 표시한다. 하지만 캔들차트의 색은 어제를 기준으로 하지 않고, 오늘의 시가와 종가를 기준으로 한다. 종가가 시가보다 높으면 녹색, 반대라면 빨간색으로 표시한다. 색 표시 기준이 다르기 때문에 어제보다 상승했어도 빨간색으로 표시되는 경우가 있다.

그림 3-4 캔들차트 읽기

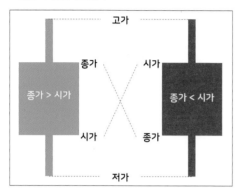

앞서 본 마이크로소프트 캔들차트의 오렌지색으로 표시된 부분에서 빨간색 캔들로 표시된 날짜의 주가가 분명 전일보다 상승한 상태로 마감했지만, 당일 기준으로 아침에 훨씬 높은 가격으로 시작하여 오후에 내린 가격으로 마감한 것이다.

기본적인 캔들차트 읽는 법을 배웠으니 응용해보자. 아래 캔들 중에서 가장 상승 동력이 강한 것은 무엇일까?

그림 3-5 상승 동력이 강한 캔들은?

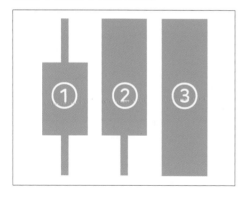

답은 ③이다. 캔들의 차이는 꼬리와 몸통의 크기에 있다. 캔들에서 꼬리는 밀당[3]이라고 표현할 수 있다. 꼬리가 길수록 매수와 매도 간 밀당을 더 많이 한 것이다. ①은 하루 종일 오르락내리락하다가 중상 부근에서 마감한 캔들이고, ②는 최고가 마감을 했지만 시가 아래로 빠졌다가 올라온 캔들, ③은 밀당 없이 하루 종일 쭉 상승하여 최고가로 마감한 캔들이다.

캔들차트의 색은 당일 주가 움직임만을 의미한다. 전일 가격 대비 상승/하락과는 관계가 없다.

헷갈리지 않기 위해 다시 한번 강조하면 한국에서 상승/하락을 표시하는 색은 미국과 반대다. 미국 주식도 하고, 한국 주식도 한다면 꼭 기억하자.

3.3 주가는 움직이는 거야, 시계열 데이터와 이동평균

주가 차트를 보면 주가를 나타내는 선이 하나가 아니라 여러 개 보이는 경우가 있다. 대체 뭘까? 복잡하게 왜 이리 많은 선이 그려져 있는 걸까?

그림 3-6 이동평균선

위 차트를 보면 일자별 주가를 표시하는 캔들 이외에 녹색, 빨간색, 오렌지색, 보라색 등 4가지 색의 선이 추가로 그려져 있다. 좌측 상단의 범례를 보면 녹색은 5일선, 빨간색은 20일선, 오렌지색은 60일선, 보라색은 120일선으로 표시해두었다. 무슨 의미일까?

---

3   밀고 당기기의 줄임말로, 여기서는 주식시장에서 매수와 매도간 거래 추이가 번갈아 반복되는 것으로 이해하면 된다.

이 선을 이동평균선이라고 한다. 각 날짜에 산출한 이동평균 주가를 연결한 선이다. 평균은 알 겠는데 이동평균은 뭘까? 이동평균Moving average은 말 그대로 이동하면서 구한 평균을 말한다. 주가는 매 순간 변하기 때문에 지금 구하는 일주일 동안의 평균 주가와 어제 구한 일주일 간의 평균 주가가 다르다. 따라서 날짜를 이동해가며 그때그때의 평균 주가를 구하는데 이것을 이동 평균이라고 한다. 이렇게 시간 흐름에 따라 값이 달라지는 것을 시계열 데이터라고 하는데, 이 동평균은 시계열 데이터를 표시할 때 주로 쓰는 방법이다.

이동평균을 구할 때는 며칠 짜리 이동평균인지를 정해야 한다. 수학 시간에 배운 평균은 움직 이지 않는 데이터라 전체 값을 가지고 평균값을 구하지만, 이동평균은 기준일로부터 몇 개까지 의 값을 가지고 평균을 구하는지에 따라 평균값이 달라진다. 5일 이동평균은 특정 날짜부터 이 전 5일간의 주가의 평균을 의미한다. 예를 들어 1월 15일의 이동평균은 5일간(1월 11일~15 일)의 종가 평균, 1월 16일의 이동평균은 1월 12일부터 16일까지 5일간의 평균값이다. 그리 고 5일 평균값을 이은 선이 5일 이동평균선이다. 이렇게 이동평균을 구하는 기간의 크기를 윈 도Window라고 부른다. 5일 이동평균선은 윈도가 5이고 MA(5)라고 표시하고, 20일 이동평균 선은 윈도가 20이고 MA(20)으로 표시한다.

그림 3-7 이동평균선의 윈도

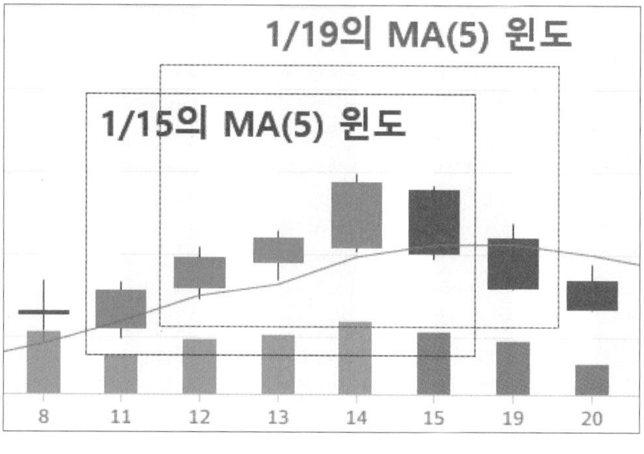

주식시장에서는 대개 공휴일은 제외하고 계산한다. 5일 평균값을 구할 때 중간에 공휴일이 끼 어 있으면 공휴일은 건너뛰고 영업일(주식시장이 열리는 날)기준으로 5일을 꽉 채워 평균을 구한다. 예를 들어 월요일자로 구한 이동평균은 전주 화요일부터 이번주 월요일까지 5일로 계산한다. 위 그래프에서 2021년 1월 15일 다음 영업일은 1월 19일이다(2021년 1월 18일 월요일은 마틴루터킹데이Martin L. King Day, 공휴일이었다). 그래서 1월 19일 MA(5)는 1월 12일부터 19일까지 기간의 데이터로 구한다.

아래 주가 시세를 가지고 3일짜리 이동평균 MA(3)를 구해보자.

일자	주가	MA(3)
2021-10-01	100	
2021-10-04	130	
2021-10-05	100	110.00
2021-10-06	85	105.00
2021-10-07	70	85.00
2021-10-08	100	85.00
2021-10-12	130	100.00
2021-10-13	130	120.00

3일짜리 이동평균이라 이틀째까지는 계산할 수 없고, 3번째 날인 10월 5일이 되어야 계산이 가능해진다. 이날의 MA(3)는 $\frac{(100+130+100)}{3}=110$ 이고, 10월 6일의 MA(3)는 $\frac{(130+100+85)}{3}=105$ 이다. 간단하다.

 잠깐　10월 2일과 3일은 주말이라 주식시장이 열리지 않으니 시세도 없다.

이동평균선을 그리는 이유는 크게 2가지가 있다.

첫 번째는 주가 추세를 한눈에 보기 위해서다. 5일 평균이 20일 평균보다 높다면 최근 주가는 상승 중일까 하락 중일까? 짧은 이동평균값이 더 크다는 것은 최근 주가가 더 높다는 뜻이니 주가가 상승 중이라는 의미다.

이 원리를 확장해 단기 이동평균선이 장기 이동평균선보다 위에 있는지 아래에 있는지를 보면 최근 주가가 상승 또는 하락 중인지를 한눈에 파악할 수 있다. [그림3-6] 차트의 오른쪽 마지막 부분을 보면 5일선〉20일선〉60일선〉120일선 순서로 위치하고 있어 최근 주가는 상승하고 있다는 것을 알 수 있다.

두 번째는 노이즈noise 제거를 위해서이다. 주가가 상당 기간 상승세에 있더라도 하루하루 들여다보면 하락한 날은 있기 마련이다. 위 차트에서도 주가는 지속적으로 상승하고 있지만 하루하루의 주가를 보면 하락한 날이 끼어있어 선이 출렁출렁 거리면서 올라간다. 5일 이동평균선은 일자별 차트보다는 덜 출렁이지만 조금은 출렁인다. 그러나 20일 이상 이동평균은 전혀 출렁거리지 않고 꾸준히 상승하는 모양을 보인다. 이것은 하루 이틀 주가가 빠지더라도 이동평균을 산출할 때 기간 평균값을 구하기 때문에 전체적으로는 완만하게 보인다.

통계에서 이렇게 삐죽삐죽 거리는 값을 노이즈라고 부르는데, 이동평균을 이용함으로써 삐죽거리는 노이즈가 제거되어 부드러운 추이를 볼 수 있다. 이것을 스무딩smoothing(평활화)이라고 한다.

3.4 이동평균선을 이용한 추세 읽기, MACD(이동평균수렴확산지수)

이제 이동평균선을 이용해 주가 추세를 읽기 위한 보조지표인 MACD에 대해 알아보자. MACDMoving Average Convergence Divergence는 이동평균수렴확산지수라고도 말하며, 기간이 다른 이동평균선 사이 관계에서 추세 변화를 찾는 지표다. 예를 들어 기간이 다른 2개의 이동평균선을 그린 후 기간이 짧은 이동평균선이 위에 있을 때 상승 추세라고 판단한다.

지표 이해

이동평균이라는 것이 과거 특정 시점부터 지금까지의 평균주가를 가지고 구하는 값이라, 이동평균을 이용해 주가 추이를 관찰하다 보면 실제 추이보다 어느 정도 늦어질 수 밖에 없다. MACD를 개발한 제럴드 아펠Gerald Appel은 이것을 극복하기 위해 하나의 트릭을 추가했다. 이동평균을 구할 때 단순이동평균(MA)이 아닌 지수이동평균Exponential Moving Average(EMA)을 사용한 것이다. 단순이동평균은 누구나 아는 가장 기본적인 평균값이고, 지수이동평균은 최근 값에 더 높은 가중치를 주고 계산한 평균값이다. 주가 추이를 조금이라도 더 민감하게 감지하기 위해 지수이동평균을 이용한 것이다. 지수이동평균을 구하는 식은 아래와 같다.

$$EMA_t = \alpha p_t + (1-\alpha)EMA_{t-1}$$

$$\left(\begin{array}{c} \alpha = \dfrac{2}{N+1}, \\ EMA_t: t일의\ 지수이동평균, \\ p_t: t일의\ 주가, \\ N: 기간 \end{array} \right)$$

복잡해 보이지만 어려운 식은 아니다. 오늘의 지수이동평균은 오늘의 주가와 어제의 지수이동평균값의 평균인데, 오늘 주가에 조금 더 가중치를 준 정도로 이해하면 충분하다. 단순이동평균과 지수이동평균의 차이를 보기 위해 다음 사례를 보자.

일자	주가	MA(3)	EMA(3)
2021-10-01	100		100.0
2021-10-04	130		115.0
2021-10-05	100	110.00	107.5
2021-10-06	85	105.00	96.3
2021-10-07	70	85.00	83.1
2021-10-08	100	85.00	91.6
2021-10-12	130	100.00	110.8
2021-10-13	130	120.00	120.4

EMA 역시 전일의 EMA 값이 있어야 계산이 가능하기 때문에 첫 날인 10월 1일의 EMA는 그냥 그날의 주가로 지정해 주자.[4] 10월 4일의 EMA(3)는 당일 주가와 전일 EMA를 합쳐서 $\frac{2}{4}130 + \frac{2}{4}100 = 115$이다. 10월 5일에는 $\frac{2}{4}100 + \frac{2}{4}115 = 107.5$이다.

---

4   CME Group. 『Understanding Moving Averages』 (https://www.cmegroup.com/education/courses/technical-analysis/understanding-moving-averages.html)

10월 7일을 보자. 주가가 70까지 떨어졌고, MA(3)는 85, EMA(3)는 83.1이다. 주가가 빠진 걸 EMA가 MA보다 더 잘 보여준다. 올라갈 때도 마찬가지다. 10월 12일 주가는 130, MA는 100, EMA는 110.8이다. 이렇게 지수이동평균값을 계산하면 이를 이용해 아래와 같이 MACD 및 그 보조지표를 구한다.

$$MACD = EMA(12) - EMA(26)$$
$$MACD\ signal = EMA(MACD, 9)$$
$$MACD\ Oscillator = MACD - MACD\ signal$$

MACD는 단기평균에서 장기평균을 빼준 값으로 MACD가 양수면 주가가 상승 추세라는 것을 직관적으로 이해할 수 있다. 이동평균선 2개를 놓고 눈으로 보는 것보다, 숫자 하나로 표현하니 프로그램으로 트레이딩 로직을 만들 때 편하다. 그 뒤에 따라붙는 MACD signal과 MACD Oscillator는 또 다른 보조지표인데 이미 계산한 평균값을 또 평균 내는 것이다.

> 💡 잠깐 MACD signal은 MACD의 후행성을 극복하기 위해 만든 선으로 9일간 MACD 지수이동평균선을 나타낸다. MACD Oscillator는 MACD를 더 쉽게 이해하기 위해 만든 보조지표로 MACD에서 MACD signal 값을 빼 히스토그램 형식으로 표현한다. 0을 중심으로 매수세와 매도세 간의 힘의 강도 혹은 변화 추이를 쉽게 판단할 수 있는데 이 지표를 만든 제럴드 아펠은 MACD Oscillator가 0 이상인 경우 매수를 추천했다.

투자 전략

MACD를 이용한 투자 전략은 2가지로 MACD를 보고 매매하는 방법과 MACD Oscillator를 보고 매매하는 방법이 있다. 먼저 MACD를 보고 매매하는 방법은. MACD가 플러스(+)면 매수, 마이너스(-)면 매도한다. MACD Oscillator를 보고 매매하는 방법 역시 MACD Oscillator가 플러스(+)면 매수, 마이너스(-)면 매도한다. MACD가 MACD signal을 상향 돌파하면 매수, 하향 돌파하면 매도하라는 글도 많은데, 결국 같은 말이다.

백테스트

그럼 MACD로 트레이딩을 하면 어떻게 될까? 퀀트머신을 이용해 테스트해보자.

준비 작업은 2장에서 해본 방법과 동일하다. 파이썬 코딩을 위해 브라우저를 열어 주소창에 https://colab.research.google.com/을 입력해 구글 콜랩에 접속하고 로그인한다. 셀에 아래 코드를 입력하고 Shift + Enter 를 눌러 실행해 핀터스텔라 라이브러리를 설치한다.

```
1  pip install finterstellar
```
Out

퀀트머신의 엔진인 핀터스텔라 라이브러리를 불러와 사용할 준비를 하자.

```
1  import finterstellar as fs
```
Out

fs에 들어있는 get_price() 함수를 이용해 마이크로소프트(MSFT)의 주가를 가져와 df에 저장한다. 여기에서는 2020년 1월 1일부터 2021년 1월 31일까지의 시세를 가져온다.

```
1  symbol = 'MSFT'
2  df = fs.get_price(symbol, start_date='2020-01-01', end_date='2020-12-31')
3  fs.draw_chart(df, right=symbol)
```
Out

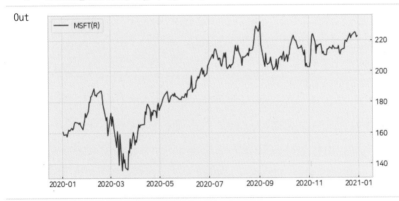

fs의 macd() 함수를 이용해 MACD 값을 계산한다. 입력변수로 위에서 가져온 마이크로소프트의 시세 데이터가 들어있는 데이터프레임 df를 넣어줘야 한다.

macd() 함수 호출 시 단기short, 장기long, 시그널signal 기간을 함께 지정할 수 있다. 별도로 지정하지 않으면 아펠이 제시한 기본값인 short=12, long=26, signal=9가 적용된다.

```
1   fs.macd(df)
```

```
Out  Symbols        MSFT   macd   macd_signal   macd_oscillator
     Date
     2020-01-02  160.62   0.00        0.00             0.00
     2020-01-03  158.62  -0.04       -0.02            -0.02
     2020-01-06  159.03  -0.04       -0.03            -0.01
     2020-01-07  157.58  -0.10       -0.05            -0.05
     2020-01-08  160.09  -0.02       -0.04             0.02

          ...      ...     ...         ...              ...
     2020-12-24  222.75   2.24        1.37             0.87
     2020-12-28  224.96   2.55        1.61             0.94
     2020-12-29  224.15   2.69        1.82             0.87
     2020-12-30  221.68   2.57        1.97             0.60
     2020-12-31  222.42   2.51        2.08             0.43


     [253 rows x 4 columns]
```

macd() 함수를 실행시키니 df에 macd, macd_signal, macd_oscillator가 추가되었다. 이것을
차트로 그려보자.

```
1   fs.draw_chart(df, right=['macd','macd_signal','macd_oscillator'])
```

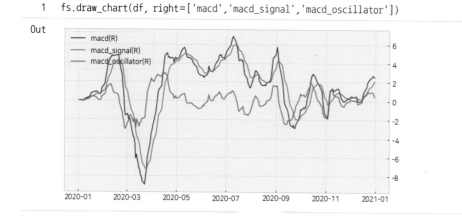

MACD 차트를 보면 2020년 2월~3월 코로나19 팬데믹 시기를 제외하곤 MACD의 세 그래프
가 주로 0보다 위쪽에 위치하고 있다. 위에 그린 주가 차트와 비교해보면 이 시기만 제외하고
주가가 주로 올라간 것이 보인다. 제럴드 아펠이 설계한 대로 잘 작동한다.

그럼 제럴드 아펠이 추천한 대로 MACD Oscillator가 0 이상인 경우에 매수하는 시그널을 만들어보자. 역시 핀터스텔라 라이브러리에 있는 indicator_to_signal() 함수를 이용한다.

```
1   fs.indicator_to_signal(df, factor='macd_oscillator', buy=0, sell=0)
```

```
Out  Date
     2020-01-02    zero
     2020-01-03    zero
     2020-01-06    zero
     2020-01-07    zero
     2020-01-08    buy
                   ...
     2020-12-24    buy
     2020-12-28    buy
     2020-12-29    buy
     2020-12-30    buy
     2020-12-31    buy
     Name: trade, Length: 253, dtype: object
```

macd_oscillator 값에 따라 트레이딩 시그널이 생성된 것을 확인할 수 있다. 중간에 생략된 날짜의 데이터를 보고 싶다면 df.loc['2020-10-01':'2020-10-10'] 와 같이 입력하고 실행시키면 된다. 이 시그널대로 주식 보유 포지션을 만들고, 전체적인 포지션 변동 상황을 볼 수 있도록 차트로 그려보자. 포지션을 만드는 것은 fs의 position() 함수를 이용한다.

```
1   fs.position(df)
2   fs.draw_chart(df, right='position_chart', left='macd_oscillator')
```

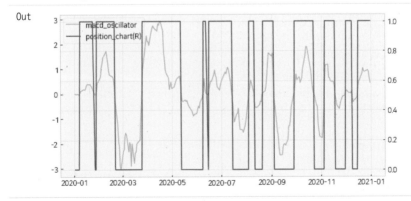

빨간색이 포지션을 나타내는 그래프인데, 이 선이 위로 올라가면 주식을 보유하고 있는 상태인 롱포지션, 내려가면 주식이 없는 제로포지션임을 나타낸다. 의도한 대로 macd_oscillator 가 플러스일 때 롱, 마이너스일 때는 제로포지션을 기록했다.

이제 이 전략대로 트레이딩한 성과를 산출해보자. fs의 performance()로 간단히 할 수 있다.

```
1  fs.evaluate(df, cost=.001)
2  fs.performance(df, rf_rate=0.01)
3  fs.draw_trade_results(df)
```

Out ① CAGR: 23.49%
     ② Accumulated return: 23.49%
     ③ Average return: 2.15%
     ④ Benchmark return : 38.48%
     ⑤ Number of trades: 11
     ⑥ Number of win: 6
     ⑦ Hit ratio: 54.55%
     ⑧ Investment period: 1.0yrs
     ⑨ Sharpe ratio: 0.77
     ⑩ MDD: -11.28%
     ⑪ Benchmark MDD: -28.24%

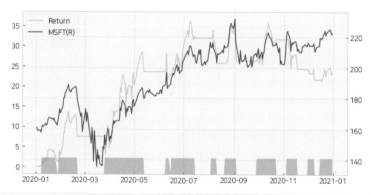

실제 프로그램 실행 결괏값 앞에는 원으로 된 숫자가 붙어있지 않지만, 설명을 임의로 지정했다. 2020년 1월 1일부터 시작해 1년 동안 운용한 결과이고, ①연평균수익률인 CAGR은 23.49%, 테스트 기간도 동일한 1년간 진행했으므로 ②연간수익률과 누적수익률은 동일하다. 나쁘지 않은 성과이다. ③평균수익률은 2.15%가 나왔다. 이긴 거래와 진 거래의 수익률을 모두 함께 평균을 낸 수치다. 그런데 ④벤치마크 수익률이 38.48%다. 특별한 전략 없이 그냥 보유하고 있었을 때가 전략을 가지고 투자했을 때 보다 수익률이 좋다. 마이크로소프트 역시 주가가 우상향 하는 주식이라 그렇다. ⑤거래횟수는 총 11번 있었는데, 이 전략이 발동될 수 있는 기회가 11번 있었다는 의미다. 그중에서 ⑥성공한 거래는 6번 이었다. ⑦성공확률은 54.55%다. ⑧투자기간은 1년이고 ⑨샤프비율은 0.77이다. 준수한 수준이다. ⑩MDD는 −11.28%고 ⑪벤치마크 MDD는 −28.24%다. 이 전략을 써서 벤치마크보다 MDD를 훨씬 낮출 수 있었다. 수익률에서는 벤치마크에 뒤졌으나, 위험 관리 측면에서 양호했던 거래다.

CAGR이 23%인데 MDD가 −11% 라면 나쁘지 않은 전략이다. 누군가에게는 벤치마크보다 못한 수익률이 보잘것없이 보일 수도 있다. 개인의 투자 성향에 따른 차이다. 중요한 건 성과가 마음에 든다고 당장 MACD를 이용한 투자를 시작해선 안된다. 마이크로소프트뿐 아니라 다른 종목도 다 테스트해보고, 같은 종목이라도 다른 기간에는 어땠는지 충분히 확인해야 한다.

코드 이해

MACD 전략을 만들어낸 코드를 분석해보자. 핀터스텔라 라이브러리의 trend.py에 들어있다.

 잠깐   퀀트머신을 이용하기 위해 핀터스텔라 라이브러리 소스코드까지 이해해야 할 필요는 없다. 그냥 가져다 사용하기만 해도 충분한 결과를 얻을 수 있다. pandas 라이브러리를 이용하기 위해 pandas 소스를 이해할 필요는 없는 것과 마찬가지다. 다만, 소스코드를 이해하면 자신의 입맛대로 튜닝을 하는 것이 가능하기 때문에 세상 어디에도 없는 나만의 전략으로 발전시킬 수 있는 속도가 빨라질 수 있다. 아직 파이썬 코딩에 익숙하지 않다면 일단 넘어가고 두 번째, 세 번째 볼 때 천천히 읽어보는 것이 책의 전반적인 흐름을 잡는 데 도움이 될 것이다.

```
1   def macd(df, short=12, long=26, signal=9):
2       symbol = df.columns[0]
3       df['ema_short'] = df[symbol].ewm(span=short).mean()
4       df['ema_long'] = df[symbol].ewm(span=long).mean()
5       df['macd'] = (df['ema_short'] - df['ema_long']).round(2)
6       df['macd_signal'] = df['macd'].ewm(span=signal).mean().round(2)
7       df['macd_oscillator'] = (df['macd'] - df['macd_signal']).round(2)
8       return df[[symbol, 'macd','macd_signal','macd_oscillator']]
```

Out

1행에서 함수를 선언했다. 함수 실행을 위해 넘겨줄 값으로 시세가 들어있는 데이터프레임인 df와 MACD 계산의 기준이 되는 단기 기간 `short`, 장기 기간 `long`, 시그널 기간 `signal`이 있다. `short`, `long`, `signal`은 기본값을 각각 12, 26, 9로 설정했다.

2행에는 가격이 들어있는 칼럼을 뽑아내기 위해 데이터프레임 df의 첫 번째 칼럼에서 종목코드를 뽑아 `symbol` 변수에 저장한다.

3행에서는 pandas 데이터프레임의 `ewm()` 함수를 이용해 지수이동평균을 구한다. `df[symbol]`로 일자별 시세를 얻고, 여기에 `ewm(span=기간)` 함수를 적용해 최근 자료에 가중치를 준 이동평균을 뽑아낸다. 여기에 다시 `mean()` 함수를 이용해 평균값을 구하면 지수이동평균이 산출된다. 기간에 short을 적용했으니 단기 지수이동평균값을 구해서 `df['ema_short']`에 저장한다. 4행은 3행과 마찬가지로 장기 지수이동평균값을 구해 `df['ema_long']`에 저장한다. 5행에서는 단기 지수이동평균에서 장기 지수이동평균값을 빼서 MACD의 값을 구한다. 구한 값은 `round(자리수)` 함수를 이용해 소수점 둘째 자리에서 반올림하여 `df['macd']`에 저장한다. 6행에서는 MACD Signal을 구해서 `df['macd_signal']`에 저장한다. Signal은 MACD의 지수이동평균값을 구한 것이다. 코드 역시 3행과 마찬가지다. 7행은 MACD Oscillator을 구해 `df['macd_oscillator']`에 저장한다. Oscillator는 MACD 값에서 Signal 값을 뺀 것이다. 역시 `round()` 함수를 이용해 반올림해줬다. 8행은 위에서 구한 값을 반환해주는 구문이다.

3.5 단기투자의 두 방향: 모멘텀 vs. 평균회귀

단기투자에는 2가지 방향이 있다. 상승세에 올라탄 주식을 사서 더 오르길 기대하는 모멘텀 전략과, 주가가 원래 수준보다 많이 하락한 종목을 사서 다시 원래대로 회복하길 기다리는 평균회귀 전략이 있다. 앞에서 실습해본 MACD 전략은 상승세를 탄 주식을 매수한 후 오름세가 꺾일 때까지 보유하는 모멘텀 전략이다.

가끔 큰 수익률을 올릴 수 있는 모멘텀

높은 수익률을 올리려는 투자자는 주로 모멘텀의 편에 선다. 2019년 말부터 2021년 초까지 20배가 넘게 오른 테슬라는 그렇게 오르는 동안 한 번도 저평가라는 단어와 어울려본 적이 없다. 비단 테슬라뿐 아니라 이렇게 주가가 솟아오르는 종목은 평균회귀 전략을 선택한 투자자에게 기회를 주지 않는다. 이렇게 끊임없이 오르는 종목은 얼른 사서 계속 들고 있어야 수익이 좋다. 전략이랍시고 사고팔고를 반복하면 오히려 수익이 줄어든다. 다만 주가가 언제까지 올라갈지는 아무도 모르기 때문에 언제든 빠질 수 있는 준비를 하고 있어야 한다.

그림 3-8 테슬라 주가 차트

수익은 작지만 꾸준한 평균회귀

꾸준한 수익을 좋아하는 사람은 평균회귀 편에 선다. 평균회귀투자자는 모멘텀투자자보다 마음이 편하다. 매수와 매도 시그널이 존재하기 때문이다. 통계를 통해 주가가 어느 정도 수준이어야 정상인지 또는 저평가인지 미리 파악하고 트레이딩에 들어간다. 주가의 움직임이 박스권을 형성하고 있는 종목이 평균회귀투자에 적합하다. 한편으론 주가가 박스권에 있다는 말은 한계가 보인다는 뜻이다. 테슬라처럼 몇십 배의 수익을 기대하기 어렵다.

그림 3-9 버라이즌 주가 차트

미국 최대의 이동통신 회사 버라이즌Verizon Communications의 5년간 차트다. 이 거대한 통신 공룡은 이미 안정적인 고객을 충분히 확보하고 있으니 수년 내에 망할 거라 생각하기 어렵다. 과거 주가도 위아래로 자주 움직여주니 평균회귀투자자에게 잦은 기회를 주는 종목이다. 하지만 주가가 낮을 때는 $45, 높아봤자 $60 정도다. 아무리 잘해봤자 모멘텀투자자에게는 껌값도 안되게 느껴지는 수익을 거둘 뿐이다.

그렇다면 모멘텀투자와 평균회귀투자, 뭐가 더 좋을까? 답은 전적으로 투자자 개인의 성향에 달렸다. 모멘텀투자는 믿는 구석이 없다. 이미 비싼 주식을 사는 것이라, 내가 산 주식을 다른 사람이 더 비싸게 사줄 거라는 믿음과 자신감을 전제로 하기에 담력이 좋은 투자자가 할 수 있다. 반면 통계라는 이론적 무기로 무장한 평균회귀투자자는 믿는 구석이 있다. 주가가 충분히 싸졌을 때 사는 것이니 부담도 적고, 이미 통계적으로 해당 주식의 움직임이 검증됐으니 회복되는 데 조금 시간이 걸리더라도 두 다리 뻗고 잘 수 있다. 하지만 안정적인 투자를 고집하다 보니 모멘텀투자자가 고수익을 내는 모습을 보면 배가 아플지도 모른다.

잠깐 그 누구도 어느 방법이 더 좋다고 단언하지 않는다. 두 방법 모두 테스트해보고, 자신에게 더 알맞은 투자법을 선택하면 된다. 개인적으로 생각하는 더 좋은 방법은 자본을 나눠 공격형과 안정형으로 분산투자하는 것이다. 분산투자는 종목분산만을 의미하는 것이 아니다. 전략분산도 분산투자의 하나이다. 계좌를 여러 개 만들어 단기모멘텀, 단기평균회귀, 장기투자 계좌 등으로 나눠서 운용하는 것도 좋다. 오래 하다 보면 더 애착이 가고 자신에게 맞는 전략이 생길 것이다.

3.6 주가 상승 강도를 나타내는 RSI(상대강도지수)

주가의 방향을 예측하려는 시도는 주식시장이 생겨난 이래 언제나 존재했다. 먼 미래까지 필요 없이 당장 내일 주가가 오를지 내릴지만 알아도 엄청난 돈을 벌 수 있을 테니 말이다. 이러한 시도들로 인해 수많은 보조지표가 생겨났다. 지금부터 RSI라는 지표를 알아보자.

지표 이해

RSI^{Relative Strength Index}는 상대강도지수라고 부르며, 주가의 상승 강도를 측정하기 위해 만들어졌다. 일정 기간 동안 일간 상승폭과 하락폭을 각각 계산하고, 그중 상승폭이 얼마나 큰지 비율을 계산해 백분율로 나타낸다.

$$\mathrm{RSI} = \frac{\mathrm{AU}}{\mathrm{AU} + \mathrm{AD}} \times 100$$

AU와 AD는 각각 일간 상승폭의 평균, 일간 하락폭의 평균을 의미하는데, 지수이동평균을 구할 때와 비슷하게 전일까지의 AU, AD 값에 오늘 날짜의 일간 상승폭 및 하락폭을 추가해서 평균을 계산한다.[5]

잠깐 위키백과를 비롯한 대부분의 블로그에서 AU, AD를 단순평균으로 계산하는데, 그렇게 하면 야후 파이낸스나 미국계 HTS 등에 나오는 수치와 다른 값이 나오니 참고하자. 물론 단순평균으로 계산해도 충분히 의미 있는 지표로 활용할 수는 있다.

5　Investopia. 「Relative Strength Index (RSI)」(https://www.investopedia.com/terms/r/rsi.asp)

$$\begin{cases} AU_t = \dfrac{(w-1)}{w} AU_{t-1} + \dfrac{1}{w} 상승폭_t \\ AD_t = \dfrac{(w-1)}{w} AD_{t-1} + \dfrac{1}{w} 하락폭_t \end{cases}$$

이해를 돕기 위해 아래 예제를 보자. 5일간의 주가 변동 내역을 보고 3일짜리 RSI를 구한 것이다. 3일짜리 RSI니까 w=3이다.

일자	종가	전일대비	상승폭	하락폭	AU	AD	RSI
0	10	–	–	–	–	–	–
1	11	1	1	0	–	–	–
2	10	−1	0	1	–	–	–
3	9	−1	0	1	0.33	0.67	33
4	10	1	1	0	0.56	0.44	56
5	11	1	1	0	0.70	0.30	70

3일차가 되기 전까지는 데이터가 부족하니 RSI 계산이 불가능하고, 3일차부터 계산할 수 있다.

3일차의 AU는 $\dfrac{(1+0+0)}{3}=0.33$, AD는 $\dfrac{(0+1+1)}{3}=0.67$, RSI는 $\dfrac{AU}{AU+AD} \times 100 = \dfrac{0.33}{0.33+0.67} \times 100 = 33$ 이다.

두 번째 날인 4일차부터는 AU와 AD를 구하는 방식이 달라지는데, 지수이동평균을 구할 때처럼 전일 값에 새로운 데이터를 더해 평균을 내는 방법이다. AU는 $\dfrac{2}{3}0.33 + \dfrac{1}{3}1 = 0.56$, AD는 $\dfrac{2 \times 0.67}{3} + \dfrac{1}{3}0 = 0.44$, RSI는 $\dfrac{0.56}{0.56+0.44} \times 100 = 56$ 이다. (지수이동평균을 계산할 때처럼 첫날에는 당일 값만 넣어서 계산할 수도 있지만, 여기에서는 HTS와 수치를 맞추기 위해 원래식을 유지했다.)

💡 잠깐

생각하기 귀찮으면 넘어가도 괜찮다. 어차피 계산은 컴퓨터가 한다. 핀터스텔라 라이브러리의 rsi( ) 함수를 쓰면 컴퓨터가 알아서 계산해준다. 지표가 만들어지는 로직만 이해하고 있으면 충분하다.

투자 전략

RSI를 어떻게 투자에 이용할까? 이 지표를 만든 웰레스 와일더는 RSI가 70 이상이면 과매수 Over bought, 30 이하면 과매도Over sold 구간으로 분류했다. 과매수는 주식을 너무 많이 사서 주가가 과열되었다는 뜻이고, 과매도는 그 반대이다. 싸게 사서 비싸게 팔아야 돈을 벌 수 있으니, 과매도 구간에서 주식을 사고, 과매수 구간에서 주식을 팔면 돈을 번다고 논리이다. 주가는 지그재그로 움직이니 굉장히 그럴싸한 전략이다. 그리고 RSI를 구하는 기간은 14일을 기본으로 제시했다.

그림 3-10 디즈니 주가 차트

[그림 3-10]의 디즈니 주가 차트를 보자. 아래 보라색 선이 RSI 선이다. RSI 선과 함께 표시된 수평선 2개가 있는데 아래쪽 핑크색 선이 RSI 30선, 위쪽 녹색 선이 RSI 70선이다. 코로나19 팬데믹 시기인 2020년 3월경에는 RSI가 30선 아래로 내려가 과매도 구간이라는 것을 볼 수 있다. 그러던 것이 주가가 쭉 상승하여 8월과 12월에 RSI 70을 뛰어 넘었다. 와일더의 전략대로 매매했다면 3월에 디즈니 주식을 $110 정도에 사서 8월까지 보유했다가 $130에 팔았을테니 주당 $20 정도 이익을 취했을 것이다.

작명 센스를 볼 때 와일더는 평균회귀를 지지하는 투자인 것 같다. 과매수를 뜻하는 원용어 over bought에 포함된 over라는 단어는 비정상적이라는 의미도 내포하고 있으니 말이다. 반면 모멘텀투자자는 과매수 구간에 들어가면 매수하고, 정상 구간에 들어가면 주식을 파는 거래를 할 것이다. RSI를 이용한 평균회귀와 모멘텀 전략은 2장에서 애플 주식을 가지고 해봤고, 결과는 모멘텀투자의 승리였다.

백테스트

그럼 이번에는 애플처럼 지속적으로 상승한 종목 말고 평범한 종목으로 테스트해보자. 미국 최대 통신기업 버라이즌(VZ)이다. 사용하던 파일을 아래처럼 추가하여 진행하자. 우선 버라이즌 주가를 가져와 df에 저장한다.

```
1   symbol = 'VZ'
2   df = fs.get_price(symbol, start_date='2020-01-01', end_date='2020-12-31')
3   fs.draw_chart(df, right=symbol)
```

Out

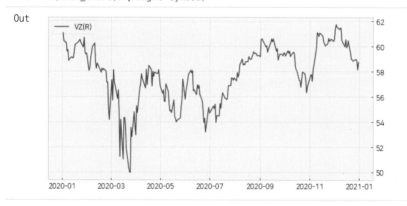

RSI 값을 구하기 위해 가져온 주가가 담긴 df를 fs의 rsi() 함수에 담아 실행시킨다. 실행 결과는 fs의 draw_chart() 함수를 이용해 차트로 그려본다.

```
1   fs.rsi(df, w=14)
2   fs.draw_chart(df, left='rsi', right=symbol)
```

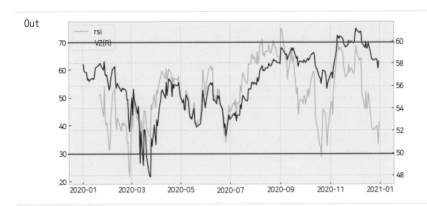

빨간색은 주가, 파란색은 RSI 값이고, 오른쪽 y 축이 주가, 왼쪽 y 축이 RSI 값을 표시한다. 파란 선이 왼쪽 축의 30 아래로 내려가는 부분과 70 위로 올라가는 부분이 트레이딩 포인트가 된다. (매수, 매도 기준선은 코딩 결과에는 나오지 않지만 설명을 위해 추가로 그렸다.)

이제 와일더가 제안한 전략대로 시그널을 만들고 백테스트를 해보자. 이제 익숙해졌으니 한 번에 모아서 실행해보자.

```
1   fs.indicator_to_signal(df, factor='rsi', buy=30, sell=70)
2   fs.position(df)
3   fs.evaluate(df, cost=.001)
4   fs.performance(df, rf_rate=0.01)
5   fs.draw_trade_results(df)
```

```
Out   CAGR: 7.22%
      Accumulated return: 6.80%
      Average return: 4.17%
      Benchmark return : -2.86%
      Number of trades: 2
      Number of win: 1
      Hit ratio: 50.00%
      Investment period: 0.9yrs
      Sharpe ratio: 0.21
      MDD: -17.10%
      Benchmark MDD: -18.20%
```

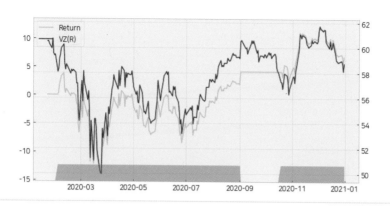

1행에서는 RSI가 30 이하면 매수, 70 이상이면 매도하는 전략으로 시그널을 만든다. 2행에서는 시그널을 이용해 포지션을 산출하고, 3행에서는 수익률 산출, 4행에서는 성과평가를 한다. 5행은 매매내역과 수익률, 포지션을 차트로 그려낸다.

실행해보면 성과평가 결과와 매매내역 차트가 출력된다. CAGR은 7.22%, 누적수익률은 6.8%이다. 1년 치 시세를 넣었는데 CAGR과 누적수익률이 다른 이유는 실제로 전략을 이용해 트레이딩한 기간은 1년이 채 안 되기 때문이다. RSI 값 계산은 이동평균이 필요하기 때문에 초반의 일정 기간은 전략을 수행할 수 없다. RSI(14)라면 앞의 14일은 전략 수행 기간에서 제외된다. 투자기간이 0.9yrs라고 표시되어 있다. 실제로 트레이딩의 시작은 1월 22일부터다.

차트를 보면 언제 매매했는지 알 수 있다. 차트 아래쪽 보라색 그래프가 포지션을 의미한다. 매매는 총 2번 있었는데, 첫 번째는 2020년 2월에 매수했다가 8월 말에 팔았다. 두 번째는 2020년 10월 중순에 샀다가 테스트 마지막 날 기준으로 보유 중이다. 보유 중인 경우에는 평가액(당일 주가)으로 수익률을 계산한다.

같은 기간 중 벤치마크수익률은 −2.86%다. 버라이즌 주식을 사서 그냥 들고 있었다면 수익률이 −2.86%라는 얘기다. 전략을 사용한 경우가 수익률이 높다. MDD 역시 −17.1%로, 벤치마크 MDD인 −18.2%보다 약간 좋았다.

이번에는 같은 종목을 모멘텀 전략으로 거래하는 경우를 백테스팅 해보자. 트레이딩 시그널은 RSI가 70 이상일 때 매수, 50 이하일 때 매도한다. 1행의 트레이딩 시그널 생성을 제외하고 2행부터는 동일한 코드다.

```
1    fs.indicator_to_signal(df, factor='rsi', buy=70, sell=50)

2    fs.position(df)

3    fs.evaluate(df, cost=.001)

4    fs.performance(df, rf_rate=0.01)

5    fs.draw_trade_results(df)
```

```
Out    CAGR: -2.94%
       Accumulated return: -2.77%
       Average return: -2.77%
       Benchmark return : -2.86%
       Number of trades: 1
       Number of win: 0
       Hit ratio: 0.00%
       Investment period: 0.9yrs
       Sharpe ratio: -1.17
       MDD: -2.90%
       Benchmark MDD: -17.73%
```

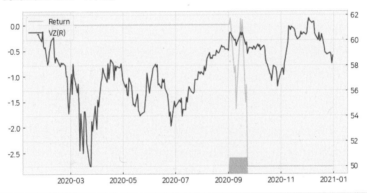

CAGR가 −2.94%, 손해로 끝났다. 차트를 보니 딱 한 번 거래가 있었고 그때 마침 손해가 났다.

애플과는 달리 버라이즌은 모멘텀 전략보다 평균회귀 전략이 더 우수한 성과를 보였다. 이렇게 같은 전략이라도 종목마다 성과는 달라진다. 주가가 꾸준히 우상향하는 주식은 모멘텀 전략으로 할 때 더 우수한 성과를 보였고, 박스권에서 움직이는 주식은 평균회귀 전략이 더 나았다. 동일한 전략이라도 종목의 성격에 따라 성과가 달라지는 것이다.

주식이 우상향할지, 횡보할지 어떻게 알고 전략을 선택하지? 사실 그건 아무도 모른다. 그래서 최대한 그럴싸하게 예측해보고자 다양한 통계적 기법을 이용해 과거의 주가 움직임을 분석하고 패턴을 뽑아낸다. 머신러닝 등을 이용하는 퀀트가 주로 사용하는 방법이다. 과거의 차트 분석가는 상식적인 차원에서 성장 산업에 속한 기업이 우상향 할 거라고 가정했다. 하지만 기업의 체질이나 산업의 헤게모니가 바뀌고 있는 경우에 양측 모두 틀리기 쉽다. 그래서 퀀트투자를 할 때 소수 종목이 아닌 여러 종목에 분산하여 투자한다. 확률이 높은 전략을 여러 종목에 분산해두면 일부 종목이 예상에서 빗나가더라도 나머지 종목들이 만회해 주기 때문이다.

코드 이해

RSI를 구하는 코드를 보자.

```
1   def rsi(df, w=14):
2       symbol = df.columns[0]
3       df.fillna(method='ffill', inplace=True)  # 들어온 데이터의 구멍을 메꿔준다
4       if len(df) > w:
5           df['diff'] = df.iloc[:,0].diff()  # 일별 가격차이 계산
6           df['au'] = df['diff'].where(df['diff']>0, 0).rolling(w).mean()
7           df['ad'] = df['diff'].where(df['diff']<0, 0).rolling(w).mean().abs()
8           for r in range(w+1, len(df)):
9               df['au'][r] = ( df['au'][r-1]*(w-1) +
    df['diff'].where(df['diff']>0,0)[r] ) / w
10              df['ad'][r] = ( df['ad'][r-1]*(w-1) +
    df['diff'].where(df['diff']<0,0).abs()[r] ) / w
11          df['rsi'] = (df['au'] / (df['au'] + df['ad']) * 100).round(2)
12          return df[[symbol, 'rsi']]
13      else:
14          return None
Uut
```

1행에서 **rsi()** 함수를 선언한다. 입력변수로 시세가 들어있는 데이터프레임 **df**와 RSI를 계산할 기간 w를 받는다. w는 기본값으로 14일을 줬다. 2행은 종목코드를 추출하기 위해 칼럼명 중 가장 앞에 있는 값을 뽑아 symbol에 저장한다. 3행은 입력된 **df**에 구멍이 있는지 찾아서

메꿔준다. 이것을 보간이라고 한다. 일반적인 경우 주가 데이터에 빈 날이 있으면 안 되지만, 종목에 따라 거래정지 등의 이유로 구멍이 있을 수 있다. 주식에서는 가격이 형성되지 않을 경우 전일 가격을 그대로 가져오는 걸 원칙으로 하기 때문에 구멍 난 데이터는 전일 가격을 가져다 메꾸면 된다. `df.fillna()` 함수를 이용하는데, `method='ffill'`을 전달해 앞의 데이터로 구멍을 메꾸도록 한다. `inplace=True`를 전달해 수정한 데이터를 저장한다.

`데이터프레임`.fillna(value=대체값, method=방법, axis=방향, inplace=저장 여부)

- value: 0, 1 등 값을 지정하면 해당 값으로 변경
- method: ffill/bfill이면 앞/뒤 값으로 변경
- axis: 0은 행방향, 1은 열방향 (기본 0)
- inplace: True 저장 / False 저장 안함 (기본 False)

데이터프레임에서 NaN 값을 다른 값으로 대체

4행에서는 데이터 개수를 비교해서 데이터 개수가 `w`보다 클 경우만 후속 코드를 실행하도록 한다.

5행에서는 `diff()` 함수를 이용해 전일 주가와의 차이를 계산해 `diff` 칼럼에 저장한다.

`데이터프레임`.diff(periods=기간, axis=방향)

- periods: 비교 대상의 상대 위치, 1이면 한 칸 전 값과 비교 (기본 1)
- axis: 0은 행방향, 1은 열방향 (기본 0)

이전 값과의 차이를 계산

6행에서는 AU를 구하기 위해 판다스의 `where()` 함수를 써서 조건에 따라 평균값을 계산한다. 4행에서 계산해놓은 전일 주가와의 차이 값이 들어있는 `df['diff']`에 `where(df['diff']>0, 0)` 함수를 적용하면 `diff`가 0보다 큰 경우에는 그냥 두고, −값은 0으로 바꿔버린다. 이렇게 하면 `diff`가 양수인 경우만 걸러내게 된다.

`데이터프레임`.where(cond=조건, other=대체값)

- cond: 비교조건
- other: 조건이 거짓인 경우 대체할 값

조건이 거짓일 경우 other 값으로 대체

이렇게 `diff`가 양수인 데이터만 발라낸 뒤 `rolling()` 함수를 이용해 이동평균을 구할 대상 범위로 데이터를 한정하고, `mean()` 함수를 적용해 평균값을 구한다.

데이터프레임`.rolling(window).`연산함수`()`

- window: 이동창 사이즈, 10이면 현재부터 이전 10개 값을 지정
- 연산함수: mean—평균, sum—합, std—표준편차, max—최대값 등

연산함수에 따라 이동평균, 이동합, 이동최대값 등을 계산

이렇게 양수 값만으로 구한 이동평균은 au 칼럼에 저장한다. 이동평균 계산 시 최초 w 개는 이전 값의 데이터가 충분하지 않아 결괏값이 NaN으로 나온다.

7행은 전일과의 가격 차이가 마이너스인 경우의 평균값인 AD를 구하는 과정이다. 6행과 흐름은 유사하다. 마지막에 `abs()` 함수를 붙이는데, 절댓값을 취하는 것이다. AD 값은 마이너스로 나오기 때문에 후속 연산을 위해 절댓값을 씌워 저장해놓는다 8행~10행은 AU와 AD를 앞에서 소개한 식대로 재가공하는 과정이다. 8행은 각 날짜를 순환하며 계산을 하도록 for 순환문을 선언한다.

9행은 $AU_t = \dfrac{(w-1)}{w}AU_{t-1} + \dfrac{1}{w}$ 상승폭 $_t$을 코드화한 것이고,

10행은 $AD_t = \dfrac{(w-1)}{w}AD_{t-1} + \dfrac{1}{w}$ 하락폭 $_t$를 코드화한 것이다.

11행은 위에서 구한 AU와 AD를 이용해 RSI를 계산해 소수점 둘째 자리에서 반올림하여 반환해 준다. 13행~14행은 사용자가 넘겨준 데이터프레임의 데이터 사이즈가 w보다 작아서 계산이 불가능한 경우인데, 이때는 아무것도 없는 None 값을 반환한다.

3.7 쉬운 게 최고, 엔벨로프 Envelope

이동평균에 대해 이해했다면, 이번에는 이동평균을 이용한 보조지표를 알아보자. 바로 세상에서 가장 간단한 보조지표 엔벨로프이다.

지표 이해

그림 3-11 보잉 주가 차트

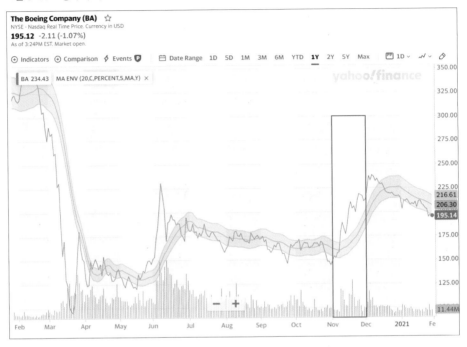

보잉The Boeing Company[6](BA)의 1년간 주가 차트이다. 파란색 주가 그래프 위로 표시된 오렌지색 영역이 엔벨로프다. 주가를 봉투처럼 감싼다고 엔벨로프라고 한다. 엔벨로프의 중심과 위아래로 각각 선이 있는데, 영역의 중심선은 이동평균선이다. 그 위와 아래는 이동평균선보다 몇% 벌어진 가격인지를 표시한다. 여기에서 위에 있는 선은 이동평균보다 5% 높은 가격, 아래 있는 선은 이동평균보다 5% 낮은 가격을 나타낸다. 위에 있는 선을 저항선, 아래 있는 선을 지지선이라고 부르지만 중요하지는 않다. 너무 간단해서 더 설명할 것도 없다.

엔벨로프 지표는 현재 가격이 이동평균 가격보다 얼마나 많이 떨어져 있는지 한눈에 알아보기 쉽다는데 그 의미가 있다. 위 차트에서 빨간색으로 표시된 11월을 보자. 주가가 엔벨로프 위에 있으니, 11월 내내 주가가 강세였다.

---

6   윌리엄 보잉이 창립한 미국의 항공기 제작회사이자 방위산업체.

투자 전략

엔벨로프 역시 모멘텀과 평균회귀 양쪽에 다 쓰일 수 있다. 엔벨로프는 차트상에서 현재 가격이 그래프의 어느 영역에 있는지를 보고 투자 의사결정을 하는 도구다. 지금까지 해봤던 특정 지표의 숫자가 얼마 이상 또는 이하이면 매매하는 식의 방법보다 좀 더 다양한 구성을 할 수 있다.

그림 3-12 밴드의 각 영역

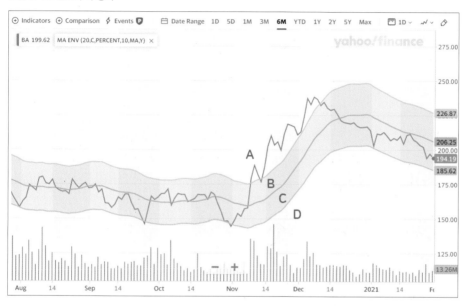

[그림 3-12]처럼 밴드를 중심으로 각 영역을 A, B, C, D로 나눈다. A 구역은 밴드 상단보다 위 구간, B구역은 밴드 중심과 상단 사이, C는 밴드 하단과 중심 사이, D는 밴드 하단 아래 구간이다. 현재 주가가 A 구역에 있으면 가장 강한 것이고, 아래로 갈수록 약해진다.

모멘텀투자자라면 주가가 A 구역에 올라서면 투자에 나서고 B 구역으로 내려가면 매도한다. 평균회귀투자자라면 D 구역에서 주식을 매수했다가 주가가 평균 이상으로 회복된 B 구역에 들어서면 매도한다 RSI에서도 소개했지만, 보조지표 하나를 보고 투자하는 건 절대 금물이다. 기업이 영위하는 비즈니스마다 주가의 움직임이 다르기 때문이다. 만일 박스권에서 움직이는 주식이라면 주가가 엔벨로프 하단 지지선 아래로 내려가면 매수하고, 중심선으로 돌아오면 되팔아서 수익을 낼 수 있다. 성장 일변도의 주식이라면 주가가 엔벨로프 상단을 뚫고 상승이 시작되면 매수해서 상승이 끝날 때 팔아야 돈을 번다.

백테스트

모멘텀 전략부터 백테스트를 돌려보자. 진행하던 파일에서 계속 진행하면 되고, 새 파일을 이용한다면 pip install finterstellar를 실행해 핀터스텔라 라이브러리를 설치하고 import한 후 진행하면 된다.

이번에는 보잉(BA)으로 테스트해보자. 먼저 과거 시세를 불러온다.

```
1   symbol = 'BA'
2   df = fs.get_price(symbol, start_date='2020-01-01', end_date='2020-12-31')
3   fs.draw_chart(df, right=symbol)
```

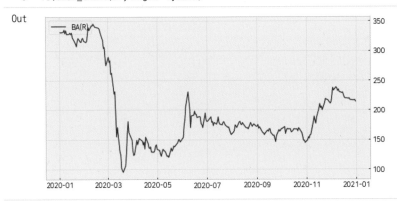

과거 시세가 준비됐으면 엔벨로프 값을 만든다. 핀터스텔라 라이브러리의 envelope() 함수를 이용한다. w는 이동평균 계산에 사용할 기간이고, spread는 영역의 사이즈다. 평균값 위아래 10% 영역을 지정하고 싶다면 spread=0.1로 입력한다.

```
1   fs.envelope(df, w=20, spread=.1)
2   df.tail()
```

```
Out   Symbols       BA  center    ub      lb
      Date
      2020-12-24 217.15  225.27  247.80  202.75
      2020-12-28 216.09  225.25  247.78  202.73
      2020-12-29 216.25  225.53  248.08  202.98
      2020-12-30 216.67  225.71  248.28  203.14
      2020-12-31 214.06  225.22  247.74  202.70
```

df에 평균값(center), 상단 값(ub, upper bound), 하단 값(lb, lower bound)이 추가된 것을 볼 수 있다.

밴드를 그리는 그래프는 `draw_band_chart()`를 이용한다. `envelope()` 함수로 만든 center, ub, lb가 들어있는 데이터프레임을 넣어 호출하면 된다.

```
1  fs.draw_band_chart(df)
```

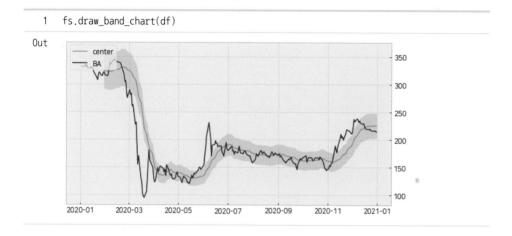

이번에는 트레이딩 시그널을 만들어보자. 모멘텀 전략이므로 주가가 A 구역에 들어가면 매수하고, B 구역에 들어가면 매도한다. 밴드를 보고 시그널을 만드는 것은 `fs.band_to_signal()`로 한다. `df`와 함께 매수 구역을 `buy`에, 매도 구역을 `sell`에 담아 보낸다.

```
1  fs.band_to_signal(df, buy='A', sell='B')
```

```
Out  Date
     2020-01-02    zero
     2020-01-03    zero
     2020-01-06    zero
     2020-01-07    zero
     2020-01-08    zero
                    ...
     2020-12-24    zero
     2020-12-28    zero
     2020-12-29    zero
     2020-12-30    zero
     2020-12-31    zero
     Name: trade, Length: 253, dtype: object
```

날짜별로 트레이딩 시그널이 기록됐다. 시그널이 나왔으니 이를 이용해 후속 작업을 해보자. 여기부터는 기존과 동일하다.

```
1  fs.position(df)
2  fs.evaluate(df, cost=.001)
3  fs.performance(df, rf_rate=0.01)
4  fs.draw_trade_results(df)
```

```
Out  CAGR: 38.38%
     Accumulated return: 35.33%
     Average return: 5.58%
     Benchmark return : -33.79%
     Number of trades: 6
     Number of win: 4
     Hit ratio: 66.67%
     Investment period: 0.9yrs
     Sharpe ratio: 0.88
     MDD: -26.49%
     Benchmark MDD: -72.66%
```

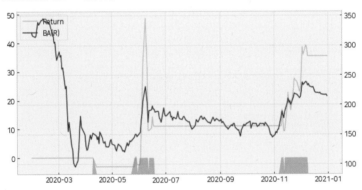

투자 결과를 살펴보자. CAGR이 38.38%, 훌륭한 성적이다. 아래 차트를 보면 주식을 보유한 기간이 얼마 되지도 않는데 수익을 잘 챙겨 먹었다. 반면 벤치마크수익률은 -33.40%, 벤치마크 대비 엄청난 수익을 거뒀다. 총 6번 매매가 있었고 4번을 이겨서 승률은 66.67%다. 샤프비율은 0.91로 높다. MDD는 -26.49%인데 벤치마크 MDD가 -72.66%인 것에 비해 엄청나게 위험 관리를 잘 했다. 이렇게 단순한 지표로도 위험한 시기를 잘 대처할 수 있었다.

이번에는 평균회귀 전략을 백테스트 해보자. 모멘텀 전략과는 시그널 생성 부분만 달라진다.

```
1    fs.band_to_signal(df, buy='D', sell='B')

2    fs.position(df)

3    fs.evaluate(df, cost=.001)

4    fs.performance(df, rf_rate=0.01)

5    fs.draw_trade_results(df)
```

```
Out   CAGR: -22.11%
      Accumulated return: -20.35%
      Average return: -0.36%
      Benchmark return : -33.79%
      Number of trades: 4
      Number of win: 3
      Hit ratio: 75.00%
      Investment period: 0.9yrs
      Sharpe ratio: -0.27
      MDD: -67.16%
      Benchmark MDD: -72.66%
```

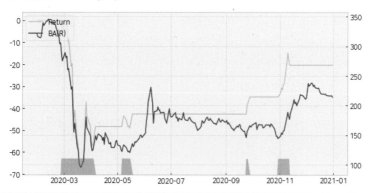

CAGR이 −22.11%가 나왔다. 벤치마크수익률보다는 나았다고 위로할 수 있겠지만 처참히 깨진 투자다. 수익률이 하찮으니 나머지는 볼 필요도 없다.

보잉은 성장주가 아닌데도 모멘텀 전략의 성과가 훨씬 우수했다. 그렇다고 성급하게 결론을 내리면 안 된다. 2020년이라 그랬을 수도 있다. 다른 기간도 많이 테스트해보고 전략을 선택할 필요가 있다.

코드 이해

이제 envelope() 함수를 들여다보자. 역시 핀터스텔라 라이브러리의 trend.py 모듈에 들어 있다.

```
1   def envelope(df, w=50, spread=.05):
2       symbol = df.columns[0]
3       df['center'] = df[symbol].rolling(w).mean()
4       df['ub'] = df['center']*(1+spread)
5       df['lb'] = df['center']*(1-spread)
6       return df[[symbol, 'center','ub','lb']]
```
Out

1행은 envelope()를 정의하는 부분이다. 시세가 들어있는 데이터프레임과 윈도 사이즈 w, 상하단 폭을 정의하는 spread를 입력변수로 받는다. spread는 소수로 입력한다. 10% 라면 0.1이다. 2행은 종목코드 추출을 위해 df의 첫 번째 칼럼명을 가져와 symbol에 넣는다. 3행은 이동평균을 구해 center 칼럼에 저장한다. 4행과 5행에서 상단 값과 하단 값을 구하고, 6행에서는 결과를 반환한다.

 잠깐   엔벨로프 전략은 워낙 심플해서 튜닝의 가능성도 무한하다. 이동평균을 지수이동평균으로 바꿔봐도 되고, w 값을 바꿔가며 테스트 해볼 수도 있다.

3.8 변동성은 작아야 좋은가?

투자를 시작하면 뉴스를 챙겨보게 된다. 내가 투자한 기업에 대한 뉴스는 물론이고, 코스피지수는 올랐는지, 한국 경제는 좋아지는지 심지어 미국 경기 소식까지 챙겨 보게 된다. 일부러 챙겨서 보기도 하겠지만, 내 돈이 들어갔으니 저절로 관심이 가기 마련이다. 금융 업계에서도 신입사원이 들어오면 적은 금액으로 ETF를 해보라고 권유한다. 자기 돈이 들어가게 되면 그냥 공부로 마주할 때와는 다른 차원의 관심을 가지게 되기 때문이다. 증시 소식이 나올 때면 종종 나오는 주제의 뉴스 제목 몇 가지를 소개한다.

뉴욕증시, 코로나 재확산 우려에 변동성 커져 (한국경제, 2020/6/21)

단기차익 노려… 변동성 큰 종목에 '위험한 베팅' (한국경제, 2020/9/14)

비트코인 곧 큰 변동성 보일 것.. 하락 가능성이 조금 더 높아 (매일경제, 2021/1/18)

증시 관련 뉴스 중 상당수는 변동성을 이야기한다. 그리고 변동성에 대한 뉘앙스는 뭔가 위험한 것, 피해야 할 것처럼 표현된다. 변동성은 그렇게 나쁜 걸까? 이번에는 변동성 이야기를 해보자.

평균과 표준편차

고등학교 수학 맨 마지막 단원은 확률과 통계이다. 사회에 나오면 무엇보다 중요한 지식인데, 하필 커리큘럼상 제일 마지막에 있어 중요치 않은 것처럼 느껴지기도 한다.

 잠깐 다음 점수들의 평균과 표준편차를 구하시오.

90, 80, 70, 100, 60

문제를 풀어보라는 것이 아니고, 중고등학교 수업 시간에 배웠던 평균과 표준편차에 대한 리마인드 차원에서 언급한 것이다.

평균average은 흔히 쓰는 것이라 잊어버리지 않았을 것이라고 생각한다. 편차deviation는 자료 값과 평균과의 차이를 의미하고, 표준편차standard deviation는 편차들의 평균이다. 그런데 편차를 그냥 평균 내면 플러스(+), 마이너스(−)가 합쳐져 0이 나오니까, 이를 방지하기 위해 편차를 제곱하여 평균을 낸 분산variance을 구하고 여기에 루트(√)를 씌워 표준편차를 구한다.

주식에서 얘기하는 변동성volatility은 주가의 표준편차를 의미한다. 주가를 분석할 때도 수학 문제를 풀 때처럼 매일매일의 주가를 늘어놓고 평균을 구하고, 표준편차를 구한다. 주가가 오르락내리락이 심하면 표준편차가 커지고, 이런 상황을 변동성이 커진다(확대된다)라고 표현한다.

변동성은 작아야 좋은가

변동성이 작다는 것은 주가가 안정적으로 움직인다는 뜻이다. 변동성이 작은 종목은 다른 종목이 폭락할 때 주가가 덜 빠지고, 다른 종목이 달려가도 혼자 기어간다. 시장 상황에 별로 영향을 받지 않으며 실적이 꾸준한 사업을 하는 종목으로 주로 음식료, 유틸리티(전기, 가스 등),

통신주 등이 있다. 우리 삶에 없어서는 안 되지만, 많을 필요도 없는 상품을 다루는 기업이 여기 속한다.

변동성이 작은 종목에 투자하면 경기가 불안할 때 상대적으로 마음이 편하다. 하지만 경기가 좋아지고 다른 종목이 달려갈 때는 아쉽다. 변동성이 작다고 주가가 아예 안 움직이는 건 아니다. 위아래로 움직이는 폭이 작으니 올라가거나 내려가는 속도가 느릴 뿐이다. 그래서 오랜 기간 경기가 좋아지는 시기에는 이런 종목들도 주가가 오른다.

변동성이 작은 종목은 배당을 잘 주는 편이다. 배당이라도 줘야 투자자의 관심을 받을 수 있기 때문이다. 은퇴 준비를 위해 주식을 모으는 사람이라면 망할 염려도 적고, 연금처럼 배당을 또박또박 주는 이런 종목이 매력적이다.

변동성이 커야 좋은가

변동성이 큰 종목은 주가가 위아래로 크게 움직이니 대세 상승기에 더 빨리 올라간다. 자산을 빨리 늘리고 싶은 투자자에게는 변동성이 큰 종목이 적합하다. 무엇보다도 투자하는 재미가 있다. 하지만 하락기에는 더 불안하다. 언론 기사가 변동성을 다룰 때 마치 위험한 것처럼 표현하는 이유가 이 불안 심리 때문이다.

벼락거지가 되지 않기 위해 은행 예금보다 주식투자를 선택했다면, 너무 변동성이 적은 종목에만 관심을 가지는 것도 모순이다.

변동성을 너무 좋아하면 가랑이가 찢어진다

변동성은 언급하면 레버리지 상품이 꼭 등장한다. KODEX 레버리지[7]가 대표적인 상품인데, 기초 자산이 1만큼 오를 때 레버리지 상품은 2만큼 오르는 따블, 따따블[8] 상품을 말한다. 일반 주식보다 2배, 3배씩 많이 움직이니 가격 상승/하락 폭도 그만큼 높은 큰 변동성을 자랑한다.

그런데 이렇게 수익률을 2배, 3배로 찍어내는 레버리지 상품은 일반 주식과 다른 특징이 있다. 수익률을 2배, 3배 만큼 만들어내기 위해서 주식이 아닌 선물, 옵션 같은 파생상품에 투자한다. 파생상품은 주식과는 다른 특징이 있는데, 이 책의 범위를 벗어나기 부분이라 언급하지는 않겠다. 다만 지금 말하고 싶은 것은 대부분의 파생상품은 만기가 있다는 것이다. 만기(유통기한)가 있는 상품은 시간이 흐르면 소멸된다. 레버리지 상품은 내부에 유통기한이 있는 상품을 담

---

7 기초지수인 KOSPI 200 지수를 2배 추적하는 국내 최초 ETF(상장지수펀드) 상품.
8 영단어 double에서 파생된 용어로 어떤 수량의 배, 4배를 속되게 이르는 말이다.

고 있기 때문에 오래 보유하면 가치가 기본 상품보다 떨어진다. 그래서 변동성이 높은 상품은 변동성이 낮은 상품보다 조심스럽게 다뤄야 한다. 신중하게 사고, 포트폴리오에 담아놨다면 자금이 물리지 않도록 신경 써서 관리해 줘야 한다. 그리고 단기적으로 가져가야 한다.

변동성이 크다 또는 작다라는 말은 가격의 상승이나 하락을 의미하지 않는다. 변동성은 가격의 방향이 아니다. 변동성이 크다는 것 자체가 나쁜 건 아니다. 본인의 투자 전략과 변동성의 크기가 적합한지를 알고 선택해야 한다. 어차피 주식시장에 진입한 순간 은행 예금보다 높은 변동성을 선택한 것이다. 고변동성을 좋아한다고 도박꾼도 아니고, 저변동성을 좋아한다고 쫄보도 아니다.

3.9 전통의 단타 전략, 볼린저밴드 Bollinger band

변동성도 알고, 엔벨로프도 알았다면 이제 볼린저밴드를 이해할 준비가 되었다.

지표 이해

볼린저밴드는 이동평균에 변동성을 결합한 그래프이다. 차트의 모양은 앞에서 살펴본 엔벨로프와 매우 흡사하다. [그림 3-13]은 대만의 반도체 제조기업인 TSMC[9]의 주가와 볼린저밴드 차트인데, 오렌지색 구간이 볼린저밴드이다. 이동평균선이 밴드의 중심축이 되고, 밴드의 상단과 하단은 이동평균±(k표준편차)로 표시한다.

볼린저밴드는 통계학의 Z-Score(표준점수)에서 아이디어를 차용했다.

$$Z-Score = \frac{X-\mu}{\sigma}$$

X는 각각의 데이터 값, μ는 평균값, σ는 표준편차다. Z-Score는 X 값이 평균에서 표준편차의 몇 배만큼 떨어져 있는가를 나타내는 수치인데, 표준편차가 곧 변동성이니까 주가가 변동성 대비 어느 정도 수준에 위치해 있는지를 표현하게 된다. 이것을 그래프로 표현한 것이 볼린저밴드이다.

....

9   대만의 세계 최대 규모의 반도체 파운드리 업체로 미국증시(나스닥)에도 상장되어 있다.

> 밴드 중심선(center) : N일 이동평균
>
> 밴드 상단선(ub) : N일 이동평균 + k × 표준편차
>
> 밴드 하단선(lb) : N일 이동평균 − k × 표준편차

볼린저밴드는 보통 BB(N, k)로 표시하는데, N은 이동평균을 구하는 윈도 사이즈를, k는 표준편차의 몇 배를 밴드 사이즈에 반영할지를 결정하는 변수다. BB(20, 2)라면 20일짜리 이동평균을 이용하고, 표준편차의 2배를 밴드 사이즈로 잡는다. 볼린저밴드의 창시자인 존 볼린저 John Bollinger는 BB(20, 2)를 기본으로 제시했다.

투자 전략

볼린저는 볼린저밴드를 2가지로 활용할 수 있다고 소개했다. 평균회귀 성향이 있는 종목은 밴드하단매매를, 모멘텀이 있는 종목은 밴드상단매매를 하라고 한다. 트레이딩 방법은 앞서 소개한 엔벨로프 지표와 비슷하다. 모멘텀 전략의 경우 A 구역에서 매수, B 구역에서 매도한다. 평균회귀 전략의 경우 D 구역에서 매수, B 구역에서 매도한다.

그림 3-13 TSMC 주가와 볼린저밴드

[그림 3-13]을 다시 보자. 주가가 한참 상승할 때는 주가가 볼린저밴드의 상단을 타고 등산하 듯 올라가고, 하락할 때는 주가가 하단 밴드를 타고 미끄럼을 타듯 떨어진다. 존 볼린저는 저서 『볼린저밴드 투자기법』에서 이를 언급하며 볼린저밴드를 모멘텀 전략으로 이용할 것을 더 강력 히 추천했다.

> 💡 잠깐 볼린저밴드는 단기투자를 하는 투자자 사이에서 매우 인기가 높은 지표다. 기본 세팅인 BB(20, 2)을 투자 시그널로 이용하는 사람이 너무 많아 투자 기회가 많지 않을 정도다. 너무 많은 사람이 같은 전략으로 매매를 하니 기회가 금세 사라지는 것이다. 세팅을 바꿔보며 백테스트를 해 볼 필요 가 있다.

백테스트

볼린저의 제안을 따라 기본 밴드 세팅인 BB(20, 2)로 상승 구간을 공략하는 모멘텀 전략을 백 테스트 해보자. 종목은 TSMC(TSM)이다.

먼저 주가 데이터를 가져온다.

```
1   symbol = 'TSM'
2   df = fs.get_price(symbol, start_date='2020-01-01', end_date='2020-12-31')
3   fs.draw_chart(df, right=symbol)
```

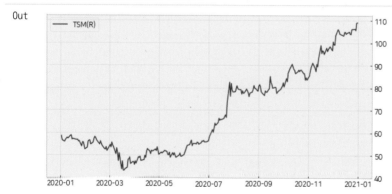

핀터스텔라 라이브러리의 bollinger() 함수를 이용해 볼린저밴드의 center, ub, lb를 계산한 다. bollinger() 함수는 시세 데이터가 있는 df와 윈도 사이즈 w, 밴드 폭을 결정하는 배수 k 를 입력받는다.

```
1  fs.bollinger(df, w=20, k=2)
```

```
2  df.tail()
```

```
Out  Symbols       TSM center sigma     ub     lb
     Date
     2020-12-24 105.97  103.23   2.62 108.48  97.98
     2020-12-28 106.15  103.60   2.48 108.55  98.65
     2020-12-29 105.56  104.03   1.96 107.96 100.10
     2020-12-30 108.90  104.43   2.10 108.63 100.23
     2020-12-31 109.04  104.91   2.01 108.92 100.89
```

볼린저밴드 값이 계산되어 center, ub, lb가 산출된 것을 볼 수 있다. 차트를 그려보면 다음과 같다.

```
1  fs.draw_band_chart(df)
```

Out
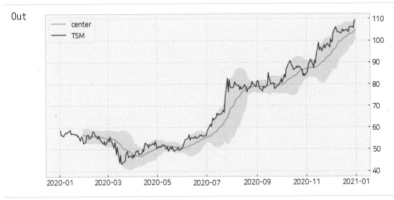

이제 트레이딩 시그널 산출부터 시작하는 백테스트를 한 번에 실행해보자.

```
1  fs.band_to_signal(df, buy='A', sell='B')
```

```
2  fs.position(df)
```

```
3  fs.evaluate(df, cost=.001)
```

```
4  fs.performance(df, rf_rate=0.01)
```

```
5  fs.draw_trade_results(df)
```

```
Out  CAGR: 9.12%
     Accumulated return: 8.40%
     Average return: 0.86%
```

Benchmark return : 95.41%

Number of trades: 11

Number of win: 5

Hit ratio: 45.45%

Investment period: 0.9yrs

Sharpe ratio: 0.32

MDD: -13.76%

Benchmark MDD: -27.24%

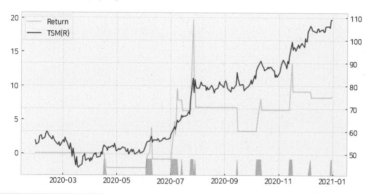

CAGR이 9.12%, 객관적으로 나쁘지 않은 수익률이지만 TSMC의 상승세를 보면 그렇지 않다. 벤치마크수익률이 95.41%나 되기 때문이다.

이번에는 평균회귀 전략을 백테스트 해보자. 볼린저밴드 산출은 완료되었기 때문에 시그널 생성부터 출발한다.

```
1   fs.band_to_signal(df, buy='D', sell='B')

2   fs.position(df)

3   fs.evaluate(df, cost=.001)

4   fs.performance(df, rf_rate=0.01)

5   fs.draw_trade_results(df)
```

Out   CAGR: 15.37%

Accumulated return: 14.15%

Average return: 4.53%

Benchmark return : 95.41%

Number of trades: 3

Number of win: 3

Hit ratio: 100.00%

Investment period: 0.9yrs

Sharpe ratio: 0.46

MDD: -15.97%

Benchmark MDD: -26.40%

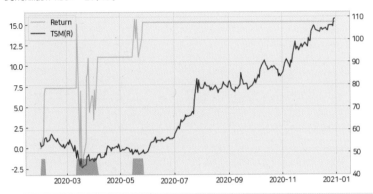

평균회귀 전략이 오히려 수익률이 좋았다.

그럼 볼린저밴드 산출을 BB(20, 2)가 아니라 BB(20, 1)로 바꿔서 해보면 어떨까? 퀀트머신이 있으니 어려울 게 없다. 바로 실행해보자.

```
1  df = fs.get_price(symbol, start_date='2020-01-01', end_date='2020-12-31')
2  fs.bollinger(df, w=20, k=1)
3  fs.draw_band_chart(df)
```

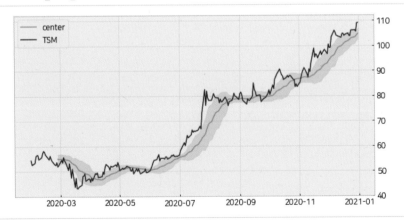

BB(20, 2)로 할 때는 주가가 밴드 밖으로 벗어나는 경우가 별로 안 나왔는데, BB(20, 1)로 하니 많이 나온다. 기대감을 가지고 백테스트를 돌려본다.

```
1   fs.band_to_signal(df, buy='A', sell='B')
2   fs.position(df)
3   fs.evaluate(df, cost=.001)
4   fs.performance(df, rf_rate=0.01)
5   fs.draw_trade_results(df)
```

```
Out   CAGR: 21.69%
      Accumulated return: 19.97%
      Average return: 1.27%
      Benchmark return : 95.41%
      Number of trades: 20
      Number of win: 5
      Hit ratio: 25.00%
      Investment period: 0.9yrs
      Sharpe ratio: 0.60
      MDD: -14.60%
      Benchmark MDD: -27.24%
```

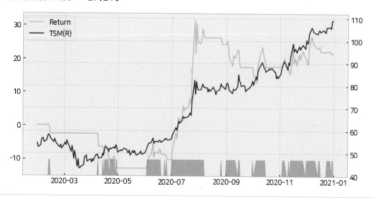

CAGR이 21.69%, 많이 개선되긴 했지만 그래도 벤치마크수익률을 보고 있자니 아쉽다. 이번에는 BB(20, 1)에 대한 평균회귀 백테스트를 해보자.

```
1   fs.band_to_signal(df, buy='D', sell='B')
2   fs.position(df)
3   fs.evaluate(df, cost=.001)
```

```
4   fs.performance(df, rf_rate=0.01)
5   fs.draw_trade_results(df)
```

```
Out   CAGR: 35.70%
      Accumulated return: 32.86%
      Average return: 2.75%
      Benchmark return : 95.41%
      Number of trades: 8
      Number of win: 7
      Hit ratio: 87.50%
      Investment period: 0.9yrs
      Sharpe ratio: 0.96
      MDD: -19.48%
      Benchmark MDD: -26.40%
```

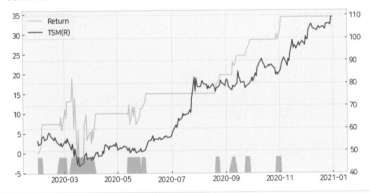

CAGR이 35.7%로 개선됐다. 무엇보다 샤프비율이 0.96으로 좋아졌다. 하는 김에 조금만 더 욕심을 내보자. 모멘텀으로도 수익을 먹고, 평균회귀로도 먹을 수는 없을까?

코딩으로 안되는 게 어디있나? 시그널을 합성해서 새로운 시그널을 만들면 된다.

```
1   df = fs.get_price(symbol, start_date='2020-01-01', end_date='2020-12-31')
2   df = fs.bollinger(df, w=20, k=1)
3   df['s1'] = fs.band_to_signal(df, buy='A', sell='B')
4   df['s2'] = fs.band_to_signal(df, buy='D', sell='B')
```

```
Out
```

3행에서 모멘텀 시그널을 만들어 s1 칼럼에 저장했고, 4행에서 평균회귀 시그널을 만들어 s2 칼럼에 저장한다.

이제 핀터스텔라 라이브러리의 **fs.combine_signal_or( )**를 이용해 시그널을 OR 조건으로 합성한다. AND 조건으로 합성하려면 **fs.combine_signal_and( )**로 하면 된다. 입력변수로는 시그널이 들어있는 데이터프레임 **df**와 합성하게 될 대상 시그널의 이름이다. 여기에서는 위에서 저장해둔 **s1, s2**를 함수에 실어 보낸다.

```
1   fs.combine_signal_or(df, 's1', 's2')
```

```
Out  Symbols       TSM  center      ub      lb  trade    s1    s2
     Date
     2020-01-02  60.04     nan     nan     nan   zero  zero  zero
     2020-01-03  58.06     nan     nan     nan   zero  zero  zero
     2020-01-06  57.39     nan     nan     nan   zero  zero  zero
     2020-01-07  58.32     nan     nan     nan   zero  zero  zero
     2020-01-08  58.75     nan     nan     nan   zero  zero  zero

          ...      ...     ...     ...     ...    ...   ...   ...
     2020-12-24 105.97  103.23  105.86  100.61    buy   buy  zero
     2020-12-28 106.15  103.60  106.08  101.13    buy   buy  zero
     2020-12-29 105.56  104.03  105.99  102.07   zero  zero  zero
     2020-12-30 108.90  104.43  106.53  102.33    buy   buy  zero
     2020-12-31 109.04  104.91  106.91  102.90    buy   buy  zero

     [253 rows x 7 columns]
```

이후 절차는 이전과 동일하다.

```
1   fs.position(df)

2   fs.evaluate(df, cost=.001)

3   fs.performance(df, rf_rate=0.01)

4   fs.draw_trade_results(df)
```

```
Out  CAGR: 52.29%
     Accumulated return: 48.14%
     Average return: 1.69%
     Benchmark return : 95.41%
     Number of trades: 28
     Number of win: 12
     Hit ratio: 42.86%
     Investment period: 0.9yrs
     Sharpe ratio: 1.03
```

MDD: -20.23%
Benchmark MDD: -27.24%

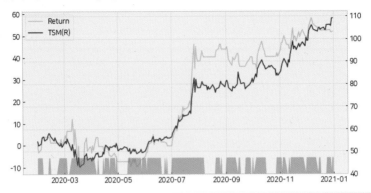

CAGR이 52.29%, 샤프비율도 1.03로 훌륭하다. 이제 흡족한 모델로 변했다.

지금까지 볼린저밴드를 이용한 백테스트 5건을 진행했다. 백테스트를 많이 할수록 좋은 모델을 만들어낼 확률이 높다. 전략의 성능을 높이기 위해 파라미터를 변경해가며 모델을 튜닝하는 것을 최적화Optimization라고 한다. 그런데 너무 많은 파라미터 튜닝은 일반적이지 않은 케이스를 만들어내는 과최적화Overfitting의 오류를 범할 수 있다. 과최적화된 모델은 특정 상황에서만 최고의 성능을 발휘한다. 퀀트 전략은 특정 상황에서만 쓰는 것이 아니고 한 번 설정하면 몇 개월간 사용하기 때문에 특정 상황에만 과최적화된 시스템은 금세 수익률을 망가뜨릴 수 있다. 합리적이고 상식적인 선에서만 최적화를 진행할 필요가 있다.

코드 이해

볼린저밴드를 산출하는 파이썬 코드를 들여다보자.

```
1  def bollinger(df, w=20, k=2):
2      symbol = df.columns[0]
3      df['center'] = df[symbol].rolling(w).mean()
4      df['sigma'] = df[symbol].rolling(w).std()
5      df['ub'] = df['center'] + k * df['sigma']
6      df['lb'] = df['center'] - k * df['sigma']
7      return df[[symbol, 'center','ub','lb']]
Out
```

1행은 `bollinger()` 함수 선언부다. 주가 데이터가 들어있는 데이터프레임과 이동평균 계산을 위한 윈도 사이즈 `w`, 밴드 폭 크기를 결정하는 인자 `k`를 함께 받는다.

2행에서는 시세가 들어있는 컬럼을 뽑아내기 위해 `df`에서 종목코드를 가져온다.

3행에서는 `w`일 간의 이동평균을 계산해서 `center` 칼럼에 저장한다.

4행은 표준편차를 계산한다. `데이터프레임.std()` 함수를 이용해 구할 수 있다.

5행과 6행은 볼린저밴드 공식에 따라 밴드 상단 값(ub)과 하단 값(lb)을 계산해낸다.

7행에서는 위에서 계산한 결과를 반환한다.

볼린저밴드도 매우 간단한 공식이기 때문에 다양하게 튜닝이 가능하다. 이동평균을 구하는 방법을 바꾸거나, 표준편차 말고 다른 값을 이용할 수도 있다. 실제로 앞에서 알아본 엔벨로프와 볼린저밴드는 밴드 폭을 결정하는 기준이 주가인지 변동성인지의 차이밖에 없다.

3.10 변호사가 유행시킨 단타전략, 스토캐스틱^{Stochastic}

펀드매니저나 애널리스트같은 증권 업계 전문가가 아닌, 주식과 직접적인 관련이 없는 직업을 가진 사람이라도 투자의 세계에서 유명해진 사람이 많이 있다. 그 중 한 명인 고승덕 변호사가 유행시킨 단타전략이 스토캐스틱이다. 고승덕 변호사는 저서 『고변호사의 주식강의』에서 스토캐스틱을 마법의 지표라고 소개하며 적극 홍보했다. 얼마나 좋은 지표이길래 그리 칭찬했는지 알아보자.

지표 이해

스토캐스틱은 1950년대에 조지 래인^{George Lane}이 알린 지표이다. 지표의 콘셉트는 최근 N일간 주가 범위 중 현재 주가가 얼마나 높이있는가 이다. 공식을 보면 콘셉트가 바로 보인다.

$$\text{스토캐스틱} N = \frac{\text{현재 가격} - N\text{일 최저가}}{N\text{일 최고가} - N\text{일 최저가}} \times 100$$

8일간의 주가가 다음과 같고 3일짜리 스토캐스틱인 스토캐스틱3을 구해보자.

잠깐 스토캐스틱을 계산할 때는 종가만을 이용하는 것이 아니라 시고저종(시가, 고가, 저가, 종가) 정보를 모두 이용해서 구한다. 주의해야 한다.

일자	시가	고가	저가	종가	최고가	최저가	스토캐스틱3	K	D
1	10	11	9	10	11	9			
2	11	12	10	11	12	10			
3	8	10	8	9	10	8	25.0		
4	10	13	10	12	13	10	80.0		
5	13	15	12	15	15	12	100.0	68.3	
6	13	20	13	17	20	13	70.0	83.3	
7	17	18	15	16	18	15	50.0	73.3	75.0
8	15	16	13	14	16	13	14.3	44.8	67.1

Step 1 3일짜리 스토캐스틱을 구해야 하니 첫 이틀은 데이터가 부족해서 계산이 불가능하고, 3일째부터 시작한다. 1일~3일 기간의 최고가 $12, 최저가는 $8, 3일 자 종가는 $9이니,

스토캐스틱3 $= \dfrac{(9-8)}{(12-8)} \times 100 = 25$ 이다.

5일 자는 3일~5일 기간의 최고가 $15, 최저가 $8, 5일 자 종가 $15 이므로,

스토캐스틱3 $= \dfrac{(15-8)}{(15-8)} \times 100 = 100$ 이다.

Step 2 이렇게 구한 스토캐스틱은 그날 그날의 주가 수준은 잘 보여주지만 들쭉날쭉이 심해 트레이딩에 이용하기엔 불편하다. 그래서 스토캐스틱 값의 이동평균을 구해 스무딩 한다. 스토캐스틱 값의 이동평균값을 Slow K라고 부르는데, 이 Slow K를 트레이딩 지표로 사용한다.

Step 3 래인은 지표를 더 정교하게 만들고 싶었는지 Slow K를 한 번 더 스무딩하여 Slow D를 만들었다. Slow D는 Slow K의 이동평균값을 구한 것이다. 그리고 Slow K와 Slow D의 차이도 트레이딩 지표로 함께 제시했다.

살펴본 바와 같이 스토캐스틱을 계산할 때는 3단계 기준이 필요하다. 최초 스토캐스틱 계산에 이용하는 기간을 N, 스토캐스틱을 가지고 이동평균값을 계산하여 Slow K를 구하는데 이용하는 기간은 m, Slow K에서 Slow D로 이동평균을 계산하는데 필요한 기간은 t. 이것을 간단

하게 STO(N, m, t)로 표시한다. 래인이 제시한 기본값은 STO(14, 3, 3)이다. 14일간의 가격 데이터로 스토캐스틱을 계산하고, 3일간의 스토캐스틱으로 Slow K를 계산하고, 3일간의 Slow K로 Slow D를 계산한다는 의미다. 거래하는 증권사에 따라 N, m, t 모두 설정할 수 있는 HTS[10]도 있고, N만 설정할 수 있는 HTS도 있다.

투자 전략

그림 3-14 델타항공의 주가 차트

[그림 3-14]는 델타항공Delta Air Lines[11] (DAL)의 주가 차트다. 아래쪽이 스토캐스틱 지표인데, 보라색은 Slow K, 녹색이 Slow D를 나타낸다.

래인이 제시한 첫 번째 전략은 평균회귀다. Slow K가 20보다 낮으면 과매도 구간, 80보다 높으면 과매수 구간으로 정의하고, 20보다 낮을 때 사고 80보다 높을 때 팔라고 한다. 즉, 차트상에서 보라색 선이 20 이하면 매수, 80 이상이면 매도하는 것이다.

....

10 Home Trading System. 개인투자자가 집이나 사무실에서 주식과 파생상품 등의 금융 상품 투자 거래를 할 수 있는 컴퓨터 프로그램. 스마트폰 대중화에 따라 모바일 HTS 애플리케이션도 많이 등장했다.
11 미국의 3대 메이저 항공사 중 하나이자 세계 2위의 항공사.

래인의 두 번째 전략은 모멘텀이다. Slow K와 Slow D의 차이를 계산해서 (Slow K – Slow D)가 양수면 상승 추세라고 판단해서 매수, 음수라면 매도한다. 차트에서 보라색 선이 녹색 선 보다 위에 있으면 매수, 반대라면 매도한다.

백테스트

평균회귀 전략부터 백테스트 하자. 스토캐스틱을 계산할 때는 시고저종 데이터가 다 필요하므로 get_price( ) 대신 get_ohlc( )를 사용한다. 종목코드 symbol과 시작 일자 start_date, 종료 일자 end_date를 담아 보내면 시고저종 데이터가 돌아온다.

```
1  symbol = 'DAL'
2  df = fs.get_ohlc(symbol, start_date='2020-01-01', end_date='2020-12-31')
3  df.tail()
```

Out	High	Low	Open	Close	Volume	Adj Close
Date						
2020-12-24	40.44	39.60	40.42	39.73	5,176,400.00	39.73
2020-12-28	40.78	40.01	40.27	40.15	10,654,400.00	40.15
2020-12-29	40.84	39.90	40.84	40.03	8,142,800.00	40.03
2020-12-30	40.91	39.89	40.00	40.56	8,504,600.00	40.56
2020-12-31	40.74	39.76	40.30	40.21	8,703,100.00	40.21

델타항공의 시고저종 정보가 보인다. 스토캐스틱 지표 계산을 위해 핀터스텔라 라이브러리의 stochastic( ) 함수에 시고저종이 들어있는 df를 담아 보내준다. 그런데 시고저종이 담긴 df에는 종목코드가 들어있지 않기 때문에, 종목코드 symbol도 보내줘야 한다. 그리고 스토캐스틱 계산에 필요한 기준 일자인 n, m, t 값을 함께 전달한다.

```
1  fs.stochastic(df, symbol, n=14, m=3, t=3)
```

Out	DAL	slow_k	slow_d
Date			
2020-01-02	59.04	nan	nan
2020-01-03	58.06	nan	nan
2020-01-06	57.66	nan	nan
2020-01-07	57.61	nan	nan
2020-01-08	58.85	nan	nan
...	...	...	...
2020-12-24	39.73	17.11	18.44

```
2020-12-28 40.15    25.84    20.44
2020-12-29 40.03    24.35    22.43
2020-12-30 40.56    32.62    27.60
2020-12-31 40.21    35.93    30.97

[253 rows x 3 columns]
```

Slow K, Slow D 값이 계산되어 돌아왔다. 트레이딩 시그널로 이용할 Slow K 값을 그래프로
그려보자.

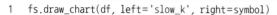

```
1    fs.draw_chart(df, left='slow_k', right=symbol)
```

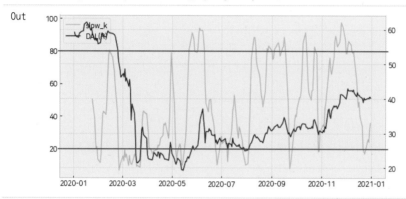

빨간색은 주가, 파란색이 Slow K이다. Slow K가 20보다 낮아지면 매수하고, 80보다 높아지
면 매도하도록 트레이딩 시그널을 만들고 백테스트까지 실행해보자.

```
1    fs.indicator_to_signal(df, factor='slow_k', buy=20, sell=80)

2    fs.position(df)

3    fs.evaluate(df, cost=.001)

4    fs.performance(df, rf_rate=0.01)

5    fs.draw_trade_results(df)
```

```
Out   CAGR: -30.16%
      Accumulated return: -27.93%
      Average return: -1.64%
      Benchmark return : -30.05%
      Number of trades: 6
      Number of win: 4
```

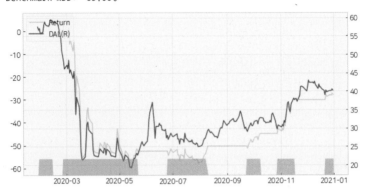

Hit ratio: 66.67%
Investment period: 0.9yrs
Sharpe ratio: -0.37
MDD: -61.71%
Benchmark MDD: -69.06%

CAGR이 −30.16%, 전략대로 했는데도 벤치마크인 델타항공 주식이 떨어진 만큼 떨어졌다. MDD와 벤치마크 MDD를 비교해봐도 위험 방어가 거의 되지 않는 전략이다. 차트에서 포지션 그래프(아래쪽 보라색)를 보니 팬데믹으로 주가가 급락할 때 전혀 방어를 하지 못했다. 주가가 급락할 때는 Slow K값이 계속 바닥을 치고 있을 테니 Slow K가 20 이하일 것이고, 매수 신호를 계속 보내오기만 하니 하방 위험 대비를 할 수 없는 전략이었던 것이다.

그럼 이번에는 모멘텀 전략을 테스트해보자. 이번 전략은 Slow K가 Slow D보다 위에 있으면 매수하고, 반대면 매도하는 전략이다. 시고저종 데이터를 다시 받아와서 스토캐스틱 계산까지 하고 결과를 출력해보자.

```
1  df = fs.get_ohlc(symbol, start_date='2020-01-01', end_date='2020-12-31')
2  fs.stochastic(df, symbol, n=14, m=3, t=3)
3  df.tail()
```

```
Out            DAL  slow_k  slow_d
   Date
   2020-12-24 39.73  17.11   18.44
   2020-12-28 40.15  25.84   20.44
   2020-12-29 40.03  24.35   22.43
   2020-12-30 40.56  32.62   27.60
   2020-12-31 40.21  35.93   30.97
```

Slow K와 Slow D가 계산돼서 돌아왔다. 우리는 Slow K와 Slow D 중 뭐가 더 위에 있는지 알아야 한다. 컴퓨터가 이해하기 쉽도록 하기 위해 (Slow K – Slow D)를 계산하여 값이 양수면 Slow K가 위에 있는 것으로 판단하면 된다. 이 값을 계산해서 indicator라는 칼럼에 저장한다.

```
1  df['indicator'] = df['slow_k'] - df['slow_d']
2  df.tail()
```

```
Out              DAL  slow_k  slow_d  indicator
    Date
    2020-12-24 39.73   17.11   18.44      -1.33
    2020-12-28 40.15   25.84   20.44       5.40
    2020-12-29 40.03   24.35   22.43       1.92
    2020-12-30 40.56   32.62   27.60       5.02
    2020-12-31 40.21   35.93   30.97       4.96
```

이제 만들어둔 indicator를 이용해 후속 작업을 진행하자. indicator 값이 0보다 크면 매수, 작으면 매도하도록 트레이딩 시그널을 만들고 백테스트한다.

```
1  fs.indicator_to_signal(df, factor='indicator', buy=0, sell=0)
2  fs.position(df)
3  fs.evaluate(df, cost=.001)
4  fs.performance(df, rf_rate=0.01)
5  fs.draw_trade_results(df)
```

```
Out  CAGR: -2.96%
     Accumulated return: -2.74%
     Average return: 0.69%
     Benchmark return : -30.05%
     Number of trades: 29
     Number of win: 11
     Hit ratio: 37.93%
     Investment period: 0.9yrs
     Sharpe ratio: -0.06
     MDD: -53.57%
     Benchmark MDD: -69.06%
```

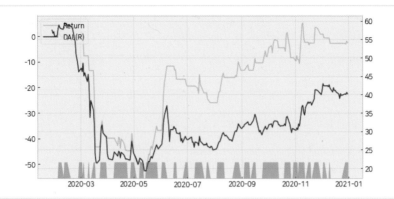

CAGR은 −2.96%, 여전히 마이너스이긴 하지만 아까보다 훨씬 개선됐다. 그래도 이런 전략을 가지고 투자를 하기는 어려워 보인다.

스토캐스틱 지표를 좋아하는 고승덕 변호사도 스토캐스틱 지표만으로 투자하라고 하지는 않는다. 스토캐스틱과 이동평균선 등 여러 지표를 함께 보며 쌍바닥매수법, 20일매수법 같은 전략을 제안했다. 스토캐스틱 지표 산출도 STO(14,3,3)뿐아니라 STO(5,3,3)같은 다른 선도 섞어 본다.

 잠깐   퀀트머신을 이용하면 고승덕 변호사가 했던 테스트를 간단히 따라 할 수 있다. 게다가 이미 지표를 혼합하는 방법도 실습했다. 퀀트머신으로 여러 지표를 가지고 다양한 테스트를 진행하다 보면 나만의 마법 공식을 만들 수 있을 것이다.

코드 이해

스토캐스틱 지표를 구하는 코드를 뜯어보자.

```
1   def stochastic(df, symbol, n=14, m=3, t=3):
2       try:
3           df['fast_k'] = ( ( df['Close'] - df['Low'].rolling(n).min() ) /
    ( df['High'].rolling(n).max() - df['Low'].rolling(n).min() ) ).round(4) * 100
4           df['slow_k'] = df['fast_k'].rolling(m).mean().round(2)
5           df['slow_d'] = df['slow_k'].rolling(t).mean().round(2)
6           df.rename(columns={'Close':symbol}, inplace=True)
```

```
7            df.drop(columns=['High','Open','Low','Volume','Adj Close','fast_k'],
      inplace=True)
8            return df[[symbol, 'slow_k', 'slow_d']]
9        except:
10           return 'Error. The stochastic indicator requires OHLC data and symbol.
      Try get_ohlc() to retrieve price data.'
```

Out

1행은 stochastic() 함수를 정의하는 부분이다. 시고저종 가격이 들어있는 데이터프레임 df 를 입력받고, df에 종목코드가 없기 때문에 별도로 종목코드 symbol도 입력받는다. 스토캐스틱 을 계산하는 기준인 n, m, t 값도 입력받는다. 2행과 9행은 오류 처리를 위해 try ~ except ~ 구문을 넣었다. try 부분에서 하나라도 에러가 발생하면 except 부분을 실행한다.

3행은 스토캐스틱 값을 계산하는 부분. 스토캐스틱 공식대로 계산하고 해당 값을 fast-k 칼 럼에 저장한다. 4행은 계산해 놓은 fast-k 값으로 이동평균을 구해 slow_k를 구하고, 5행은 slow_k 값으로 이동평균을 구해 slow_d를 구한다. 6행은 시고저종으로 들어온 종가를 종목코 드로 이름을 바꿔준다. 이후 코드 진행 시 그래프를 그릴 때 보기 편하게 하기 위해서이다. 7행 에서는 불필요한 데이터를 삭제하고, 8행에서 시세, Slow K, Slow D 값을 반환한다. 10행은 에러가 발행했을 경우 메시지를 뿌려준다.

가치투자의 시작, 재무제표

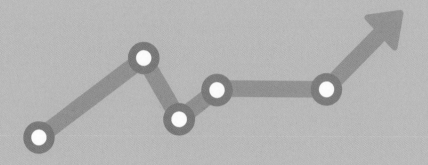

4.1 재무제표 모르면 주식투자 절대로 하지마라?

스타 강사이자 인기 유튜버인 사경인 회계사는 그의 저서 『재무제표 모르면 주식투자 절대로 하지마라』를 통해 재무제표가 가치투자에서 얼마나 중요한 것인지를 강조했다. 정말 재무제표를 모르면 주식투자를 절대로 하면 안 되나? 80% 이상 공감하지만, 꼭 그렇지만은 않다. 재무제표는 정말 중요한 투자 지표이고, 가치투자자에게는 절대 빼놓을 수 없는 자료다. 아니, 재무제표를 모르면 가치투자를 할 수 없다. 자신이 직접 분석하지 않고 다른 사람이 가치주라고 얘기하는 말만 믿고 하는 투자는 가치투자가 아닌 묻지 마 투자와 다를 바 없다. 결론적으로 '재무제표를 모르면 가치투자는 절대로 못한다'가 적합하다.

하지만 투자에는 가치투자만 있는 게 아니다. 우리가 앞에서 살펴본 단기투자 전략에서 한 번이라도 재무제표 얘기를 한 적 있던가? 단기 투자자에게 중요한 것은 회사의 가치가 아니라 다른 사람이 내 주식을 더 비싸게 사줄 것인가가 중요하기 때문에, 재무제표보다는 시장 분위기와 투자자의 심리가 중요하다. 장기투자는 어떤가? 장기투자의 큰 줄기는 가치투자지만, 장기 모멘텀투자도 있다. 테슬라를 다시 언급해보자. 가치투자자가 테슬라에 투자할 수 있을까? 재무제표를 중요시하는 가치투자자는 테슬라 같은 성장주는 포트폴리오에 담기 어렵다. 가치투자는 저평가 종목을 사는 것이기 때문이다.

가치투자가 아닌 투자법이 있음에도 불구하고, 재무제표는 투자의 기본이다. 투자의 지표로 삼지는 않을지라도 내 소중한 돈이 들어가는 일이기 때문에 그 기업이 얼마나 잘 하고 있는지는 궁금한 것은 당연하다. 기업은 목적은 이윤 추구다. 그리고 기업이 그 목적을 위해 얼마나 잘 해왔는지를 보여주는 기업의 성적표가 바로 재무제표이다. 기업 활동의 결과가 모두 재무제표에 들어있다. 하지만 아무런 배경지식 없이 재무제표를 열어보면 도대체 뭘 봐야 하는지, 어떤 의미가 있는지 알기 쉽지 않다. 따라서 재무제표를 보려면 어느 정도 공부가 필요하다.

그렇다고 회계사가 될 정도로 공부해야 하는 것은 아니다. 회계사는 재무제표를 만드는 사람이니 기업의 살림 하나하나를 어떤 규칙에 따라 어떤 식으로 작성해야 하는지 알아야 하지만, 투자자는 이미 만들어진 재무제표를 읽고 이해하기만 된다.

상장기업이라면 재무제표는 일 년에 4번 제출하는데, 기업이 일일이 주주를 찾아다니며 제출할 수 없으니 국가에서 정한 곳에 제출하고 원하는 사람은 언제든 기업이 제출한 재무제표를 볼 수 있다. 미국은 한국의 금융감독원과 비슷한 SEC^Securities and Exchange Commission (미 증권거래위원회)라는 기관을 통해 확인할 수 있다.

SEC는 에드가Edgar[1]라는 전자공시시스템을 만들어 기업이 제출한 모든 자료를 투자자가 언제든지 열람할 수 있도록 공개하고 있다. SEC는 재무제표뿐 아니라 주주가 알아야 할 기업의 주요 활동을 제출하여 공시하도록 하고 있다. 한국의 금융감독원도 전자공시시스템 다트DART[2]를 만들어 유사한 서비스를 제공한다.

그림 4-1 SEC 에드가 웹사이트

앞에서도 언급했지만, 인기 유튜버 뉴욕주민은 『뉴욕주민의 진짜 미국식 주식투자』에서 에드가를 이용해 공시 읽는 방법을 자세히 설명했다. 미국 전자공시 가이드라 생각될 정도로 자세히 정리되어 있으니 미국 기업의 공시가 궁금한 사람이라면 읽어보길 바란다. 하지만 문제는 미국 공시는 당연히 영어로 쓰여있다. 뉴욕주민처럼 미국에서 공부하고 생활하는 사람은 영어가 편

---

1   SEC의 전자공시시스템, https://www.sec.gov/edgar.shtml
2   한국 금융감독원의 전자공시시스템, http://dart.fss.or.kr/

하겠지만, 한국의 서학개미에게 미국 공시 정보의 번역의 벽은 높다. 다른 문제도 있다. 공시 종류도 엄청 많고, 기업의 수도 어마어마하게 많다. 관심 종목이 한두 개라면 영어로 된 공시라도 잘 찾아 현명한 판단을 할 여력이 되겠지만, 바쁜 와중에 짬을 내서 주식투자를 하는 개인투자자가 공시를 일일이 챙기는 것은 쉬운 일이 아니다. 한국 주식에 투자할 때도 공시를 읽어가며 투자하는 사람이 많지 않은데, 미국 주식에 투자하는 개인투자자가 공시를 챙겨 보는 것은 매우 어렵다.

그림 4-2 애플이 제출한 분기보고서

4.2 재무제표, 핵심만 골라 읽자

재무제표가 중요하다 말하니 챙겨 보고 싶은데, 인터넷을 뒤져가며 일일이 읽는 건 힘들다. 어떻게 해야 할까? 이럴 때 필요한 게 바로 컴퓨터다. 재무제표도 퀀트모델을 통해 간단히 읽을 수 있다. 번거롭게 찾아 헤매지 말고 퀀트머신으로 읽어보자. 재무제표에는 엄청나게 많은 정보가 들어있다. 그중 꼭 필요한 정보만 콕콕 집어 읽어보자. 더 깊은 정보까지 알고 싶다면 핵심 내용을 확인한 뒤 여유가 생길 때 찾아보길 바란다.

잠깐
퀀트머신마저 돌려볼 시간적 여유가 없다면 핀터스텔라(https://finterstellar.com/)의 종목
정보를 통해 찾아보길 바란다. 여기에서 주요 계정의 정보와 변동 내역을 확인할 수 있다.

그림 4-3 핀터스텔라에서 확인한 마이크로소프트 종목 정보

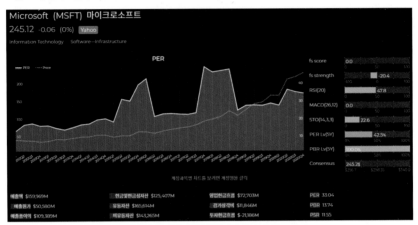

가치투자를 다룬 책은 정말 많다. 가치투자의 아버지 벤저민 그레이엄Benjamin Graham[3]의 『증권분석』부터 시작해 『가치투자가 쉬워지는 V차트』(최준철 저), 『할 수 있다! 퀀트투자』(강환국 저) 등 많은 책이 가치투자를 소개한다. 다만 아쉬운 것은 가치투자의 개념과 이론은 상세하고 친절하게 설명하지만, 막상 책을 다 읽고 난 뒤 가치투자를 시작하려고 하면 어떻게 해야할지 고민에 빠지게된다. 그 마지막 과제를 해결할 키를 제시하기 위해 이 책이 태어났다.

재무제표를 깊숙이 읽으려면 끝이 없다. 진짜 제대로 읽으려면 재무제표와 함께 발표되는 주석까지 다 읽어야 하는데 너무 방대한 양이다. 게다가 표준화된 CPA 시험을 통과한 회계사가 만든 자료임에도 재무제표에 사용한 용어와 기준이 회사마다 다르다. 큰 줄기만 지키고, 잔 가지는 각자 마음대로다. 그래서 큰 줄기 위주로 핵심만 파악할 필요가 있다.

큰 그림부터 그려보자. 재무제표는 크게 손익계산서, 재무상태표, 현금흐름표, 자본변동표 4가지로 구성된다. 가치투자를 위한 투자 지표는 대부분 앞의 문서에서 나온다. 인기 유튜버 슈카는 주가와 자본, 이익으로 구성된 삼각형을 가지고 PER, RBR, ROE의 관계를 간단하게 설명했는데, 여기에서도 이해를 돕기 위해 이 방법을 이용하여 설명해보겠다.

---

3 증권 분석의 창시자아지 아버지로 불리며 가치투자 이론을 만든 인물.

그림 4-4 주가-자본-이익의 관계(출처: 슈카월드)

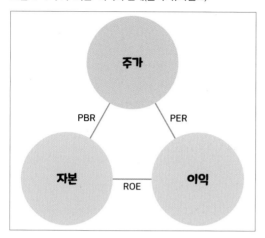

[그림 4-4]는 주가와 자본, 이익의 관계를 보여준다. 주가는 기본적으로 시가총액(주가×발행 주식수)으로 인지하자. 자본을 가지고 얼마나 이익을 만들어냈는지는 $\frac{이익}{자본}$ 으로 계산하는 ROE^Return on Equity(투자수익률), 주가가 자본에 비해 얼마나 얼마나 높은가는 $\frac{주가}{자본}$ 인 PBR^Price Book Ratio(주가순자산비율), 이익에 비해 얼마나 높은가는 $\frac{주가}{이익}$ 인 PER^Price Earning Ratio(주가수익비율)로 나타낸다.

그림 4-5 재무제표별 가치투자 지표

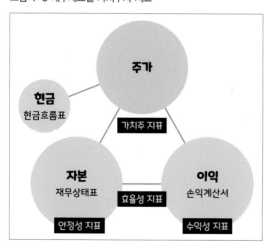

자본, 부채 등 기업의 재산 현황은 재무상태표에 나온다. 이익과 관련된 내용은 손익계산서에서 나온다. 여기에 기업이 사용한 현금의 움직임을 보여주는 현금흐름표를 추가하고 주가와 연결해 놓으면 가치투자를 위한 지표가 완성된다. 안정성 지표는 재무상태표에서, 수익성 지표는 손익계산서에서 만들어지고, 이것을 주가와 연결해 가치주 지표를 만들고, 자본과 이익을 연결해 효율성 지표를 만든다. 무슨 소린지 차근차근 이해해 보자.

기업의 영업활동을 보여주는 손익계산서

손익계산서Statements of Operations 또는 Statements of Income는 기업이 영업을 하면서 거래했던 내역을 모아 보여주는 것이다. 따라서 대상 기간에 했던 거래를 모두 합쳐서 산출한다. 분기보고서 Quarterly report 10Q라면 3개월간의 거래내역이고, 사업보고서Annual report 10K라면 1년간의 거래내역이다.

[그림 4-6]은 에드가에서 조회한 애플의 손익계산서다. 손익계산서는 그림과 같이 크게 4개의 파트로 구성되는데, 위에서부터 수입, 지출, 세금 정산, 순이익 순서로 나온다. 손익계산서는 매출액(수입), 영업이익(매출액−비용), 순이익(영업이익−세금) 등 우량주를 고르는 기준 데이터를 많이 제공한다. 그리고 이것을 요약한 EPSEarning Per Share(주당순이익)[4]는 여러 계산에 요긴하게 쓰인다.

---

4   $\dfrac{\text{세후 순수익}}{\text{발행 주식수}}$ 으로 계산하며 주식 1주가 벌어들인 이익금을 말한다.

그림 4-6 애플의 손익계산서

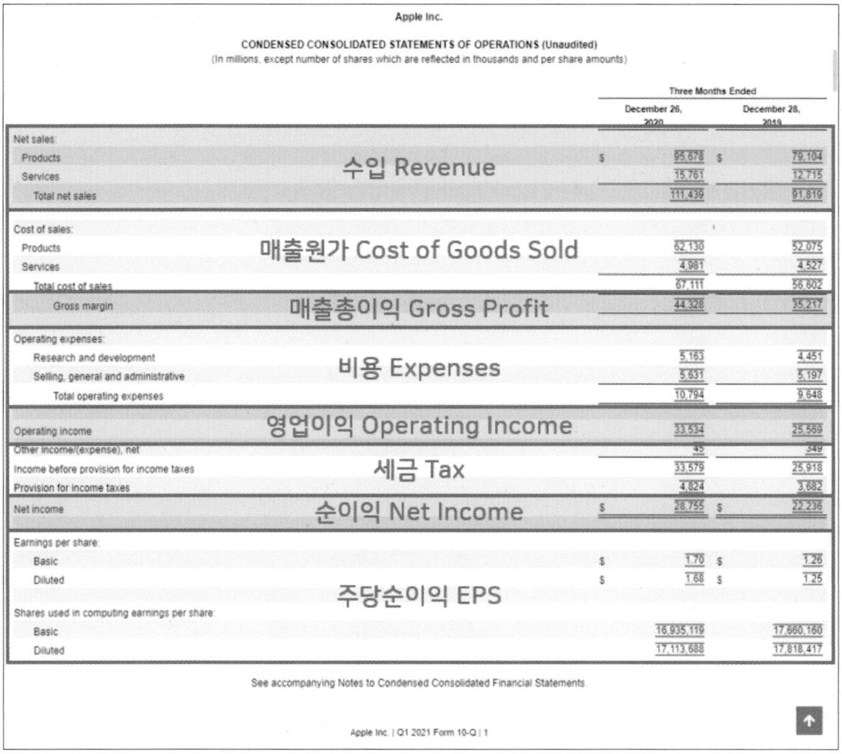

Apple Inc.

CONDENSED CONSOLIDATED STATEMENTS OF OPERATIONS (Unaudited)

(In millions, except number of shares which are reflected in thousands and per share amounts)

	Three Months Ended	
	December 26, 2020	December 28, 2019
Net sales:		
Products	수입 Revenue	$ 95,678	$ 79,104
Services		15,761	12,715
Total net sales		111,439	91,819
Cost of sales:		
Products	매출원가 Cost of Goods Sold	62,130	52,075
Services		4,981	4,527
Total cost of sales		67,111	56,602
Gross margin	매출총이익 Gross Profit	44,328	35,217
Operating expenses:		
Research and development	비용 Expenses	5,163	4,451
Selling, general and administrative		5,631	5,197
Total operating expenses		10,794	9,648
Operating income	영업이익 Operating Income	33,534	25,569
Other income/(expense), net		45	349
Income before provision for income taxes	세금 Tax	33,579	25,918
Provision for income taxes		4,824	3,682
Net income	순이익 Net Income	$ 28,755	$ 22,236
Earnings per share:		
Basic		$ 1.70	$ 1.26
Diluted	주당순이익 EPS	$ 1.68	$ 1.25
Shares used in computing earnings per share:		
Basic		16,935,119	17,660,160
Diluted		17,113,688	17,818,417

See accompanying Notes to Condensed Consolidated Financial Statements

Apple Inc. | Q1 2021 Form 10-Q | 1

손익계산서를 볼 때 유의할 점은 대상 기간이 얼마인가를 인지하고 있어야 한다는 것이다. 1년 짜리 손익계산서는 1년간의 수입이 나오고, 3개월짜리 손익계산서는 3개월간의 수입이 나온 다. 이 둘을 인지하지 못하면 PER, PSR^Price Sales Ratio (주가매출비율)[5]같은 지표를 계산할 때 실 수할 수 있다. 뒤에서 자세히 설명하겠지만 PER은 주가를 EPS로 나눈 값이다. 그런데 3개월 짜리 EPS와 1년짜리 EPS는 4배 차이가 날 것이므로, 이를 감안하지 않고 계산한 PER 값은 4 배만큼 오차가 생기게 된다. 에드가에서 재무제표를 본다면 10K는 1년짜리 사업보고서, 10Q 는 3개월짜리 분기보고서이다.

---

5   주가(시가총액)
    ──────────
       매출액

4.3 기업마다 제각각인 재무제표

[그림 4-7]의 구글 손익계산서 역시 같은 구조로 되어있다. 보고서의 구성은 같은데 쓰는 용어 이름은 회사마다 다르다. 기간 중 벌어들인 총 수입을 뜻하는 매출액을 애플은 Total net sales, 구글은 Revenue라고 썼다. 이런 현상은 한국 종목도 마찬가지다. 재무제표에 익숙한 사람이 보면 금세 알 수 있지만, 컴퓨터를 통해 재무제표를 읽기 위해서는 2개가 같은 의미라는 것을 인지할 수 있도록 조치를 취해야 한다.

그림 4-7 구글의 손익계산서

Alphabet Inc.
CONSOLIDATED STATEMENTS OF INCOME
(in millions, except per share amounts; unaudited)

	Three Months Ended September 30,		Nine Months Ended September 30,	
	2019	2020	2019	2020
Revenues	$ 40,499	$ 46,173	$ 115,782	$ 125,629
Costs and expenses:				
Cost of revenues	17,568	21,117	50,876	58,652
Research and development	6,554	6,856	18,796	20,551
Sales and marketing	4,609	4,231	12,726	12,632
General and administrative	2,591	2,756	6,722	8,221
European Commission fines	0	0	1,697	0
Total costs and expenses	31,322	34,960	90,817	100,056
Income from operations	9,177	11,213	24,965	25,573
Other income (expense), net	(549)	2,146	3,956	3,820
Income before income taxes	8,628	13,359	28,921	29,393
Provision for income taxes	1,560	2,112	5,249	4,351
Net income	$ 7,068	$ 11,247	$ 23,672	$ 25,042
Basic net income per share of Class A and B common stock and Class C capital stock	$ 10.20	$ 16.55	$ 34.12	$ 36.69
Diluted net income per share of Class A and B common stock and Class C capital stock	$ 10.12	$ 16.40	$ 33.83	$ 36.38

See accompanying notes

미국은 에드가, 한국은 다트에서 제공하는 재무제표가 공식 문서지만, 기업마다 제각각인 재무제표를 일일이 읽어 오는 것은 쉽지 않다. 그래서 보통 재무정보를 요약하여 제공하는 서비스를 제공하는 이용한다.

야후 파이낸스(https://finance.yahoo.com)나 인베스팅닷컴Investing.com[6] (https://investing.com)과 같은 사이트에서도 기본 재무제표를 볼 수 있지만, 과거 재무제표까지 보려면 재무제표에 특화된 사이트를 이용하는 것이 편리하다. 추천할 만한 서비스로 스톡로우Stockrow (https://stockrow.com/)와 매크로트랜즈Macrotrends (https://www.macrotrends.net/)가 있다. 이곳은 과거 10년 혹은 그 이상까지의 기업별 재무제표를 무료로 제공한다. 하지만 가끔 잘못된 정보를 제공하기 때문에 데이터를 분석을 하다 이상한 수치가 튀어나오면 에드가에서 확인해봐야 한다.

----

6   세계 주식시세와 시장의 정보를 다루는 포털 사이트.

4.4 현재 재산 상태를 보여주는 재무상태표

재무상태표Balance Sheets는 현재의 재무상태를 보여주는 보고서다. 기간 개념 없이 보고서를 만드 는 시점의 상황만을 기술한다. 통상적으로 보고 기간의 마지막 날이 기준이 된다. 이런 방식을 스냅샷snapshot이라고 한다. 따라서 연간 데이터와 분기 데이터의 산출 기준이 동일하다.

그림 4-8 재무상태표의 구성

재무상태표는 안전한 주식을 찾아내는데 필요한 지표를 많이 제공한다. 기업이 가진 돈은 **자산** Asset이라고 하는데, 자산은 빌린 돈인 **부채**Liability와 내 돈인 **자본**Equity으로 나뉜다. 부채는 기업 이 은행이나 다른 회사로부터 빌린 것이므로 갚아야 할 돈이다. 자본은 주주에게 지분을 팔고 받은 돈이라 갚을 필요가 없다. 기업이 갚아야 할 돈이 얼마나 많은가는 기업이 재무적으로 안 정적인가와 연관되어 있기 때문에 자산 중 부채가 얼마나 되는지 계산하는 부채비율은 안정성 확인 측면에서 중요한 지표다.

자산, 부채, 자본은 너무 중요하다 보니 지칭하는 이름도 많다. 책 혹은 웹사이트마다 서로 다 르게 부르는 경우가 많아 익숙하지 않으면 헷갈릴 수 있다. 정리하고 넘어가자.

자산(Asset) : 총자산 = 자산총액 = 자산총계 = Total Assets

부채(Liability) : 총부채 = 부채총액 = 부채총계 = Total Liabilities

자본(Equity) : 총자본 = 자본총액 = 자본총계 = 순자산 = 자기자본 = 장부가 = Shareholder's Equity

자산, 부채, 자본이라고 하면 그 종류를 통칭하는 용어이다. 예를 들어 부채에는 유동부채, 금융부채, 계약부채 등 여러 부채가 있는데 통틀어서 부채라고 하고, 합한 금액을 총부채 또는 부채총액이라고 말한다. 예전에는 부채총액이라는 용어를 많이 썼었고, 한국 투자자가 많이 보는 네이버와 다음 주식 섹션에서는 자산총계, 부채총계, 자본총계로 표현하고 있다. 요즘은 미국식 표현을 직역한 총부채라는 용어가 자주 보인다.

 잠깐   이 책에서는 단순 개념의 의미로 말할 때는 자산, 부채, 자본으로 쓰고, 공식에서 언급할 때는 총자산, 총부채, 총자본으로 쓰도록 하겠다.

그림 4-9 애플의 재무상태표

Apple Inc.

CONSOLIDATED BALANCE SHEETS
(In millions, except number of shares which are reflected in thousands and par value)

	September 26, 2020	September 28, 2019
ASSETS:		
Current assets:		
Cash and cash equivalents	$ 38,016	$ 48,844
Marketable securities	52,927	51,713
Accounts receivable, net	16,120	22,926
Inventories	4,061	4,106
Vendor non-trade receivables	21,325	22,878
Other current assets	11,264	12,352
Total current assets	143,713	162,819
Non-current assets:		
Marketable securities	100,887	105,341
Property, plant and equipment, net	36,766	37,378
Other non-current assets	42,522	32,978
Total non-current assets	180,175	175,697
Total assets	$ 323,888	$ 338,516
LIABILITIES AND SHAREHOLDERS' EQUITY:		
Current liabilities:		
Accounts payable	$ 42,296	$ 46,236
Other current liabilities	42,684	37,720
Deferred revenue	6,643	5,522
Commercial paper	4,996	5,980
Term debt	8,773	10,260
Total current liabilities	105,392	105,718
Non-current liabilities:		
Term debt	98,667	91,807
Other non-current liabilities	54,490	50,503
Total non-current liabilities	153,157	142,310
Total liabilities	258,549	248,028
Commitments and contingencies		
Shareholders' equity:		
Common stock and additional paid-in capital, $0.00001 par value: 50,400,000 shares authorized; 16,976,763 and 17,772,945 shares issued and outstanding, respectively	50,779	45,174
Retained earnings	14,966	45,898
Accumulated other comprehensive income/(loss)	(406)	(584)
Total shareholders' equity	65,339	90,488
Total liabilities and shareholders' equity	$ 323,888	$ 338,516

자산

부채

자본

See accompanying Notes to Consolidated Financial Statements.

자산은 당장 쓸 수 있는 돈인 **유동자산**Current Asset과, 묶여있는 돈인 **비유동자산**Non-current Asset으로 분류된다. 재무에서 말하는 당장의 기준은 1년이다. 1년 이내에 사용 가능한 돈이 유동자산이다. 마찬가지 개념으로 부채도 **유동부채**Current Liability와 **비유동부채**Non-current Liability로 나눈다. 회사가 갑자기 돈이 필요한 상황이 왔을 때 가용할 수 있는 돈을 충분히 가지고 있어야 하기 때문에, 당장 쓸 수 있는 돈은 얼마나 많이 확보했는지, 당장 갚아야 할 돈은 얼마인지를 재무상태표에서 읽어내야 한다. 이것을 **유동비율**Current ratio로 표시한다.

4.5 들어오고 나간 돈의 내역을 보여주는 현금흐름표

현금흐름표Statements of Cash Flows는 기업의 현금이 들어오고 나간 내역을 보여준다. 따라서 기간 중 발생한 내역을 모두 합쳐서 발표하고, 읽을 때도 기간을 고려하여 읽어야 한다.

그림 4-10 애플의 현금흐름표

Apple Inc.
CONSOLIDATED STATEMENTS OF CASH FLOWS
(In millions)

	September 26, 2020	September 28, 2019	September 29, 2018
Cash, cash equivalents and restricted cash, beginning balances	$ 50,224	$ 25,913	$ 20,289
Operating activities:			
Net income	57,411	55,256	59,531
Adjustments to reconcile net income to cash generated by operating activities:			
Depreciation and amortization	11,056	12,547	10,903
Share-based compensation expense	6,829	6,068	5,340
Deferred income tax benefit	(215)	(340)	(32,590)
Other	(97)	(652)	(444)
Changes in operating assets and liabilities:			
Accounts receivable, net	6,917	245	(5,322)
Inventories	(127)	(289)	828
Vendor non-trade receivables	1,553	2,931	(8,010)
Other current and non-current assets	(9,588)	873	(423)
Accounts payable	(4,062)	(1,923)	9,175
Deferred revenue	2,081	(625)	(3)
Other current and non-current liabilities	8,916	(4,700)	38,449
Cash generated by operating activities	80,674	69,391	77,434
Investing activities:			
Purchases of marketable securities	(114,938)	(39,630)	(71,356)
Proceeds from maturities of marketable securities	69,918	40,102	55,881
Proceeds from sales of marketable securities	50,473	56,988	47,838
Payments for acquisition of property, plant and equipment	(7,309)	(10,495)	(13,313)
Payments made in connection with business acquisitions, net	(1,524)	(624)	(721)
Purchases of non-marketable securities	(210)	(1,001)	(1,871)
Proceeds from non-marketable securities	92	1,634	353
Other	(791)	(1,078)	(745)
Cash generated by/(used in) investing activities	(4,289)	45,896	16,066
Financing activities:			
Proceeds from issuance of common stock	880	781	669
Payments for taxes related to net share settlement of equity awards	(3,634)	(2,817)	(2,527)
Payments for dividends and dividend equivalents	(14,081)	(14,119)	(13,712)
Repurchases of common stock	(72,358)	(66,897)	(72,738)
Proceeds from issuance of term debt, net	16,091	6,963	6,969
Repayments of term debt	(12,629)	(8,805)	(6,500)
Repayments of commercial paper, net	(963)	(5,977)	(37)
Other	(126)	(105)	—
Cash used in financing activities	(86,820)	(90,976)	(87,876)
Increase/(Decrease) in cash, cash equivalents and restricted cash	(10,435)	24,311	5,624
Cash, cash equivalents and restricted cash, ending balances	$ 39,789	$ 50,224	$ 25,913
Supplemental cash flow disclosure:			
Cash paid for income taxes, net	$ 9,501	$ 15,263	$ 10,417
Cash paid for interest	$ 3,002	$ 3,423	$ 3,022

(주석 표시: 영업 현금흐름, 투자 현금흐름, 재무 현금흐름, 요약)

See accompanying Notes to Consolidated Financial Statements.

손익계산서가 있는데 현금흐름표는 왜 따로 작성할까? 기업 입장에서 이익과 손해의 파악도 중요하지만, 현금을 얼마나 확보하고 있는지도 중요하다.

> 💡 **잠깐**　예를 들어, 당근마켓 중고 거래로 100만 원짜리 물건을 판매한다고 가정해보자. 물건값 100만 원을 즉시 받는 것과, 할부로 한 달에 10만 원씩 10달 동안 나눠서 받는 것은 효과가 다르다. 이미 할부로 물건을 팔아버렸는데 다음 달에 꼭 사고 싶은 50만 원짜리 한정판 굿즈goods[7]가 출시된다면 살 수 없다. 이렇게 현금이 언제 들어오느냐에 따라 기업 활동에 큰 영향을 미치기 때문에 현금흐름표라는 보고서를 별도로 마련한 것이다.

흑자도산이라는 말을 들어봤는가? 수익은 플러스지만 당장 쓸 현금이 없어 망하는 것을 흑자도산이라고 한다. 한정판 굿즈와는 비교도 할 수 없는 참혹한 사건이다. 도산은 기업이 빚을 갚지 못해 채권자에게 회사의 재산이 넘어가는 것을 말한다. 기업에 현금이 충분하지 않다면 영업에서는 흑자를 내더라도 도산할 수 있다. 현금 10억을 보유한 기업이 있다. 영업을 잘 해서 100억 원의 흑자를 냈는데, 물건값은 1년 후에 받기로 했다. 그런데 당장 다음 달에 은행 빚 20억 원을 갚아야 한다. 어떻게 될까? 빚 돌려 막기를 해서라도 갚지 않으면 흑자도산하는 거다.

현금흐름은 **영업현금흐름**, **투자현금흐름**, **재무현금흐름** 이렇게 3가지로 나눈다. **영업현금흐름**Cash Flow from Operating Activities, Operating Cash Flow(CFO)은 장사를 잘 할수록, 돈을 빨리 받을수록 늘어나는 것이니 클수록 좋다. **투자현금흐름**Cash Flow from Investing Activities, Investing Cash Flow(CFI)은 공장을 짓는 시설 투자 같은 것에 들어가는 현금인데, 기업이 미래를 위해 얼마나 준비하고 있는지를 나타낸다. 미래를 위해 투자를 많이 할수록 마이너스가 된다. 현대자동차가 보스턴 다이내믹스Boston Dynamics[8]를 인수한 것이 투자현금흐름의 예다. 건전한 기업이라면 투자현금흐름은 마이너스로 나온다. **재무현금흐름**Cash Flow from Financing Activities, Financing Cash Flow(CFF)은 채무 상환, 배당금 지급 같은 이유로 돈이 나가면 마이너스, 대출을 더 받아 돈이 유입되면 플러스가 된다. 기업 사정이 좋다면 마이너스, 나쁘다면 플러스가 될 것이다. 현금흐름표에서는 이 3가지 지표 외에도 배당금을 챙겨야 한다. 배당주 투자를 위해 필요한 지표다.

7　특정 브랜드나 연예인 등이 출시하는 기획 상품. 드라마, 애니메이션, 팬클럽 따위와 관련된 상품이 제작된다.
8　현대자동차그룹이 2020년에 인수한 보행 로봇 개발을 주력으로 하는 로봇공학 기업.

4.6 그래도 시간이 부족하다면, 재무비율

재무제표의 필요한 수치만 골라서 읽을 시간도 부족하다면 투자자로서 꼭 챙겨야 할 마지노선
은 **재무비율**Financial Ratios이다. 재무비율은 재무제표에서 챙겨봐야 할 주요 지표를 한눈에 이해하
기 편하도록 만들어낸 지표이다. 대부분의 투자 정보 사이트에서 주요 재무비율을 제공하고 있
다. 기업의 성장성을 나타내는 지표, 안정성을 나타내는 지표 등 용도에 따라 다양한 지표가 있
고 필요에 따라 새로운 지표를 만들어 이용할 수도 있다.

기업의 안정성을 표시하는 지표인 부채비율을 예를 들어보자. 부채는 빚이다. 경기가 나빠지면
채권자들이 자금 회수를 하려는 경향이 높아지기 때문에 기업을 안정적으로 운영하려면 부채
가 적은 게 유리하다. 여기 삼산텍과 인재컴퍼니라는 두 기업이 있다. 재무제표 상 두 회사 모
두 부채가 1억이다. 그럼 두 회사는 비슷하게 안정적일까? 이것만 봐서는 모른다. 전체 자산에
서 부채가 얼마나 있는지 봐야 한다. 삼산텍은 자산이 1억, 인재컴퍼니는 자산이 2억이이라고
하면 어떨까? 삼산텍은 자산이 모두 빚이고, 인재컴퍼니는 자산의 절반만 빚이다. 이제 인재컴
퍼니의 안정성이 훨씬 우수하다고 말할 수 있다. 이것을 비율로 표현한 것이 부채비율이다.
$(부채비율 = \dfrac{부채}{자산} \times 100)$

그림 4-11 삼산텍과 인재컴퍼니의 부채비율

앞으로 우리는 재무비율을 중심으로 가치투자를 하는 방법을 알아볼 것이다. 재무비율을 구하
기 위해 어떻게 해야 하는지 실습을 통해 파악할 수 있다.

가치주를 찾는 기술

5.1 가치주란 무엇인가?

가치주는 좋은 주식을 말하는 것도, 싼 주식을 말하는 것도 아니고 기업의 실제 가치에 비해 낮은 가격에 거래되는 주식을 말한다. 실제 가치에 비해 싼 주식이 가치주인 것이지, 그냥 싼 주식을 가치주라고 하지는 않는다. 실제 가치가 싼 주식은 그냥 싸구려 주식 혹은 동전주, 잡주라고 불리는 페니스톡Penny stock일뿐이다. 반면 아무리 가격이 높은 종목이라도 실제 가치에 비해 싸다면 여전히 가치주다. 반대로 실제 가치에 비해 주가가 더 높은 종목은 성장주라고 부른다.

그림 5-1 가치주와 성장주

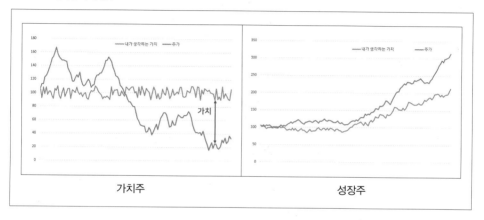

가치주를 찾기 위한 첫 번째 스텝은 실제 가치를 구하는 일이다. 그런데 실제 가치를 구하기가 어렵다. 아니, 불가능하다. 돈과 직결되는 일이니만큼 수많은 사람이 기업의 가치를 구하는 일에 매달려있다. 증권 업계 애널리스트가 이런 일을 하는 사람들이다. 학계에서도 수많은 사람이 기업가치를 구하는 작업에 뛰어들었고, 그 중 몇몇은 노벨상도 받았다. 그럼에도 불구하고 기업가치를 정확하게 뽑아내는 모델은 아직 존재하지 않는다.

 잠깐 만일 그런 모델이 있다면 모두가 그 모델을 쓰고 있을 것이고, 시장은 지금과 많이 달라졌을 것이다. 그래서 기업의 가치는 결국 투자자 자신이 생각하는 가치. 내 돈을 투자하는데 내가 어떤 것을 더 중요하게 생각하는지가 가장 중요한 것 아니겠는가?

애널리스트 리포트를 보면 결론 부분에 'OO모델로 밸류에이션valuation[1]하면…., $100, XX모델로 밸류에이션 하면…… $200니까 목표주가를 $150로 제시한다'라는 내용이 담겨있다. 이런 부분이 바로 기업의 실제 가치를 산출하는 부분이고, 딱히 정확한 모델이 없으니 여러 방법을 적용하여 가장 그럴싸한 값을 만들어낸다. 우리가 이제 알아볼 내용도 밸류에이션, 즉 가치평가에 대한 내용이다.

밸류에이션은 크게 상대가치법과 절대가치법으로 구분된다. 상대가치법은 대상 종목을 유사한 다른 종목의 주가와 비교하여 산출하는 방법으로 유사 기업만 잘 매칭한다면 공식도 깔끔하고 구하기 쉽다. PER, PBR, PSR, PCR 등이 유명하며 산업의 특성에 따라 EV/EBITDA, EV/Sales 등도 자주 이용된다.

 잠깐 | 위에 언급한 지표는 뒷부분에 자세히 언급되니, 지금은 이런 것이 있다는 정도만 알고 넘어가자.

그림 5-2 주가-자본-이익의 관계 내의 가치주 지표 산출

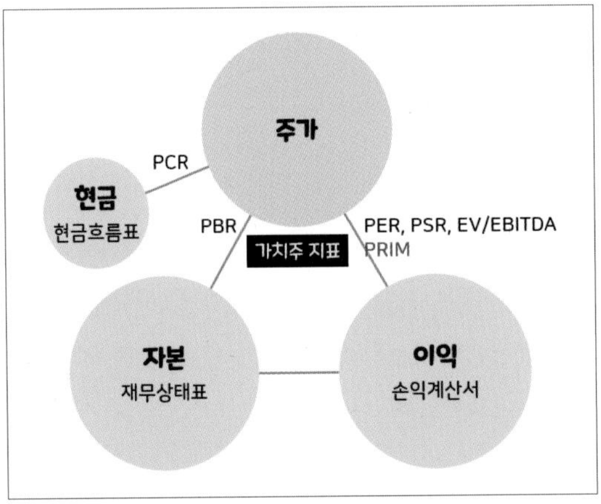

주가

현금
현금흐름표

PCR

PBR

가치주 지표

PER, PSR, EV/EBITDA
PRIM

자본
재무상태표

이익
손익계산서

절대가치법은 다른 종목과 상관없이 대상 종목 자체의 수치만을 놓고 구하는 것이다. 당연히 그 기업에 대해 잘 알수록 더 신뢰할만한 밸류에이션을 할 수 있다. 삼성전자를 밸류에이션 한다면 '스마트폰은 앞으로 OO 원을 벌어올 것이고, 반도체는 OO 원, TV는 OO 원, … 모두

---

1 현재 기업의 가치를 판단해 적정 주가를 산정해 내는 기업가치평가 작업.

합치면 앞으로 이익이 얼마가 될 테니 이것을 현재 가치로 환산하면 밸류는 OO 원'과 같이 하는 것이다. 그런데 이런 예측은 기업의 비즈니스와 경영 현황에 대해 속속들이 알아야 하기 때문에 애널리스트 수준 이상의 지식을 갖춰야 할 수 있다. 개인은 해당 업계 출신이 아닌 이상 전업으로 한다 해도 애널리스트처럼은 하기 어렵다. 기업 탐방을 통해 경영진을 만나고 현장 실사도 진행해야 하는데, 개인투자자가 큰 기업을 상대하는 건 쉽지 않다. 그래서 이 책에서는 이런 깊이 있는 작업 없이도 재무제표만으로 간단히 할 수 있는 RIM^Residual Income Model[2]을 이용한 방식을 다뤄본다.

5.2 이익 대비 저평가 종목, PER(주가수익비율)

기업가치에 가장 크게 영향을 미치는 요인은 이익이다. 기업의 본질은 이윤을 추구하는데 있으니 너무나 당연한 것이다. 기업이 만들어내는 이익에 대해 시장이 매기는 가치가 PER이다.

그림 5-3 PER: 이익에 대해 시장이 매기는 가치

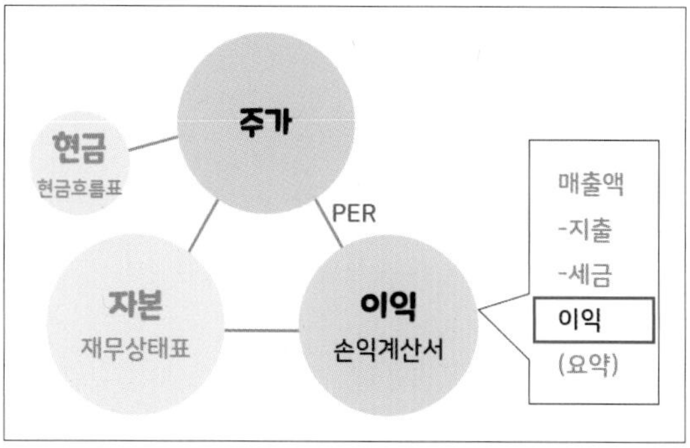

지표 이해

주식투자에 관심을 가진 사람이라면 이미 PER에 대해 여러 번 들어봤을 것이다. 미국에서는 PER보다 P/E Ratio라고 더 많이 쓰는데, 'Price Earning Ratio'의 약자다. 야후 파이낸스, 인베스팅닷컴, 스톡로우, 매크로트랜즈 모두 P/E Ratio로 표시한다. PER은 다음과 같이 구한다.

2   잔여이익모델. 기업의 자기자본에 초과이익가치를 더하여 기업가치를 구한다.

$$\text{PER} = \frac{\text{기업가치}}{\text{이익}} = \frac{\text{시가총액}}{\text{당기순이익}} = \frac{\text{주가}}{\text{주당순이익}}$$

$$\text{시가총액(Market Capitalization)} = \text{주가} \times \text{주식수}$$

$$\text{주당순이익(EPS)} = \frac{\text{당기순이익(Net Income)}}{\text{주식수}}$$

기업가치는 기업을 사는데 필요한 돈이라고 할 수 있고, 기업을 사려면 그 기업의 주식을 몽땅 사버리면 되니까 결국 기업가치=시가총액(주가×주식수)으로 계산한다. 한 주당 매년 $10씩 버는 기업의 주가가 $100이라면 PER는 10이다. 뒤집어 말하면 PER이 10인 기업을 인수하면 인수한 비용만큼 돈을 벌어오는데 10년이 걸린다는 뜻이다. 주식을 사는 것은 기업의 일부분을 인수하는 것과 마찬가지니 PER은 주식투자 비용을 회수하는데 걸리는 기간이라고 생각해도 무방하다.

PER이 큰 기업일수록 투자 비용을 회수하는데 걸리는 기간이 길어진다. 2021년 2월 테슬라의 주가가 $850였을 당시 PER는 1670이었는데, 이 때 테슬라를 샀다면 1670년이 지나야 비용 회수가 가능하다는 의미다. 그럼 이 때 테슬라를 산 투자자가 죽기 전에 비용을 회수하려면 어떻게 해야 하나? 테슬라가 돈을 더 잘 벌어와서 이익이 늘어나야 한다. 분모가 커져야 PER이 작아질 테니 말이다. 성장성이 충분한 기업이라면 불가능하지는 않다. 이익이 2배만 늘어도 PER은 반으로 줄어든다. 이익이 지금보다 100배 늘어난다면 PER은 1.6이 될 테니 오히려 지금이 저평가 상태라고도 생각할 수 있다. 지금 테슬라에 투자하는 사람은 테슬라의 성장성에 베팅하고 있는 것이다.

다른 방향으로 생각해보자. PER이 동일한 두 회사 A와 B가 있는데, A 주가는 100원, B의 주가는 200원이라면 B가 A보다 이익을 2배만큼 잘 만든다는 의미가 된다.

지표 산출

PER를 구하는데 필요한 자료를 API를 이용해 가져오고, PER을 계산해, PER 차트와 밴드차트까지 그려보겠다. PER을 구하는데 필요한 자료를 스톡로우에서 찾아보자. 이번에는 한국에서도 유명한 미국의 창고형 대형 할인마트 업체인 코스트코Costco Wholesale Corporation (COST)로 실습을 진행해보자. 스톡로우에서 코스트코 페이지(https://stockrow.com/COST)에 접속한다.

그림 5-4 스톡로우 코스트코 페이지

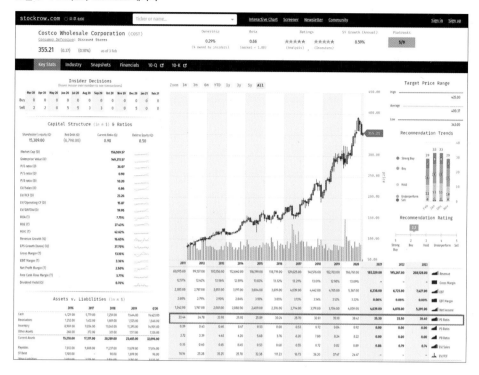

스톡로우는 재무정보를 비롯한 유용한 정보가 넘치는 사이트다. 이 사이트의 데이터를 이용해 코스트코의 PER이 어떻게 움직여왔는지 그려볼 것이다. 사이트에 이미 PER 데이터가 나와있어 그 데이터를 가져와서 바로 그려도 좋지만, 가치지표를 볼 때 유용한 밴드차트도 그리기 위해 EPS와 가격 데이터를 가져와 계산하는 방법으로 진행해보겠다.

재무 데이터를 가져오기 위해 핀터스텔라 API를 이용한다. 스톡로우 사이트에서 직접 크롤링crawling[3]하여 자체적으로 DB^{DataBase}(데이터베이스)[4]를 구성해놓고 쓰면 더할 나위 없이 좋겠지만 상당한 시간과 노력이 필요하다. 크롤링과 DB 구축은 이 책의 범위를 벗어나므로, 간단히 핀터스텔라 API를 이용하겠다. 핀터스텔라 API 이용을 위해 OTP$^{One\ Time\ Password}$[5]를 발급받아야 하는데, 핀터스텔라 웹사이트(https://www.finterstellar.com/)에서 무료로 받을 수 있다.

---

3 웹페이지를 그대로 가져와 데이터를 추출하는 것.
4 여러 사람에 의해 공유되어 사용될 목적으로 통합하여 관리되는 데이터의 집합.
5 접속 시 필요한 비밀번호를 생성하여 사용자 확인을 하는 보안 시스템.

크롤링에 관심이 있다면 『파이썬을 활용한 금융공학 레시피』(한빛미디어, 2018)로 맛보기 해 볼 수 있다. OTP라고 해서 매번 받아야 하는 것은 아니고, 한 번 받으면 1000회까지 사용할 수 있다. 사용 한도를 소진하면 사이트를 방문해 재발급 받으면 된다. 핀터스텔라 API는 종목별 정보의 경우 실시간 크롤링을 통해 가공된 데이터를 제공하고, 마찬가지로 전 종목 정보도 가공된 데이터를 제공한다.

핀터스텔라 OTP 발급받는 방법

① 핀터스텔라 웹사이트(**https://finterstellar.com/**)에 접속하고, 상단의 로그인 메뉴를 이용해 로그인한다. ID가 없다면 회원 가입을 먼저 한다.

② 로그인을 하면 메뉴명이 웰컴 메시지로 바뀌고 개인화 메뉴가 나온다. 상단 메뉴 맨 우측의 개인화 메뉴 아래 위치한 OTP를 선택한다. 로그인이 되어있지 않으면 로그인 화면으로 안내한다.

③ OPT 메뉴에 들어가 화면 하단에 있는 RENEW 버튼을 누르면 OTP가 생성된다.

④ 기존에 발급받은 OTP 사용한도가 소진되어 갱신하는 경우에도 동일한 방법으로 한다.

⑤ 이 창에서 Current call은 현재 OTP의 사용량을, Total call은 API 누적 사용량을 표시한다.

핀터스텔라 발급받은 OTP 확인 방법

⑥ 주소창에 `https://finterstellar.com/api/single?otp=OTP코드`를 입력한다. 아래와 같은 메시지가 나오면 정상적으로 연결된 것이다.

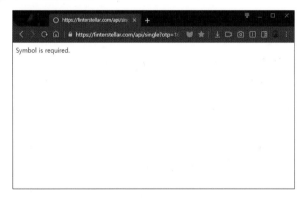

⑦ 이 url 뒤에 종목코드를 추가하면 해당 종목의 10년치 분기별 재무제표 데이터가 반환된다. https://
finterstellar.com/api/single?otp=OTP코드&symbol=종목코드

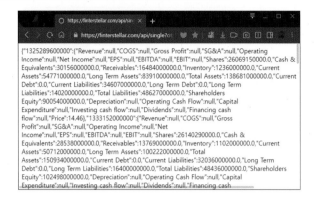

OTP 준비가 완료됐다면 퀀트머신을 준비하자. 퀀트머신을 이용하기 위해 브라우저를 열어 주
소창에 https://colab.research.google.com/을 입력해 구글 콜랩에 접속하고 로그인한다. 셀
에 아래 코드를 입력하고 Shift + Enter 를 눌러 실행해 핀터스텔라 라이브러리를 설치한다.

```
1    pip install finterstellar
```

Out

그림 5-5 핀터스텔라 라이브러리 설치

설치가 완료되면 퀀트머신의 엔진인 핀터스텔라 라이브러리를 불러온다.

```
1   import finterstellar as fs
```
Out

이제 코스트코(COST)의 재무제표를 불러와보자. 핀터스텔라 라이브러리의 `fn_single()` 함수를 이용하는데, OTP 코드 값 `otp`와 종목코드 `symbol`, 데이터 산출 기준 `window`를 담아 보내준다. 재무제표 데이터를 읽을 때에는 산출 기준이 중요하다는 것을 앞에서 설명했다. 분기 데이터를 가져오려면 `window='Q'`, 분기 데이터를 합쳐서 1년 치로 만든 트레일링 데이터를 가져오려면 `window='T'`를 선택한다. 연간 데이터는 지원하지 않는다.

```
1   df = fs.fn_single(otp='발급받은OTP코드', symbol='COST', window='T')
2   df.tail(3)
```
Out

	Revenue	COGS	Gross Profit
2021-02-28	178,626,000,000.00	155,078,000,000.00	23,548,000,000.00
2021-04-30	186,637,000,000.00	162,288,000,000.00	24,349,000,000.00
2021-05-31	178,531,000,000.00	155,366,000,000.00	23,165,000,000.00

이하 생략

코스트코의 재무제표 데이터를 가져왔다.

재무 데이터 산출 기준

재무 데이터는 1년에 한 번 연간 실적을 발표하는 사업보고서Annual report와 분기별로 3개월치 실적을 발표하는 분기보고서Quarterly report가 있다. 사업보고서에서 추출한 데이터로 만든 것을 연간 데이터, 분기보고서에서 나온 것을 분기 데이터라고 하는데, 여기에 덧붙여 트레일링Trailing 데이터가 있다.

연간Annual 데이터

데이터 가공이 용이해 편하지만, 1년에 한 번만 매매를 하게 되어 대응이 늦어진다는 단점이 있다.

한국의 경우 대부분의 기업이 12월에 결산을 하고 같은 시기에 실적을 발표해 연간 데이터만으로도 투자가 가능하지만, 미국은 기업마다 결산 시기가 제각각이다. 마이크로소프트는 6월, 애플은 9월, 구글은 12월에 결산한다. 사업보고서가 나오는 시기가 달라서 세 기업을 비교할 때는 언제를 기준으로 할지 애매하다. 따라서 연간 데이터를 이용하면 결산기에 따라 어떤 기업은 10달도 넘은 데이터를 이용하게 되는 단점이 있다. 그래서 미국 주식에 투자할 때는 연간 데이터의 효용이 떨어진다.

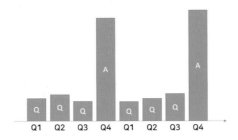

그림 5-6 발표되는 데이터

분기|Quarterly 데이터

분기 데이터는 3개월마다 발표되니 가치 투자자로서는 가장 빈번하게 나오는 투자 정보다. 하지만 이것을 바로 투자에 이용하기엔 무리가 있다. 일례로 PER을 계산할 때 1년치 이익을 가지고 구한 PER와, 3개월치 이익을 가지고 구한 PER은 약 4배 정도 차이가 난다. 12개월치 이익과 3개월치 이익만큼의 차이다.

또한, 기업이 속한 산업의 특징에 따라 분기별로 실적이 들쭉날쭉해지는 현상이 발생할 수 있다. 백화점 같은 기업은 블랙프라이데이가 속한 4분기에 가장 실적이 좋고 세일이 거의 없는 1분기~2분기에는 실적이 줄어든다. 이것을 계절효과|Seasonal effect라고 하는데 이런 부분을 감안하지 않고 분기 데이터를 이용하면 데이터를 이해함에 있어 착오가 생길 수 있다.

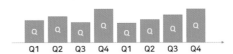

그림 5-7 분기 데이터

트레일링|Trailing 데이터

연간 데이터와 분기 데이터의 한계를 극복하기 위해 트레일링 데이터를 만들어 쓴다. 트레일링 데이터는 이동평균을 구하는 개념과 비슷하게 4개 분기만큼의 이동합계를 구해서 만든다. 즉, 매 분기를 기준으로 1년간의 분기 데이터를 합쳐 연간 데이터를 만들어낸 것이다. 이렇게 하면 비교 대상이 동일해질 뿐 아니라, 계절효과도 제거할 수 있다.

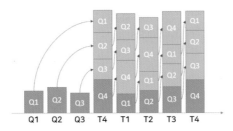

그림 5-8 트레일링 데이터

가져온 데이터가 어떤 것인지 확인해보자. 데이터프레임.columns 명령어는 데이터프레임의
칼럼 값을 출력하는 함수다. 칼럼명이 재무제표 계정과목으로 되어있어 칼럼명을 알면 원하는
데이터를 뽑아서 쓸 수 있다.

```
1   df.columns
```

```
Out   Index(['Revenue', 'COGS', 'Gross Profit', 'SG&A', 'Operating Income',
              'Net Income', 'EPS', 'EBITDA', 'EBIT', 'Shares', 'Cash & Equivalents',
              'Receivables', 'Inventory', 'Current Assets', 'Long Term Assets',
              'Total Assets', 'Current Debt', 'Current Liabilities', 'Long Term Debt',
              'Long Term Liabilities', 'Total Liabilities', 'Shareholders Equity',
              'Depreciation', 'Operating Cash Flow', 'Capital Expenditure',
              'Investing cash flow', 'Dividends', 'Financing cash flow', 'Price'],
            dtype='object')
```

주로 쓰는 재무제표 데이터와 가격 데이터가 들어있다. 여기에서는 PER을 계산할 것이므로
PER 계산에 필요한 Price와 EPS 값을 이용한다.

PER = Price / EPS 공식대로 PER 값을 계산하고, 코스트코의 PER 추이를 차트로 그려보자.

```
1   df['PER'] = df['Price'] / df['EPS']
2   fs.draw_chart(df, left='PER', right='Price')
```

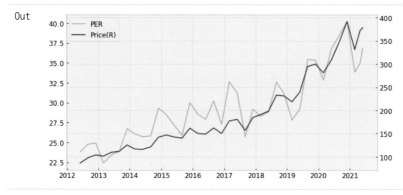

하늘색이 PER, 빨간색이 주가 그래프다. 주가흐름의 추이와 PER의 추이가 왠지 비슷해 보인
다. PER와 같이 재무지표와 가격이 결합된 지표를 **주가배수**Price multiple라고 하는데, 보통 **프라이
스멀티플** 또는 **멀티플**이라고 부른다.

프라이스멀티플은 움직여 온 범위를 표현하는 밴드차트로 그려보면 좀 더 쉽게 이해할 수 있다. 밴드차트는 draw_price_multiple_band() 함수를 이용해 그린다. $PER = \dfrac{주가}{EPS}$ 식을 뒤집어 주가=PER×EPS를 그래프로 그리는 것인데, 주가 움직임과 멀티플 변동을 한눈에 파악할 수 있다. 재무제표와 가격 데이터가 들어있는 데이터프레임 df와, 프라이스멀티플 이름 multiple, 그리고 멀티플 계산 시 이용하는 계정과목의 칼럼명 acct를 함께 보내준다. 여기에서는 PER 밴드를 그리기 위해 multiple에는 PER, acct에는 PER 계산에 필요한 EPS를 담아 보낸다.

```
1    fs.draw_price_multiple_band(df, multiple='PER', acct='EPS')
```

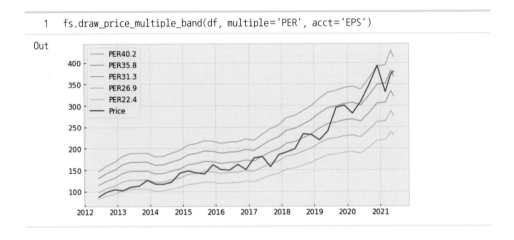

맨 위의 보라색 선은 PER이 40일 때 주가를, 맨 아래 하늘색 선은 PER이 22일 때의 주가를 나타낸다. 빨간색이 주가를 나타내는데 이 선이 맨 아래 하늘색부터 맨 위 보라색 사이를 움직이고 있다. 밴드차트를 그려보니 현재 PER이 과거에 비해 지금 어느 정도 수준에 있는지, 과거엔 어땠는지 한눈에 보인다. 저평가 종목을 골라내는데 유용한 도구다. 지난 10년 대비 현재는 PER이 꽤 높은 수준이다.

투자 전략

PER이 낮을수록 이익 대비 저평가된 종목, 즉 가치주다. 따라서 PER을 이용해 투자를 하는 가장 직관적인 방법은 PER이 낮은 종목을 사서 기다리는 것이다. 간단하게는 전체 상장 종목을 PER 순서대로 줄 세워두고 앞에서부터 n 개를 사서 보유하고, 다음 재무제표가 발표되면 이 과정을 반복하면 된다. 실제로 지표를 구해보고 백테스트까지 해보자.

준비 운동

전체 상장 종목의 재무정보를 구할 때는 핀터스텔라 라이브러리의 `fn_consolidated()` 함수를 이용한다. `fn_consolidated()` 함수를 이용하면 여러 기업의 재무정보를 모아서 분기별로 한 번에 조회할 수 있다. 전달하는 인자로는 OTP 값 `otp`와 조회 대상 기간인 분기 값 `term`, 일평균 거래량 `vol`이 있고, 반환되는 값은 해당 분기 재무제표 주요 계정의 트레일링 데이터이다. `vol`은 생략할 수 있고, 기본값은 10만 주이다. 미국 시장 전체 종목의 2020년 3분기 재무 데이터를 조회해보자.

```
1  df = fs.fn_consolidated(otp='OTP', term='2020Q3', vol=100000, study='N')
2  df.head(3)
```

```
Out  2020Q3...OK
              term   Revenue   ...               industry   avg_volume
     symbol                    ...
     A       2020Q3  5,223.00  ...  Diagnostics & Research     1850730
     AA      2020Q3  9,330.00  ...                Aluminum     7291360
     AAIC    2020Q3     64.77  ...            Reit—Mortgage      165424

     [3 rows x 38 columns]
```

일평균 거래량이 10만 주 이상인 종목의 2020년 3분기 재무 정보가 나왔다. 일평균 거래량은 매일 달라지기 때문에, 코드 실행 결과 역시 실행 시점에 따라 조금씩 달라진다. 만일 책과 같은 결과가 나오는지 확인하고 싶다면 study 값을 'Y'로 설정하고 진행하자. 앞으로 나올 모든 코드에서 동일하다. (자세한 내용은 7.3 참조)

어떤 항목이 들어있는지 조회해보자. `df.column` 명령어로 데이터프레임 `df`의 전체 칼럼명을 출력해 계정과목 항목을 살펴보자.

```
1  df.columns
```

```
Out  Index(['term', 'Revenue', 'COGS', 'Gross Profit', 'SG&A', 'Operating Income',
         'Net Income', 'EPS', 'EBITDA', 'EBIT', 'Shares', 'Cash & Equivalents',
         'Receivables', 'Inventory', 'Current Assets', 'Long Term Assets',
         'Total Assets', 'Current Debt', 'Current Liabilities', 'Long Term Debt',
         'Long Term Liabilities', 'Total Liabilities', 'Shareholders Equity',
         'Depreciation', 'Operating Cash Flow', 'Capital Expenditure',
```

```
'Investing Cash Flow', 'Dividend', 'Financing Cash Flow', 'Price',
'Price_M1', 'Price_M2', 'Price_M3', 'name', 'name_kr', 'sector',
'industry', 'avg_volume'],
    dtype='object')
```

항목별로 한글화하여 정리해보자.

칼럼명	계정과목	소스
term	기간	
Revenue	매출액	손익계산서
COGS	매출원가	"
Gross Profit	매출총이익	"
SG&A	판매비와 관리비	"
Operating Income	영업이익	"
Net Income	당기순이익	"
EPS	주당순이익	"
EBITDA	EBITDA	"
EBIT	EBIT	"
Shares	주식수	"
Cash & Equivalents	현금 및 현금성자산	재무상태표
Receivables	매출채권	"
Inventory	재고자산	"
Current Assets	유동자산	"
Long Term Assets	비유동자산	"
Total Assets	총자산	"
Current Debt	단기차입금	"
Current Liabilities	유동부채	"
Long Term Debt	장기차입금	"
Long Term Liabilities	비유동부채	"
Total Liabilities	총부채	"
Shareholders Equity	총자본	"
Depreciation	감가상각	현금흐름표
Operating Cash Flow	영업현금흐름	"
Capital Expenditure	고정자산투자	"
Investing Cash Flow	투자현금흐름	"
Dividend	주당배당금	"
Financing Cash Flow	재무현금흐름	"
Price	주가(기준일)	종목정보
Price_M1	주가(1개월 후)	"
Price_M2	주가(2개월 후)	"

Price_M3	주가(3개월 후)	"
name	종목명	"
name_kr	종목명(한글)	"
sector	섹터	"
industry	산업	"
avg_volume	일평균 거래량	"

자주 찾는 주요 재무 데이터를 추려보았다. PER, PBR, 유동비율 등 투자자가 자주 참고하는 지표를 쉽게 계산하기 위해 주식수와 월 말 가격 데이터가 함께 들어있다. 각 계정과목이 어떤 의미가 있고 무엇을 할 때 쓰이는지는 이 책의 구성 흐름에 따라 그때그때 설명하겠다. 표 아래쪽에 4개월간의 주가 데이터가 나왔는데, Price는 분기 말 주가, Price_M1은 분기 1개월 후 주가를 의미한다. 만일 2020년 3분기 데이터라면, Price는 2020년 9월 말 주가, Price_M1은 10월 말, Price_M2는 11월 말, Price_M3는 12월 말 주가를 말한다.

PER, PBR 같은 프라이스멀티플은 언제를 기준으로 계산하느냐에 따라 값이 달라진다. 주가는 매일 변하기 때문이다. 블룸버그Bloomberg[6], 인베스팅닷컴, 야후 파이낸스 등 대부분의 금융 정보 서비스가 분석용으로 제공하는 PER 값은 분기 말 주가를 기준으로 한다. 퀀트투자 책이나 블로그 등에서 발표하는 백테스팅도 역시 분기 말 주가를 주로 이용한다. 발표되는 데이터가 대부분 분기 말 주가 기준이라 가장 계산하기 수월하기 때문이다.

하지만 실제 투자를 해당 분기 말에 할 수는 없다. 분기 말에는 해당 분기의 재무 정보가 발표되지 않기 때문이다. 3분기(7월~9월) 재무제표는 9월 말을 기준으로 표시되지만, 발표는 10월 말~12월 사이에 발표되기 때문이다. 게다가 보고서를 늦게 제출하는 기업은 12월 이후에 발표하기도 한다. 따라서 3분기 재무정보를 이용해 트레이딩 하는 시점은 9월 말이 아닌 11월 말 이후가 된다.

그림 5-9 3분기 데이터 발표 시기

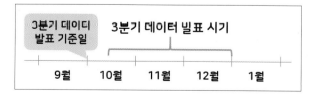

6   웹사이트와 앱을 통해 경제 정보를 제공하는 미디어로 대부분의 금융사에서 이용하고 있다.

11월 말에 투자를 할 때 9월 주가를 기준으로 투자를 하느냐, 11월 또는 12월말 주가를 기준으로 투자를 하느냐는 투자자마다, 그리고 사용 가능한 데이터의 범위에 따라 다르다. 핀터스텔라는 기준일 주가(Price)뿐 아니라 1개월~3개월 후 주가(Price_M1~Price_M3)를 함께 제공하기 때문에 사용자가 필요한 시점의 주가를 골라 쓸 수 있다. 실제로 M0은 기준일일 뿐 실적발표 전 시점이고, M1은 아직 발표를 안 한 기업이 많은 시점, M2는 어느 정도 마무리 된, M3은 모두 발표가 끝난 시점이다. 본인의 취향이나 실현 가능성 정도에 따라 선택하면 된다. 뒤에서 백테스트 할 때 분기 말 주가를 이용한 방법도 진행하고, 2개월 후, 3개월 후 주가를 이용한 방법도 진행하겠다.

 잠깐   당연히 사용하는 기준 주가가 달라지면 투자 종목도 달라지고 결과도 달라진다. 뒤에서 소개할 F-스코어의 창시자 피오트로스키 교수는 5개월 후 주가를 이용해 백테스트를 실시했다. 어느 시점의 주가를 사용해 투자할지는 본인의 판단에 맡긴다.

그럼 분기 말 주가를 기준으로 PER을 계산해보자. 데이터프레임은 칼럼을 지정해 직접 계산할 수 있다. PER = 주가 / EPS 로 계산하니, df['PER'] = df['Price'] / df['EPS'] 와 같이 PER을 계산해 데이터프레임에 저장하면 된다. 1행에는 PER을 계산해 결괏값을 데이터프레임 df의 PER 칼럼을 지정해 저장하고, 2행에서는 저장한 PER 칼럼을 출력한다.

```
1   df['PER'] = df['Price'] / df['EPS']

2   df['PER']

Out symbol
    A       44.66
    AA      -4.60
    AAIC    -1.87
    AAL     -0.89
    AAOI    -2.88
             ...
    ZUMZ    11.40
    ZUO    -14.99
    ZVO     -7.55
    ZYME   -10.02
    ZYXI    56.29
    Name: PER, Length: 3106, dtype: float64
```

PER 값이 계산되어 데이터프레임에 저장된 것을 확인할 수 있다. 결과를 보면 PER이 마이너스인 종목이 많이 보인다. 적자 기업은 EPS가 마이너스이기 때문에 그렇다. 많은 사이트가 PER이 마이너스면 마이너스 값 대신 0으로 처리한다. 우리는 뒤에서 PER이 마이너스인 종목은 필터링filtering[7]하여 제거할 예정인데 일단 그냥 넘어가자. 값이 NaN이라고 나오는 것은 기업이 EPS를 보고하지 않아 값이 없어 계산하지 못한 것이다. (파이썬에서 NaN은 데이터가 없다는 표시다.) 정상적인 기업이라면 EPS를 제출하지 못할 일이 없으니 이런 기업은 분석 대상에서 제외해도 무방하다. NaN 값 역시 필터링해서 제거할 것이다.

백테스트

이제 전 종목 재무 데이터를 구하고 프라이스멀티플을 구하는 방법을 알게 되었으니 본격적으로 백테스팅에 들어가자. 분기별로 PER 값이 낮은 순서대로 상위 30개 종목에 투자하는 전략을 테스트한다. 투자기간은 2020년 1분기에 최초 투자를 개시해서 2021년 1분기까지 완료하는 것을 가정해 1년으로 한다. 2020년 초에 실행하는 트레이딩은 2019년 4분기 재무 정보를 보고 투자하는 것이므로, 필요한 데이터는 2019년 4분기부터 2020년 4분기까지의 데이터다. 2020년 2월~3월에 코로나19로 주가가 급락했으니 이 기간의 투자 성과는 썩 좋지 않을 것으로 예상된다. 먼저 분석 대상 기간을 세팅한다.

핀터스텔라 라이브러리의 **set_terms()** 함수를 이용하여 거래 시작 시점인 trade_start와 종료 시점인 trade_end를 보내면, 그 거래 기간에 이용될 재무 데이터 산출 기준 기간이 돌아온다.

```
1   terms = fs.set_terms(trade_start='2020Q1', trade_end='2021Q1')   # trade term to
    fiscal terms
2   terms
Out Index(['2019Q4', '2020Q1', '2020Q2', '2020Q3', '2020Q4'], dtype='object')
```

set_terms() 함수가 데이터 분석에 필요한 기준 시점인 2019년 4분기부터 2020년 4분기 사이의 분기 값을 돌려준다. 2020년 1분기에 거래하려면 2019년 4분기 데이터를 기준으로 거래 판단을 해야 하기 때문에 재무 데이터 기간은 거래 기간보다 한 분기 빠르다. 같은 논리로 마지막 2020년 4분기 데이터는 2021년 1분기 거래를 위해 필요한 정보다.

----

7   사용자가 설정한 정의에 따라 특정 정보를 제거하는 작업.

이제 분기별 재무제표 데이터를 받아오자. 총 5개 분기 데이터를 가져오며, 받아온 각 분기별 데이터는 data 변수에 담는다.

```
1   data_2019Q4 = fs.fn_consolidated(otp='OTP', term='2019Q4')
2   data_2020Q1 = fs.fn_consolidated(otp='OTP', term='2020Q1')
3   data_2020Q2 = fs.fn_consolidated(otp='OTP', term='2020Q2')
4   data_2020Q3 = fs.fn_consolidated(otp='OTP', term='2020Q3')
5   data_2020Q4 = fs.fn_consolidated(otp='OTP', term='2020Q4')
Out 2019Q4...OK
    2020Q1...OK
    2020Q2...OK
    2020Q3...OK
    2020Q4...OK
```

각 분기 데이터가 data_분기명 변수에 담긴다. 이제 이 데이터를 가지고 분석하면 된다. 만약 10년치를 백테스팅 하려면 어떻게 할까? 1년에 4번씩 가져와야 하니 위와 같은 코드가 40줄 들어가면 된다. 하지만 귀찮다. 위 코드를 for 순환문과 딕셔너리^{dictionary}를 이용해 다시 써보자.

```
1   data = {}
2   for t in terms:
3       data[t] = fs.fn_consolidated(otp='OTP', term=t)
Out 2019Q4...OK
    2020Q1...OK
    2020Q2...OK
    2020Q3...OK
    2020Q4...OK
```

위의 5줄이 3줄로 줄었다. 1년이 아니라 10년짜리 백테스팅이라면 40줄로 진행할 것을 3줄로 수행할 수 있다. 앞으로는 이렇게 쓰자. 1행에는 받아온 재무 데이터를 쌓아둘 딕셔너리 data 를 만든다. 딕셔너리는 변수의 일종인데, 여러 개의 변수를 한 번에 쌓을 수 있는 변수의 변수 이다. 데이터를 쌓을 때 사전처럼 색인을 달아둘 수 있다. 그래서 딕셔너리라고 부른다. data 딕셔너리에는 매 분기의 재무 데이터가 들어있는 데이터프레임을 쌓을 것이다.

2행에서는 기간을 반복하도록 for 순환문을 만들어준다. terms 리스트 값을 하나씩 순환하며 아래 내용을 실행하게 된다. 3행은 `fn_consolidated()` 함수를 호출해 재무 데이터를 받아와 `data` 딕셔너리에 저장하는 부분이다. for 루프 내에 들어있으니 정해진 만큼 반복 수행된다. 각 분기의 데이터는 `data` 딕셔너리에 분기명으로 저장한다. 2020년 3분기 데이터라면 `data['2020Q3']`이다.

```
1    print(data['2020Q3'])
```

```
Out           term    Revenue  ...                  industry  avg_volume
      symbol                    ...
      A        2020Q3  5,223.00 ...   Diagnostics & Research     1850730
      AA       2020Q3  9,330.00 ...                 Aluminum     7291360
      AAIC     2020Q3     64.77 ...            Reit—Mortgage      165424
      AAL      2020Q3 24,623.00 ...                 Airlines    29700400
      AAOI     2020Q3    230.96 ...            Semiconductors     585319
      ...         ...       ... ...                      ...         ...
      ZUMZ     2020Q3    980.94 ...           Apparel Retail    11907500
      ZUO      2020Q3    291.10 ...   Software—Infrastructure    55219300
      ZVO      2020Q3    400.26 ... Education & Training Services 8371910
      ZYME     2020Q3     25.15 ...            Biotechnology    19182900
      ZYXI     2020Q3     68.68 ...           Medical Devices    24253800

      [3106 rows x 38 columns]
```

이미 트레일링 처리된 데이터라, 추가로 데이터를 가공할 필요는 없다. 이제 Price와 EPS를 이용해서 PER 값을 계산해 줄 차례다. 준비 운동에서 해본 것이다. 이번에는 for 순환문을 이용해보자.

```
1    for t in terms:
2        data[t]['PER'] = data[t]['Price'] / data[t]['EPS']
```

```
Out
```

1행에 for 순환문을 만들어 `terms`의 기간을 하나씩 불러내 실행할 준비를 한다. 2행에서는 PER을 계산하여 각 기간(`data[t]`)의 PER 칼럼(`['PER']`)에 저장한다. `data[t]`는 t 분기의 재무 데이터를 의미하고, `t`는 위에서 만든 `terms`(2019년 4분기부터 2020년 4분기까지의 분기값)의 각 원소이다. 이제 `data[t]`에는 해당 기간의 PER 값이 들어있다. 이제 PER을 기준으로 트레이딩 할 종목을 선정하자.

각 분기별로 트레이딩 할 종목을 선정하여 시그널을 저장할 딕셔너리 s에 담을 것이다. s[t]는 t 분기의 트레이딩 대상 종목이 된다. 트레이딩 대상 종목을 선정하는 것은 핀터스텔라 라이브러리의 fn_filter() 함수를 이용한다. 분기별 재무 데이터 data[t], 필터링 기준이 되는 항목명 by, 항목의 최젓값 floor, 최댓값 cap, 상위 몇 종목을 선정할지 표시하는 n, 오름차순 또는 내림차순을 결정하는 asc를 전달한다.

```
1   s = {}
2   signal = {}
3   for t in terms:
4       s[t] = fs.fn_filter(data[t], by='PER', floor=1, cap=10, n=30, asc=True)
5       signal[t] = list(s[t].index)
6   signal['2019Q4']
```

```
Out  ['DAC',
      'FENG',
      'SWN',
      'PAM',
      'CRON',
      'KODK',
      'NRG',
      'FINV',
      'QD',
      'REGI',
      'BPT',
      'YRD',
```

이하생략

1행과 2행에서는 필터링 결과인 트레이딩 시그널을 담을 딕셔너리 s와 signal을 만든다. 3행은 terms의 각 기간을 순회하는 for 순환문을 만든다. 4행에는 fn_filter() 함수를 호출해 기간별 트레이딩 종목을 선정해 s[t]에 저장한다. 함수를 호출할 때는 기간별 재무 데이터인 data[t]를 보내주고, PER을 기준으로 선정하도록 by='PER'로 지정했다. floor=1, cap=10으로 설정해 PER이 1부터 10 사이인 값으로 한정하고, n=30으로 해서 상위 30개 종목만 뽑아오도록 한다. asc=True로 지정해 PER을 오름차순으로 정렬하도록 했다. 즉 PER이 1부터 10 사이인 종목 중 낮은 순서대로 상위 30개 종목만 뽑아오도록 한 것이다. 반대로 asc=False라고 한다면 내림차순으로 정렬해 PER이 높은 종목부터 뽑아오게 된다. 5행에서는 각 분기별 시그널을 담은 s[t]에서 종목코드만을 뽑아 signal[t]에 저장한다. 6행에서는 트레이딩 시그널인 signal에서 2019년 4분기 값을 출력해본다.

이제 마지막으로 백테스팅을 한다. backtest() 함수를 이용하는데, 위에서 만들어놓은 트레이딩 시그널(signal)과 재무 데이터가 들어있는 data를 함께 보내준다. 리밸런싱 일자(트레이딩할 날짜)를 지정하는 m 값을 함께 보내는데, 재무제표 발표 기준일로 하려면 0, 1개월 후 주가로 하려면 1로 지정한다. 거래세 등 거래 비용은 cost에 지정한다. 여기에서는 재무제표 기준일 2달 후(m=2)에 트레이딩 하고, 거래 비용은 0.1%로 백테스트를 진행한다.

```
1    df = fs.backtest(signal=signal, data=data, m=2, cost=.001)
```

```
Out  CAGR: 67.40%
     Accumulated return: 67.40%
     Investment period: 1.0yrs
     Sharpe ratio: 1.52
     MDD: -12.03%
```

백테스팅 결과 연평균수익률인 CAGR, 변동성 대비 수익률인 샤프비율 모두 매우 높게 나왔다. 상당히 만족스러운 결과다. 2020년에(재무 데이터 기준 2019년 4분기~2020년 4분기) 분기별로 저PER 주식 상위 30개 종목에 투자하는 전략으로 시작했다면 만족스러운 성과를 거두었을 것이다.

기간별 수익률을 그래프로 그려보자.

```
1    fs.draw_return(df)
```

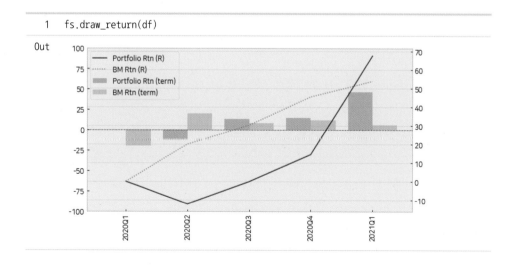

빨간색 선은 포트폴리오의 누적수익률, 하늘색 점선은 벤치마크 지수인 S&P 500 지수의 누적 수익률이다. 빨간색 막대는 포트폴리오의 해당 분기 수익률, 하늘색 막대는 벤치마크 지수의 해당 분기 수익률을 나타낸다.

코드 모아보기

지금까지의 코드를 모아보면 아래와 같다. 위에서는 이해를 돕기 위해 코드를 조각내서 설명했지만, 아래처럼 한 번에 실행하는 것이 수월하다.

```
1   terms = fs.set_terms(trade_start='2020Q1', trade_end='2021Q1')
2   data = {}
3   for t in terms:
4       data[t] = fs.fn_consolidated(otp='OTP', term=t)
5   s = {}
6   signal = {}
7   for t in terms:
8       data[t]['PER'] = data[t]['Price'] / data[t]['EPS']
9       s[t] = fs.fn_filter(data[t], by='PER', floor=1, cap=10, n=30, asc=True)
10      signal[t] = list(s[t].index)
11  df = fs.backtest(signal=signal, data=data, m=2, cost=.001)
```

```
Out   CAGR: 67.40%
      Accumulated return: 67.40%
      Investment period: 1.0yrs
      Sharpe ratio: 1.52
      MDD: -12.03%
```

1행은 테스트 기간을 설정한다. 2행은 재무 데이터를 받아올 저장소인 data 딕셔너리를 선언하고, 3행~4행에서 테스트 기간을 순회하며 분기별로 데이터를 받아와 data에 저장한다. 5행~6행은 시그널을 담아놓을 딕셔너리를 만드는 부분이다. 7행은 for 순환문을 이용해 terms의 각 기간을 순회하며 코드를 수행하도록 한다. 8행은 가져온 재무 데이터를 이용해 PER 값을 계산한다. 9행은 계산한 PER 값을 필터링한다. PER가 1부터(floor=1) 10 사이(cap=10)에 있으면서 낮은 순서대로(asc=True) 상위 30개(n=30)를 추려낸다. 10행은 필터링에서 골라낸 종목의 종목코드를 signal[t]에 담는다 11행은 본격적으로 백테스팅을 실행한다. 이전행에서 만든 트레이딩 시그널 signal, 재무 데이터 data를 보내주고, 트레이딩 기준일 m과, 매매 비용 cost를 세팅해 준다.

 잠깐 **핀터스텔라 사이트 이용**

퀀트머신 사용이 아직 익숙치 않다면 핀터스텔라 사이트에서도 백테스트를 할 수 있다. 상단 메뉴 중 가치투자>가치모델 만들기 메뉴에 들어가면 아래와 같은 화면이 나온다.

그림 5-10 핀터스텔라 백테스팅 조건 입력 화면

VALUE부터 SPECIALITY에서 백테스트에 이용할 계정과목을 선택하고, ELIGIBILITY에서 종목 선택 조건을 추가한다. Pick up to TOP X에서 포트폴리오에 담을 종목수를 선택하고(5부터 30 사이), Test for X years에서 테스트 기간을 설정한다. 조건 설정이 완료되면 RUN 버튼을 눌러 백테스트를 실행한다.

실행이 완료되면 아래와 같은 결과 화면이 나온다. 조건 선택 창 바로 아래에 성과가 나온다. CAGR은 연평균 수익률로, Accumulated return은 누적수익률로 표시된다. 샤프비율과 MDD는 퀀트머신과 동일하고, 수익 횟수는 전체 기간 중 플러스(+) 수익률을 기록한 분기의 수를, 승률은 이것을 확률로 나타낸 것이다. 10년간 백테스팅 하는 경우 전체 분기 수는 40분기가 되고, 이 중 수익횟수가 24분기라면 승률은 60%가 된다.

그림 5-11 핀터스텔라 사이트를 이용한 PER 백테스팅 결과

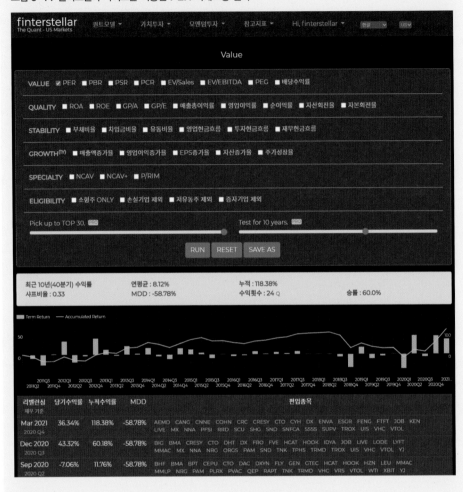

핀터스텔라 사이트를 이용한 백테스팅은 간단해서 매 장마다 설명하지는 않겠다. 이런 의문이 드는 독자도 있을 것이다. 핀터스텔라 백테스팅이 있는데 굳이 퀀트머신을 이용할 필요가 있을까? 물론이다. 핀터스텔라 백테스팅은 사이트에서 제공하는 범위 내에서만 조건 선택이 가능하다. 사이트에서 제공하는 조건 만으로도 수만 가지의 백테스팅이 가능하지만, 특별한 경우를 백테스팅 하고 싶다면 퀀트머신이 필요하다. 예를 들어 기간 설정의 경우, 사이트에서는 항상 지금을 기준으로 몇 년 동안 테스트하도록 제공한다. 따라서 과거 특정 기간만을 백테스팅 하고 싶다면 사이트에서는 불가능하고 퀀트머신이 필요하다.

5.3 장부가치 대비 저평가 종목, PBR(주가순자산비율)

가치투자에서 PER 다음으로 많이 언급되는 것이 PBR이다. PBR은 Price to Book Value Ratio의 약자로, 미국에서는 P/B ratio로 주로 쓴다.

지표 이해

PBR에서 Book Value는 기업이 소유한 자산의 장부상 가치를 합한 값이다. 장부가치는 순자산가치라고도 하는데, 정확히는 자본Shareholders Equity 항목 내에서 지배주주 지분만을 골라내야 하지만, 간단히 재무상태표의 자본이 곧 순자산이라고 계산해도 무리가 없다. 한국은 지배주주 지분과 비지배주주 지분을 구분해 공시하는 경우가 많지만, 미국은 둘을 구분하려면 재무제표 세부 항목까지 들춰봐야 한다. 따라서 여기에서는 재무상태표의 총자본 항목을 자본으로 사용하기로 한다.

PER이 기업이 만들어내는 이익에 대해 시장이 매기는 가치라고 한다면, PBR은 기업이 가진 순자산에 대해 시장이 매기는 가치다.

그림 5-12 PBR: 순자산에 대해 시장이 매기는 가치

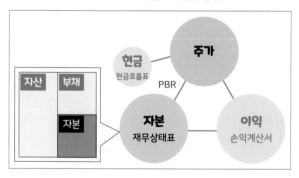

PBR은 순자산 대비 기업가치(=시가총액)를 계산한 값으로, 주가를 BPSBook Value Per Share(주당순자산)으로 나눠서 구한다.

$$PBR = \frac{\text{시가총액}}{\text{순자산}} = \frac{\text{주가}}{\text{주당순자산(BPS)}}$$

시가총액(Market Capitalization) = 주가 × 주식수

$$주당순자산(BPS) = \frac{자본(Shareholders'Equity)}{주식수}$$

PBR은 왜 중요할까? PBR은 투자의 안정성을 표시하는 대표적 지표이기 때문이다. 회사를 통째로 인수했는데 망해버린다면 어떻게 될까? 부채는 갚아야 하는 돈이고, 투자자의 손에는 자본(순자산)만 남는다. 만일 인수 비용이 1억 원인데 남은 자본이 1억 원이라면 투자자 입장에서 본전은 건질 수 있다. 그러나 인수 비용이 1억 원, 남은 자본이 2억 원이라면? 회사는 망해도 투자자는 이익이다. 이것이 바로 PBR의 개념이다. 주식을 사는데 들이는 비용(주가)대비 회사가 망해도 남는 돈(주당자본금=주당순자산)이 얼마나 많은지를 계산한 지표다. 이런 측면에서 장부가치를 청산가치라고 부르기도 한다.

PBR이 1이라면 망해도 본전이고, PBR이 1보다 작다면 기업이 망해도 남는 장사라는 얘긴데 이런 주식이 과연 있을까? 찾아보면 생각보다 많다. 다만, 기업은 자본을 모두 현금으로 들고 있지 않고 부동산, 기계 장치 등 유형자산으로 들고 있는 경우가 많다. 그러나 보통 유형자산을 처분하면 재무제표에 나온 금액보다 가치가 훨씬 줄어들기 때문에 PBR이 1 미만이라도 실제로 본전을 건지는 것은 쉽지 않다. 또한 주가는 재무제표만으로 움직이지 않고 수급의 영향을 많이 받는다. 책의 초입 부분에서 주가는 수요와 공급이 결정한다고 설명했다. 기업 전망이 어두워지면 장부가치가 얼마가 되든 주식을 처분하고 싶어 하는 사람이 시장에 많아진다. 이런 이유로 PBR이 1보다 작은 기업을 어렵지 않게 찾을 수 있다. 반대로 전망이 좋은 기업이라면 자본금이 얼마인지는 상관없이 주가는 하늘로 치솟는다.

 잠깐 　화상회의 서비스를 제공하는 줌^{ZOOM}(ZM)의 PBR은 82배이고, 셰일오일 기업인 스마트샌드$^{Smart\ Sands}$(SND)의 PBR은 0.3배다(2021년 2월 기준). 어떤 기업이 더 매력적인가? 가치투자라면 안정성이 중요하니 스마트샌드를, 모멘텀투자라면 인기 있는 주식인 줌을 선호할 것이다.

지표 산출

이제 PBR을 구하고 밴드차트를 그려보자. 이번에 해볼 종목은 재무적으로 우량하다고 소문난 저가항공사 제트블루$^{Jet\ Blue}$(JBLU)이다. 우선 핀터스텔라 라이브러리의 `fn_single()` 함수를 이용해 제트블루의 재무 데이터를 받아온다.

```
1   df = fs.fn_single(otp='OTP', symbol='JBLU', window='T')
```
Out

이제 PBR을 계산할 차례다. PBR = $\dfrac{\text{주가}}{\text{BPS(주당순자산)}}$ 를 이용한다. df에 BPS 값이 들어있지 않으니 BPS부터 우선 계산해 주고 PBR을 계산해야 한다. BPS는 주당순자산이므로 자본을 주식수로 나눠서 구한다.

```
1  df['BPS'] = df['Shareholders Equity'] / df['Shares']
2  df['PBR'] = df['Price'] / df['BPS']
3  fs.draw_chart(df, left='PBR', right='Price')
```

Out

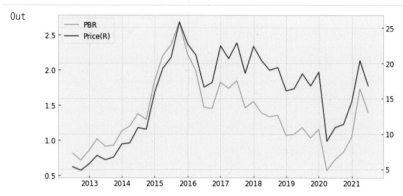

PBR을 계산해 주가와 함께 그렸다. 이번에는 PBR 밴드를 그려보자.

```
1  fs.draw_price_multiple_band(df, multiple='PBR', acct='BPS')
```

Out

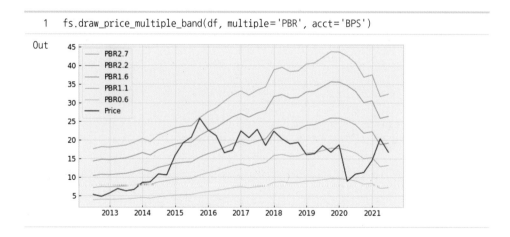

시기에 따른 주가와 PBR의 변화를 볼 수 있다. 빨간색이 주가 그래프, 배경에 깔린 밴드는 위에서부터 차례대로 PER 2.7, 2.2, 1.6, 1.1, 0.6 선이다. 2015년 하반기에 주가가 최고치인 $25 수준으로 올라갔고, PBR은 2.7을 찍었다. 2020년 상반기 팬데믹 시기에는 주가는 $9 수준까지 내려갔고 PBR도 0.6으로 내려갔다. 차트 마지막 부분인 2020년 말에는 주가가 많이 회복하여 PBR 1.1 근처까지 도달한 모습이 보인다.

투자 전략

짐작하겠지만 PBR을 이용한 투자 전략 역시 PBR이 낮은 주식을 사서 존버하는 것이다. 매 분기마다 발표되는 재무 데이터를 이용해 저PBR 상위 종목을 골라내 투자하고, 다음 분기가 되면 이를 반복한다. 이렇게 새로운 매매를 통해 종목을 교체하는 것을 리밸런싱rebalancing이라고 한다. PBR을 이용한 투자법을 안내한 다른 책도 참고하면, PBR이 너무 낮은 종목은 망해가는 종목이니 조심하라고 전한다. 여기에서도 PBR이 0.1 이상인 종목을 대상으로 투자하는 것을 전제한다.

PBR도 PER과 마찬가지로 0이 최저값이다. 계산 결과가 마이너스 값이 나오면 0으로 값을 대체한 것이다. 순자산이 마이너스로 추락한 기업은 분석하는 의미가 없으니 제외하고, PBR이 0.1 이상인 종목만을 투자 대상으로 하니 마이너스 종목은 저절로 필터링에서 걸러내게 된다.

 잠깐   PBR을 구하는 식이 주가/주당순자산인데 PBR 값이 마이너스가 나온다는 건 주가나 순자산이 마이너스라는 의미다. 주가는 마이너스가 될 일이 거의 없다. 예전 같으면 '거의'라는 수식어도 뺐겠지만, 유가가 마이너스 가는 것을 목격하고 난 이후 '거의'라는 수식어가 필요해졌다.

백테스트

PER에서 했던 방법을 그대로 이용하면 된다. 백테스트 기간 역시 앞과 같다. 이번에는 코드를 한 번에 작성하겠다.

```
1  terms = fs.set_terms(trade_start='2020Q1', trade_end='2021Q1')
2  data = {}
3  for t in terms:
4      data[t] = fs.fn_consolidated(otp='OTP', term=t)
```

```
5    s = {}
6    signal = {}
7    for t in terms:
8        data[t]['BPS'] = data[t]['Shareholders Equity'] / data[t]['Shares']
9        data[t]['PBR'] = data[t]['Price'] / data[t]['BPS']
10       s[t] = fs.fn_filter(data[t], by='PBR', floor=.1, cap=2, n=30, asc=True)
11       signal[t] = list(s[t].index)
12   df = fs.backtest(signal=signal, data=data, m=2, cost=.001)
```

```
Out   CAGR: 212.25%
      Accumulated return: 212.25%
      Investment period: 1.0yrs
      Sharpe ratio: 3.96
      MDD: -0.17%
```

1행은 테스트 기간을 설정한다. 2행~4행은 재무 데이터를 받아온다. 5행~6행은 시그널을 만들어 담아둘 딕셔너리를 선언한다. 8행에서는 BPS를 계산하고, 9행에서는 PBR을 계산한다. 10행에서는 fn_filter() 함수를 이용해 PBR 값을 필터링(by='PBR') 하는데, PBR 값 최저 0.1(floor=.1), 최대 2(cap=2) 사이에서 낮은 값부터(asc=True) 상위 30개(n=30)를 골라낸다.

11행에서는 골라낸 종목의 종목코드를 분기별 트레이딩 시그널인 signal[t]에 담는다. 12행에서는 backtest() 함수를 이용해 백테스팅 한다. 분기 말 기준 2개월 후에 리밸런싱 하도록 m=2로 지정한다. 3개월 후에 리밸런싱 한다면 m=3으로 하면 된다.

결과를 보자. 이럴 수가! 수익률이 엄청나다. 무엇보다 MDD가 지극히 작고, 거의 손해를 보지 않은 전략이다. 팬데믹 직후부터 투자를 시작했다면 엄청난 수익을 얻었을 것이다. 하지만, 이 기간은 운이 좋았을 뿐이다. 투자를 오래 지속하면서 이런 성과를 유지하기란 거의 불가능하다.

각 분기에 어떤 종목을 보유했는지는 signal에 들어있다. signal[분기명]으로 해당 분기의 보유 종목을 조회할 수 있다. 2020년 3분기 보유 종목은 signal['2020Q3']으로 조회한다.

```
1   signal['2020Q3']
```

```
Out   ['PAGP',
       'LXU',
       'HNRG',
       'REI',
       'CRESY',
       'GNW',
       'AR',
       'NBR',
       'PEI',
       'BHF',
       'FET',
```
이하생략

n=30으로 지정해 주어 최대 30개의 종목까지 보유하게 된다.

분기별 수익률 차트도 확인해보자.

```
1   fs.draw_return(df)
```

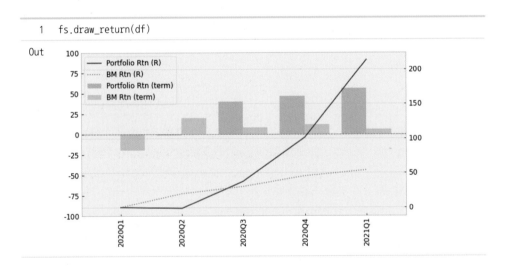

2분기에 저조했으나 3분기부터 본격적으로 회복한 모습이다. 하늘색 막대는 벤치마크 지수인
S&P 500 지수 수익률인데, 2분기에 확 올라갔었다. PBR 전략을 이용한 투자를 했다면 2020
년 2분기에 다른 종목은 다들 올라가는데 내 종목만 빠지는 상대적으로 힘든 시간을 버텨내야
했을 것이다.

리밸런싱 일자 변경

이번에는 리밸런싱을 2개월 후가 아니라 3개월 후에 해보자. 백테스팅 코드에서 **m** 값만 바꿔주면 된다.

```
1   df = fs.backtest(signal=signal, data=data, m=3, cost=.001)
```

```
Out   CAGR: 307.82%
      Accumulated return: 307.82%
      Investment period: 1.0yrs
      Sharpe ratio: 4.53
      MDD: 0.00%
```

3개월 후, 리밸런싱 했더니 수익률이 더 높아졌다. 기간별 수익률도 확인해보자.

```
1   fs.draw_return(df)
```

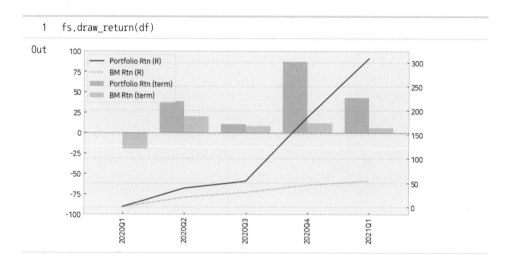

분기 말을 기준으로 2개월 후에 리밸런싱 했을 때는 2분기 포트폴리오 수익률이 저조했는데, 3개월 후 리밸런싱으로 바꿨더니 2분기부터 수익률이 확 상승했고 그 덕에 전체 수익률도 높아졌다.

그렇다면 리밸런싱을 2개월 후에 하는것 보다 3개월 후에 하는 것이 나을까? 그렇게 결론 내리기는 성급하다. 2020년은 특히 팬데믹 이후 각국 정부에서 유동성을 풀어 증시가 점점 팽창하는 시기였고, 그 덕에 5월의 리밸런싱 일자 주가보다 6월 리밸런싱 일자의 주가가 훨씬 높아졌을 뿐이다. 다시 말해, 이 결과는 우연의 일치일 뿐이지 m=2 보다 m=3이 우월하다고 결론 내릴 수는 없다.

앞장에서 단기투자 전략을 소개할 때에도 언급했지만, 테스트한 전략이 수익률이 좋다고 바로 실전 투자에 돌입하는 것은 금물이다. 1년이 아니라 다른 기간도 테스트해야 하고, 수익률뿐 아니라 MDD와 샤프비율도 함께 고려해 자신에게 맞는 투자 전략을 선택해야 한다. 지금 수행 했던 PER와 PBR의 경우 10년을 잡고 테스트해보면 PER은 연평균 10%, PBR은 연평균 30% 정도 수익률이 나온다.

5.4 매출 대비 저평가 종목, PSR(주가매출비율)

이익에 대해 시장이 매기는 가치가 PER이라면, 매출액^{Sales 또는 Revenue}에 대해 시장이 매기는 가 치를 PSR이라고 한다. PSR은 Price to Sales Ratio의 약자다.

그림 5-13 PSR: 매출액에 대해 시장이 매기는 가치

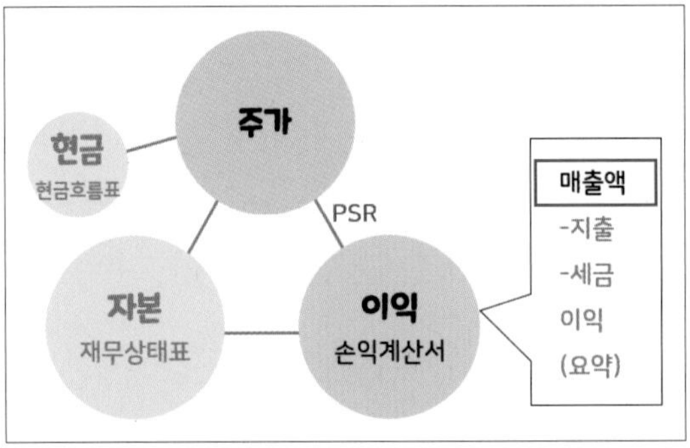

지표 이해

[그림 5-13]을 보자. PER에서 본 그림과 매우 유사하다. PER에서는 이익을 기준으로 계산 하던 것을 PSR에서는 매출액을 기준으로 계산한다는 차이만 있다. 게다가 둘 다 기업이 만들 어내는 이익과 관련되어 있어 두 항목은 어느 정도 중복되는 부분이 있다. 그럼에도 불구하고 PSR을 굳이 따로 만든 이유는 기업의 외적인 성장 자체를 따로 보고자 함이다. 투자자라면 대 부분 PER를 중요시하기에 이익이 잘 나오지 않는 일부 기업은 투자자에게 잘 보이고 싶어서 지출 항목을 건드려 이익을 높이는 방식으로 PER를 조정하기도 한다. 일종의 눈속임이다. 하 지만 매출액 자체는 제품을 잘 팔아야만 높아지는 것이기 때문에 기업에서 조작하기 어렵다.

그래서 PER보다 PSR이 더 유용한 지표라고 말하는 사람도 있다.

PSR의 또 다른 쓸모는 PER의 대체재로 쓰일 수 있다는 점이다. 이익이 마이너스인 경우 많은 금융 정보 서비스가 PER을 마이너스로 산출하지 않고 0으로 대체한다고 설명했다. 하지만 매출액은 마이너스가 나오지 않는다. 장사를 제대로 못한 회사나 더 못한 회사 모두 PER은 0이지만, PSR은 둘의 차이를 비교할 수 있는 숫자를 보여준다.

PSR을 산출하는 방법 역시 다른 프라이스멀티플과 다르지 않다. 지표에는 매출액을 Sales라고 쓰지만 재무제표에는 매출액을 Revenue라고 표기한다 Sales와 Revenue는 동의어다.

$$PSR = \frac{기업가치}{매출액} = \frac{시가총액}{매출액(Revenue)} = \frac{주가}{주당매출액(SPS)}$$

$$시가총액(Market\ Capitalization) = 주가 \times 주식수$$

$$주당매출액(SPS) = \frac{매출액(Revenue)}{주식수}$$

지표 산출

퀀트머신을 이용해 월마트^{Walmart8}(WMT)의 PSR을 구해보고, PSR 밴드차트를 그려보자.

먼저 핀터스텔라 라이브러리의 fn_single() 함수를 이용해 WMT의 재무 데이터를 가져온다.

```
1   df = fs.fn_single(otp='OTP', symbol='WMT', window='T')
Out
```

이제 PSR을 계산할 차례다. $PSR = \frac{주가}{주당매출액(SPS)}$ 을 이용한다. df에 SPS가 없으니 SPS 부터 먼저 계산을 해준 후 PSR을 구해야 한다. SPS는 주당매출액으로 매출액^{Revenue}을 주식수로 나눠서 구한다.

```
1   df['SPS'] = df['Revenue'] / df['Shares']
2   df['PSR'] = df['Price'] / df['SPS']
3   fs.draw_chart(df, left='PSR', right='Price')
```

----

8   미국을 중심으로 세계 24개국에 초대형 할인매장을 운영하는 유통기업.

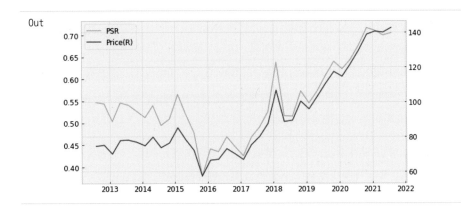

이제 저장한 SPS 값과 Price를 이용해 PSR 밴드를 그려보자.

```
1  fs.draw_price_multiple_band(df, multiple='PSR', acct='SPS')
```

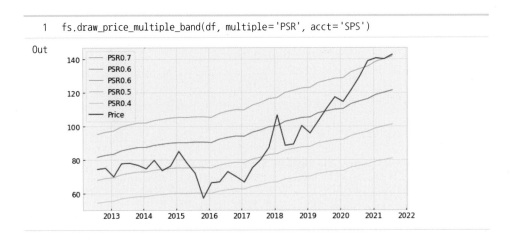

2016년부터 꾸준히 주가와 함께 PSR이 상승하고 있는 모습을 볼 수 있다.

백테스트

PSR을 이용한 투자 전략 역시 PSR 값이 낮은 저PSR 종목을 사서 기다리는 것이다. 이번 백테스팅도 한 번에 실행해보자. 다만 앞에서 했던 것과는 다르게 분기 말 기준 3개월 후의 주가를 이용해 PSR을 구하고, 리밸런싱 하기로 한다.

```
1  terms = fs.set_terms(trade_start='2020Q1', trade_end='2021Q1')
2  data = {}
```

```
 3   for t in terms:
 4       data[t] = fs.fn_consolidated(otp='OTP', term=t)
 5   s = {}
 6   signal = {}
 7   for t in terms:
 8       data[t]['SPS'] = data[t]['Revenue'] / data[t]['Shares']
 9       data[t]['PSR'] = data[t]['Price_M3'] / data[t]['SPS']
10       s[t] = fs.fn_filter(data[t], by='PSR', floor=.1, cap=10, n=30, asc=True)
11       signal[t] = list(s[t].index)
12   df = fs.backtest(signal=signal, data=data, m=3, cost=.001)
```

```
Out   CAGR: 235.36%
      Accumulated return: 235.36%
      Investment period: 1.0yrs
      Sharpe ratio: 4.98
      MDD: 0.00%
```

1행~4행은 백테스팅을 실행할 기간을 정하고, 데이터를 받아오는 부분이다. 이전에 했던 테스트와 기간이 같다면 생략해도 된다.

 잠깐 　실습 파일에는 테스트 효율을 위해 주석으로 막아놨다. 필요한 경우 맨 앞의 #을 지워서 주석 처리를 해제하고 사용하자.

5행~6행은 트레이딩 시그널을 저장할 딕셔너리를 생성하고, 7행은 for 순환문을 만든다. 8행에서는 주당매출액인 SRS를, 9행은 PSR을 계산한다. PSR을 계산할 때 주가는 `Price_M3`을 넣어주어 3개월 후의 주가를 이용해 PSR을 계산한다.

10행은 PSR이 0.1(floor=.1)부터 10(cap=10) 사이의 범위에서 PSR이 낮은 순서(asc=True)대로 상위 30개(n=30) 종목을 골라내고, 11행은 9행에서 골라낸 주식의 **종목코드**를 signal에 담는다.

12행은 백테스팅을 실행한다. `m=3`으로 지정해 3개월 후에 리밸런싱 하도록 설정한다.

PSR을 이용한 전략도 수익률이 상당하다. 기간별 수익률도 그려보자.

```
1   fs.draw_return(df)
```

Out

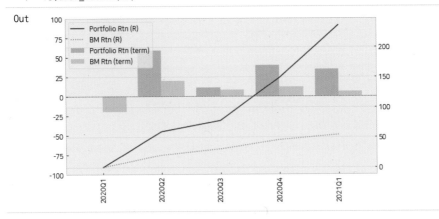

2020년의 주가 상승세가 워낙 강해서 어떤 지표로도 다 상승 일변도의 결과를 보여주고 있다. 아무래도 2020년만 해서는 백테스팅이 너무 좋게만 나올 것 같으므로 다른 해에는 어땠는지 확인해볼 필요가 있다. 기간을 바꿔 10년간 백테스팅 해보자.

```
1    terms = fs.set_terms(trade_start='2011Q1', trade_end='2021Q1')
2    data = {}
3    for t in terms:
4        data[t] = fs.fn_consolidated(otp='OTP', term=t)
5    s = {}
6    signal = {}
7    for t in terms:
8        data[t]['SPS'] = data[t]['Revenue'] / data[t]['Shares']
9        data[t]['PSR'] = data[t]['Price_M3'] / data[t]['SPS']
10       s[t] = fs.fn_filter(data[t], by='PSR', floor=.1, cap=10, n=30, asc=True)
11       signal[t] = list(s[t].index)
12   df = fs.backtest(signal=signal, data=data, m=3, cost=.001)
```

Out   CAGR: 28.17%
      Accumulated return: 1098.66%
      Investment period: 10.0yrs
      Sharpe ratio: 3.28
      MDD: -34.43%

테스트 기간을 지정해 주는 부분을 제외하고 나머지 부분은 앞의 코드와 같다. 1행의 `trade_start`에 10년 전인 2011년 1분기를 지정했다. 10년간의 테스트 결과 CAGR은 꽤 높지만 MDD가 커서 가장 타이밍이 나빴던 투자자는 자산이 무너져 가는 걸 지켜보고 있어야 했었다. MDD를 보면 한동안 속앓이 하는 기간이 있었을 것으로 생각되지만, 이 정도 수익률도 대부분의 투자자에게 충분히 매력적이다. 전체 기간의 수익률 변동을 차트로 그려보자.

```
1   fs.draw_return(df)
```

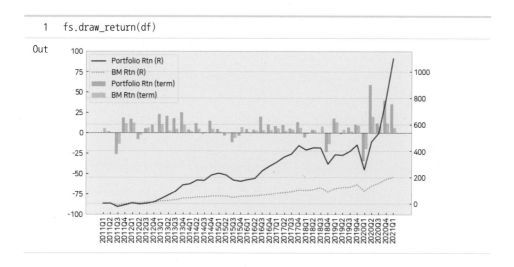

누적수익률을 보여주는 빨간색 그래프가 하락세를 보인 2018년~2020년 초까지의 기간의 손실이 컸다. 결과적으로 전체 수익률은 꽤 좋았지만 이런 좋은 수익률을 누리려면 상당 기간 고통을 감수했어야 했다는 것을 볼 수 있다. 이런 측면에서 볼 때 수익률이 높아도 MDD가 큰 전략은 꾸준히 실행하기가 쉽지 않다.

5.5 현금흐름 대비 저평가 종목, PCR(주가현금흐름비율)

프라이스멀티플의 4번째 주사 PCR에 내해 일아보자. PCR은 Price to Cash Flow Ratio의 약자로 미국에서는 주로 P/CF ratio라고 쓴다. P/C ratio라고는 거의 쓰질 않는데, 옵션가격을 이용해 산출하는 또 다른 지표인 Put-Call ratio와 헷갈리지 않기 위해서다.

지표 이해

이익에 대한 평가는 PER과 PSR로, 자본에 대한 평가는 PBR로 한다면, 현금을 얼마나 잘 만들었는지에 대한 평가는 PCR로 한다. 이름 그대로 주가와 현금흐름을 비교해서 구한다.

그림 5-14 PCR: 기업의 현금창출능력을 판단할 수 있는 지표

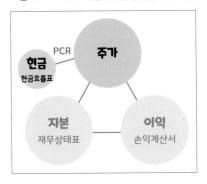

PCR은 주가를 주당영업현금흐름으로 나눠서 산출한다.

$$PCR = \frac{시가총액}{영업현금흐름} = \frac{주가}{주당영업현금흐름(CFPS)}$$

$$시가총액(Market\ Capitalization) = 주가 \times 주식수$$

$$주당영업현금흐름(CFPS) = \frac{영업현금흐름(Operating\ cash\ Flow)}{주식수}$$

인베스팅닷컴, 야후, CNBC 등 주요 사이트를 비교해보면 PCR 값이 서로 다르다. PCR을 아예 산출하지 않는 사이트도 많다. 다른 프라이스멀티플에 비해 중요도가 떨어지기도 하지만, PCR 산출에 필요한 OCF^Operating Cash Flow **(영업현금흐름)**의 산출 방법이 각자 다르기 때문이다. OCF를 산출하는 기본 공식은 아래와 같다.

$$영업현금흐름 = 당기순이익 + 비현금지출 - 비현금수입$$

그러나 기업마다 비현금지출과 비현금수입에 들어가는 항목이 조금씩 다르다. 따라서 사이트마다 각자의 계산법을 가지고 PCR을 산출한다. 대세가 있으면 그대로 따라가는 것도 방법이지만, 서로 다 달라 어떤 게 대세라고 지목하기 어렵다. 그래서 이 책에서는 우리나라 투자자가 가장 많이 참고하는 네이버에 나오는 FnGuide의 방식을 준용하여 영업현금흐름(OCF) = 당기순이익(Net Income) + 감가상각비(Depreciation & Amortization)으로 산출하기로 한다. 필요에 따라 각자 방식으로 변형해 계산하면 된다.

지표 산출

맥도날드McDonald's[9] (MCD)의 PCR을 구해보자. 우선 MCD의 재무 데이터를 받아오는 부분이다.

```
1    df = fs.fn_single(otp='OTP', symbol='MCD', window='T')
```
Out

이제 재무 데이터를 이용해 PCR을 계산한다. PCR을 계산하려면 우선 OCF(영업현금흐름)가 필요하고, 이를 주식수로 나눠 CFPS^{Cash Flow Per Share}(주당현금흐름)을 계산해야 한다.

```
1    df['OCF'] = df['Net Income'] + df['Depreciation']
2    df['CFPS'] = df['OCF'] / df['Shares']
3    df['PCR'] = df['Price'] / df['CFPS']
4    fs.draw_chart(df, left='PCR', right='Price')
```
Out

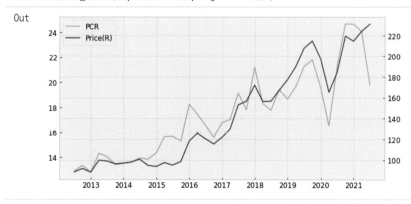

9   미국에서 탄생한 다국적 패스트푸드 프랜차이즈.

1행에서는 OCF 계산을 해주고, 2행은 OCF를 주식수로 나누어 CFPS를 계산한다. 3행은 주가를 CFPS로 나눠 PCR을 계산한다. 4행은 계산한 PCR과 주가를 차트로 그려낸다.

이번에는 PCR 밴드를 그려보자.

```
1   fs.draw_price_multiple_band(df, multiple='PCR', acct='CFPS')
```

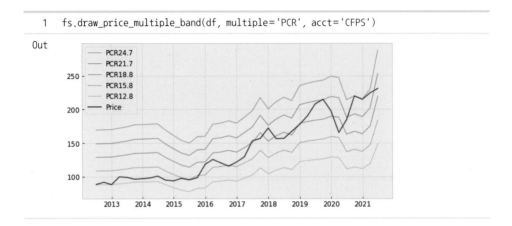

2013년에는 PCR이 13배 수준이었던 것이 2021년 24배까지 올라갔다. 시중에 넘치는 유동성(현금)이 미래 산업이 아닌 식음료기업의 주가마저도 새로운 멀티플 구간으로 밀어올린 모습이다.

백테스트

다른 프라이스멀티플과 마찬가지로 PCR이 낮은 종목이 저평가 종목이다. 앞에서 했던 것처럼 기간별로 PCR이 낮은 종목 30개에 투자하는 전략으로 백테스트 해보자. PCR을 구하는 기준 주가는 분기 말 기준 3개월 후 주가(Price_M3)이고, 리밸런싱 역시 3개월 후(m=3)에 한다.

```
1   terms = fs.set_terms(trade_start='2011Q1', trade_end='2021Q1')
2   data = {}
3   for t in terms:
4       data[t] = fs.fn_consolidated(otp='OTP', term=t)
5   s = {}
6   signal = {}
7   for t in terms:
8       data[t]['CFPS'] = ( data[t]['Net Income'] + data[t]['Depreciation'] ) /
        data[t]['Shares']
```

```
 9      data[t]['PCR'] = data[t]['Price_M3'] / data[t]['CFPS']
10      s[t] = fs.fn_filter(data[t], by='PCR', floor=.1, cap=10, n=30, asc=True)
11      signal[t] = list(s[t].index)
12   df = fs.backtest(signal=signal, data=data, m=3, cost=.001)
```

```
Out   CAGR: 11.58%
      Accumulated return: 199.39%
      Investment period: 10.0yrs
      Sharpe ratio: 0.51
      MDD: -53.66%
```

연평균수익률인 CAGR도 별다른 감흥을 주지 않고 무엇보다 MDD가 크다. 수익률 변동을 알아보기 위해 기간별 수익률을 차트로 그려보자.

```
 1   fs.draw_return(df)
```

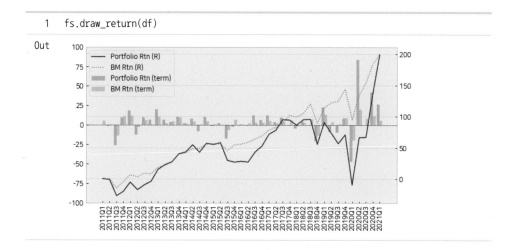

2020년 2분기에 가장 많은 돈을 벌었다. 그 이전 분기인 3월 말에는 워낙 주가가 빠져있어서 저평가 종목이 많아졌는데, 그때 줍줍[10]해놓은 종목 가격이 6월에 많이 뛴 결과다. 2020년의 현금 대방출이 아니었으면 이 전략은 성공적이지 못했을 것이다.

10종목 백테스트

이번에는 분기별로 30종목을 뽑는 대신 10종목을 선정하는 것으로 해보면 어떨까? 다른 코드는 모두 동일하고, 10행에서 분기별 상위 n 개 종목을 뽑는 부분만 n=10으로 바꿔준다.

---

10 하락장에서 저렴할 때 주식을 매수한다는 의미의 신조어.

```
1    terms = fs.set_terms(trade_start='2011Q1', trade_end='2021Q1')

2    data = {}

3    for t in terms:

4        data[t] = fs.fn_consolidated(otp='OTP', term=t)

5    s = {}

6    signal = {}

7    for t in terms:

8        data[t]['CFPS'] = ( data[t]['Net Income'] + data[t]['Depreciation'] ) /
     data[t]['Shares']

9        data[t]['PCR'] = data[t]['Price_M3'] / data[t]['CFPS']

10       s[t] = fs.fn_filter(data[t], by='PCR', floor=.1, cap=10, n=10, asc=True)

11       signal[t] = list(s[t].index)

12   df = fs.backtest(signal=signal, data=data, m=3, cost=.001)
```

Out   CAGR: 23.10%
       Accumulated return: 700.56%
       Investment period: 10.0yrs
       Sharpe ratio: 1.49
       MDD: -32.08%

종목수를 줄이니 수익률과 샤프비율이 더 개선됐다. 기간별 수익률 그래프도 보자.

```
1    fs.draw_return(df)
```

Out

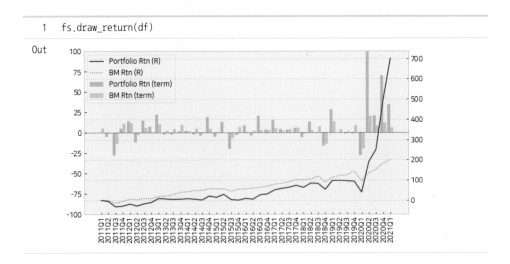

종목수를 줄이니 수익률 상승폭이 더 커진 모습을 볼 수 있다. PCR이 낮은 종목일수록 상승폭이 높다는 의미다. 이 테스트를 통해 종목수를 줄였을 때 수익률이 개선됐다고 해서 포트폴리오 종목을 마냥 줄이는 것은 위험하다. 포트폴리오 편입 종목을 줄이면 장이 좋을 때 수익에 집중할 수 있지만, 반대급부로 변동성을 높이기 때문에 하락 시 방어가 더 어려워진다.

이제 어느 부분을 바꿔가며 테스트를 진행할 수 있는지 파악했다. 같은 전략이라도 어떻게 적용하느냐에 따라 그 성과는 다르게 나온다. 다양한 기간과 다양한 종목수로 테스트해보자.

5.6 가치지표 결합하기

지금까지 가치주를 찾는 4가지 방법을 살펴봤다. 기업의 이익을 중요시한다면 PER, 망해도 본전을 건질 수 있는 안정성이 중요하다면 PBR, 이익도 이익이지만 기업이 함부로 조작할 수 없는 매출을 중요시한다면 PSR, 현금 창출 능력을 중요하게 생각한다면 PCR을 선택하여 나만의 가치주를 골라 투자할 수 있다.

좀 더 욕심을 내, 이익과 안정성을 같이 추구할 수 있다면 어떨까? PER과 PBR을 동시에 보면 이익도 좋고 안정성도 높은 기업을 찾을 수 있지 않을까? 그렇다. 두 지표를 합쳐보자. 지표를 조합하는 데는 몇 가지 방법이 있다. 1) 두 지표 모두 해당되는 교집합 종목, 2) 두 지표 중 하나라도 해당되는 합집합 종목, 3) 두 지표 각각을 점수화하고 합산 점수가 높은 종목 등으로 크게 나눌 수 있다. 이 3가지 케이스 중에서 2) 합집합은 오히려 기준이 완화되는 것이니 고려할 필요가 없고, 1) 교집합과 3) 합산 점수 방법을 알아보자.

그림 5-15 PER과 PBR의 결합 방법

교집합을 찾아내기 위해 먼저 PER과 PBR의 종목을 선정하고 교집합을 구한다. 최초 PER과 PBR에서 각각 10종목씩 선택했다면, 교집합은 10개 이하의 종목이 나올 것이다. 그럼 최종 결과가 원하는 종목수보다 너무 적거나 또는 아예 없을 수도 있다. 한 분기에 10개 종목씩은 투자하고 싶다면 PER, PBR 각각에서 10개보다 훨씬 많은 종목을 뽑은 후 교집합을 구하고 난 뒤 10개로 추려야 한다.

반면 합산 점수 방법은 각각 얼마나 많이 뽑아야 할지는 크게 신경 쓰지 않아도 된다. 대신 어떻게 점수를 매길지를 정해야 하는데, 상대평가제와 절대평가제로 구분하여 기준을 정할 수 있다. 상대평가제로 PER 점수를 매긴다고 하면, PER이 낮은 종목부터 1등, 2등, 3등 순서로 줄 세우고 앞에서부터 100점, 99점, 98점과 같이 배점한다. 절대평가제의 경우 최고점을 PER 1배, 최하점을 PER 10배 식의 기준을 바탕으로 PER이 1배면 100점, 5배면 50점, 10배면 0점과 같이 배점한다. 상대평가와 절대평가 중 어떤 방식을 선택할지는 데이터의 성격이나 해석 방식에 따라 달라진다. 상대평가는 PER 간의 근소한 차든, 큰 차든 상관없이 동일한 배점 차이가 나타나지만, 절대평가라면 PER 차이만큼의 점수 차로 배정된다.

💡 **잠깐**   수능 점수를 예를 들어 생각해 보자. 아래와 같이 세 학생의 수능 점수가 각각 400점, 360점, 40점일 때 이것을 100점 만점으로 환산하는 경우, 절대평가로 환산하면 100점, 90점, 10점이 되고, 상대평가로 환산하면 등수 개념으로 점수를 부여해 100점, 50점, 0점이 된다.

그림 5-16 절대평가와 상대평가

이름	A	B	C
점수	400	360	40

⬇

환산점수	절대평가	상대평가
100	A	A
90	B	
80		
70		
60		
50		B
40		
30		
20		
10	C	
0		C

위의 예를 보면 절대평가가 더 합리적으로 보이지만, 때로는 상대평가가 더 적합한 경우도 있다. 절대평가를 할 때 1등 종목이 예외적으로 수치가 높으면 2등부터는 점수가 저 아래로 밀려버리는 경우가 나올 수 있기 때문이다. 상황에 따라 알맞은 방법을 선택하면 된다.

교집합

차근차근 실습을 통해 이해해 보자. 우선 교집합이다. 우선 데이터를 가져와서 PER과 PBR의 시그널을 만들어주자.

```
1  t = '2020Q3'
2  data = fs.fn_consolidated(otp='OTP', term=t, vol=0)
3  data['PER'] = data['Price_M3'] / data['EPS']
4  data['PBR'] = data['Price_M3'] / (data['Shareholders Equity']/data['Shares'])
5  s1 = fs.fn_filter(data, by='PER', floor=1, cap=10, n=10, asc=True)
6  s2 = fs.fn_filter(data, by='PBR', floor=.1, cap=1, n=10, asc=True)
```
Out

앞에서 실습했던 내용과 비슷하니 가볍게 훑어보자. 1행에서는 기간을 지정했다. 이번 장에서는 섞는 부분을 실습할 것이라 여러 분기 데이터가 아닌 딱 한 분기 데이터만 가지고 진행한다. 2행에는 데이터를 가져오고, 3행~4행에서는 PER과 PBR 값을 계산한다.

5행은 `fn_filter()` 함수를 이용해 PER 값을 필터링(`by='PER'`)하는데, 최저 1배(`floor=1`), 최대 10배(`cap=10`) 범위에서 필터링하고, 낮은 값부터(`asc=True`) 상위 10개(`n=10`) 종목을 골라온다. 6행은 `fn_filter()` 함수를 이용해서 PBR 값을 필터링(`by='PBR'`)하는데, 최저 0.1배(`floor=.1`), 최대 1배(`cap=1`) 범위에서 필터링하고, 낮은 값부터(`asc=True`) 상위 10개(`n=10`) 종목을 골라온다.

여기까지 PER와 PBR 종목 준비를 마쳤으면 어떤 종목이 들어있는지 살펴보자. 먼저 PER이다.

```
1    print(s1)
```

```
Out          PER
     symbol
     YJ    1.05
     NNA   1.10
     VHC   1.25
     LYFT  1.34
     UIS   1.35
     JOB   1.49
     CRESY 1.55
     MX    1.57
     SND   1.58
     VTOL  1.60
```

PBR 종목도 확인해보자.

```
1    print(s2)
```

```
Out          PBR
     symbol
     REI   0.10
     ACOR  0.11
     LTRPA 0.12
     BORR  0.12
     RIG   0.12
     GNW   0.13
     TYHT  0.14
     GLOP  0.14
     PAGP  0.14
     NNA   0.15
```

PER과 PBR에 겹치는 종목은 NNA 한 종목뿐이라 교집합을 구하면 NNA만 나온다. 종목을
합치는 기능은 combine_signal() 함수를 이용한다. 함수를 호출할 때 결합할 재료가 들어있는
데이터프레임과 결합 방법을 나타내는 how(교집합이면 and, 합집합이면 or),로 결합 후 결과
로 반환할 종목수 n을 함께 보낸다. 여기에는 PER이 들어있는 s1, PBR인 s2와 함께 교집합으
로(how='and') 합쳐본다.

```
1  fs.combine_signal(s1, s2, how='and')
```

```
Out  PER  PBR
     symbol
     NNA    1.10 0.15
```

교집합으로 구하니 NNA 한 종목만 선택되어 나왔다. 합집합(how='or')으로 섞을 수도 있다.

```
1  fs.combine_signal(s1, s2, how='or')
```

```
Out        PER  PBR
     symbol
     ACOR   nan 0.11
     BORR   nan 0.12
     CRESY  1.55 nan
     GLOP   nan 0.14
     GNW    nan 0.13
     JOB    1.49 nan
     LTRPA  nan 0.12
     LYFT   1.34 nan
     MX     1.57 nan
     NNA    1.10 0.15
     PAGP   nan 0.14
     REI    nan 0.10
     RIG    nan 0.12
     SND    1.58 nan
     TYHT   nan 0.14
     UIS    1.35 nan
     VHC    1.25 nan
     VTOL   1.60 nan
     YJ     1.05 nan
```

이번에는 합산 점수 방식으로 섞어본다. 데이터는 이미 준비되어 있으니 점수 산출부터 시작한다. 점수 산출은 `fn_score()` 함수를 이용한다. 재무 데이터가 들어있는 데이터프레임과 산출 기준 지표 `by`, 산출 방법 `method`, 최젓값 `floor`, 최댓값 `cap`, 배점 순서 `asc`를 같이 보낸다.

```
1  s1 = fs.fn_score(data, by='PER', method='absolute', floor=1, cap=10, asc=True)
2  s2 = fs.fn_score(data, by='PBR', method='absolute', floor=.1, cap=1, asc=True)
```

```
Out
```

1행은 재무 데이터 data와 함께 산출 기준 by='PER', 산출 방법 절대평가 method='absolute',
최젓값 floor=1, 최댓값 cap=10, 배점 순서는 오름차순 asc=True로 세팅하여 점수를 산출해 s1
에 저장한다. 2행도 비슷한데, 산출 기준을 PBR, 최젓값은 0.1, 최댓값은 1로 바꿨다. 점수 계
산이 완료되었으니 각각의 점수를 확인해보자.

```
1  print(s1)
```

```
Out        PER  Score
    symbol
    YJ     1.05  99.50
    NNA    1.10  98.80
    VHC    1.25  97.20
    LYFT   1.34  96.20
    UIS    1.35  96.10

    ...     ...   ...
    GSBD   9.96   0.50
    HSBC   9.97   0.40
    EBTC   9.98   0.20
    ACI    9.99   0.10
    CRWS  10.00   0.00
    [335 rows x 2 columns]
```

절대평가 방식으로 산출했고, 최댓값은 PER 10배로 지정했다. 1등으로 들어온 종목의 PER은
1.05배로 점수는 99.5점이다. 최하위 종목은 PER 9.95배로 0.5점이다. PBR 점수도 확인해
보자.

```
1  print(s2)
```

```
Out        PBR  Score
    symbol
    REI    0.10  99.60
    ACOR   0.11  99.40
    LTRPA  0.12  98.30
    BORR   0.12  97.80
    RIG    0.12  97.20

    ...     ...   ...
    FCF    1.00   0.20
    TEVA   1.00   0.20
    CRS    1.00   0.10
```

```
GWB    1.00   0.10
EBSB   1.00   0.00
[864 rows x 2 columns]
```

PBR 1등은 REI다. PBR 0.1배로 99.6점이다. 최하위는 PBR 1배이며 점수는 0점이다. 이제 PER과 PBR 점수를 합산해보자. 점수 합산은 combine_score() 함수를 이용하며, 합산할 재료 데이터프레임과 함께 결괏값의 데이터 개수 n을 보내준다.

```
1    fs.combine_score(s1, s2, n=10)

Out          Score  Score_   Sum
     symbol
     NNA      49.40  47.35 96.75
     CRESY    46.95  45.05 92.00
     SND      46.75  42.40 89.15
     TNK      46.35  37.65 84.00
     TRMD     45.00  33.20 78.20
     STNG     37.20  39.60 76.80
     PVL      38.00  37.20 75.20
     LIVE     44.75  28.60 73.35
     JOB      47.25  24.70 71.95
     BMA      46.40  25.40 71.80
```

여기에서는 PER이 들어있는 s1, PBR이 들어있는 s2를 보냈고, 결괏값으로 10개를 받아오도록 n=10을 지정했다. 합산 결과는 PER와 PBR이 모두 좋은 랭커들이다.

이번에는 상대평가 방식으로 해보자. 점수 산출부터 진행한다.

```
1    s1 = fs.fn_score(data, by='PER', method='relative', floor=1, cap=10, asc=True)
2    s2 = fs.fn_score(data, by='PBR', method='relative', floor=.1, cap=1, asc=True)

Out
```

위에서 한 것과 동일하나 method='relative'로 변경해 상대평가 방식으로 점수를 매기도록 했다.

```
1    print(s1)
```

```
Out     PER  Score
        symbol
        YJ      1.05  100.00
        NNA     1.10   99.70
        VHC     1.25   99.40
        LYFT    1.34   99.10
        UIS     1.35   98.80
        ...      ...     ...
        GSBD    9.96    1.50
        HSBC    9.97    1.20
        EBTC    9.98    0.90
        ACI     9.99    0.60
        CRWS   10.00    0.30
        [335 rows x 2 columns]
```

PER 점수 결과를 출력해보니 절대평가 점수와 비슷하지만 조금 다르게 산출된다. NNA는 1등이니 100점이고, 다음 등수마다 약 0.5점씩 차감되며 내려온다.

```
1       print(s2)
        PBR  Score
        symbol
        REI    0.10  100.00
        ACOR   0.11   99.90
        LTRPA  0.12   99.80
        BORR   0.12   99.70
        RIG    0.12   99.50
Out     ...     ...     ...
        FCF    1.00    0.60
        TEVA   1.00    0.50
        CRS    1.00    0.30
        GWB    1.00    0.20
        EBSB   1.00    0.10
        [864 rows x 2 columns]
```

PBR 점수도 절대평가와는 조금 차이가 있다. 이제 PER과 PBR을 섞어 합산 점수를 만든다.

```
1  fs.combine_score(s1, s2, n=10)
```

```
Out        Score  Score_   Sum
     symbol
     NNA    49.85  49.50  99.35
     CRESY  49.10  48.80  97.90
     SND    48.80  47.80  96.60
     TNK    48.05  45.85  93.90
     TRMD   47.30  43.50  90.80
     STNG   43.45  46.60  90.05
     PVL    43.75  45.60  89.35
     LIVE   47.15  40.10  87.25
     AEL    44.50  42.75  87.25
     TRMT   41.95  45.25  87.20
```

합산 점수도 대동소이한데, 최상위는 거의 같지만 아래로 내려오면서 조금씩 달라졌다. 점수 분포는 절대평가와 상대평가가 많이 달라진다.

이 장에서는 서로 다른 지표를 섞어 새로운 지표를 만들어봤다. 이런 식으로 어떤 지표라도 조합해서 얼마든지 나만의 퀀트모델을 만들 수 있다.

5.7 가치투자 4대장 콤보

앞에서 지표를 섞는 방법을 배웠으니 본격적으로 가치투자지표 믹스mix 전략을 만들어보자. 화끈하게 앞에서 다룬 4개의 전략을 한 번에 섞어보면 어떨까? 『할 수 있다 퀀트투자』의 저자 강환국은 '슈퍼가치전략'이라는 이름으로 PER, PBR, PSR, PCR 지표를 짬뽕하여 소형주(시가총액 기준 하위 20%)에 투자하는 전략을 제시하며, 만약 한국 주식에 2004년부터 2016년까지 이 전략으로 투자한다면 연간 38%의 수익률을 기록한다고 언급했다. 슈퍼가치전략은 다음 순서로 실행한다.

(1) 시가총액 하위 20% 주식을 뽑아낸다.

(2) 뽑아낸 주식을 대상으로 PER, PBR, PSR, PCR 지표 순위를 매긴다.

(3) 네 지표의 순위를 더해 종합 순위를 매긴다.

(4) 종합 순위가 높은 상위 50개 종목에 투자한다.

(5) 연 1회 리밸런싱 한다.

그럼 단계별로 진행해보자.

시가총액 하위 20% 주식 뽑아내기

소형주만 골라서 투자하는 이유는 잠시 후 다뤄보기로 하고, 일단 소형주가 더 수익률이 좋다는 유진 파마^{Eugene Fama}[11] 교수의 연구 결과를 차용한 것이라고 알아두고 넘어가자. 시가총액 하위 종목을 뽑아내려면 우선 시가총액을 구해야 한다. 시가총액 = 주가 × 주식수이므로 간단한 계산을 통해 구할 수 있다.

먼저 재료를 준비하자. 핀터스텔라 라이브러리를 이용해 재무 데이터를 받아온다. 거래 기간은 2011년 1분기부터, 데이터 기준으로는 2010년 4분기 데이터부터 시작한다.

```
1   terms = fs.set_terms(trade_start='2011Q1', trade_end='2021Q1')
2   terms
Out Index(['2010Q4', '2011Q1', '2011Q2', '2011Q3', '2011Q4', '2012Q1', '2012Q2',
           '2012Q3', '2012Q4', '2013Q1', '2013Q2', '2013Q3', '2013Q4', '2014Q1',
           '2014Q2', '2014Q3', '2014Q4', '2015Q1', '2015Q2', '2015Q3', '2015Q4',
           '2016Q1', '2016Q2', '2016Q3', '2016Q4', '2017Q1', '2017Q2', '2017Q3',
           '2017Q4', '2018Q1', '2018Q2', '2018Q3', '2018Q4', '2019Q1', '2019Q2',
           '2019Q3', '2019Q4', '2020Q1', '2020Q2', '2020Q3', '2020Q4'],
          dtype='object')
```

terms 변수에 2010Q1부터 2020Q4까지의 분기 값이 저장됐다. 이번에는 재무 데이터를 받아와 data에 저장한다.

```
1   data = {}
2   for t in terms:
3       data[t] = fs.fn_consolidated(otp='OTP', term=t)
4   data['2020Q3']
```

---

[11] 2013년 노벨경제학상을 수상한 미국의 경제학자이자 시카고대학교 교수.

```
Out             term    Revenue  ...             industry  avg_volume
      symbol                      ...
      A       2020Q3  5,223.00  ...    Diagnostics & Research    1850730
      AA      2020Q3  9,330.00  ...                 Aluminum     7291360
      AAIC    2020Q3     64.77  ...            Reit—Mortgage       165424
      AAL     2020Q3 24,623.00  ...                 Airlines    29700400
      AAOI    2020Q3    230.96  ...           Semiconductors       585319

      ...        ...       ...  ...                      ...         ...
      ZUMZ    2020Q3    980.94  ...           Apparel Retail    11907500
      ZUO     2020Q3    291.10  ...    Software—Infrastructure   55219300
      ZVO     2020Q3    400.26  ... Education & Training Services  8371910
      ZYME    2020Q3     25.15  ...            Biotechnology    19182900
      ZYXI    2020Q3     68.68  ...          Medical Devices    24253800

      [3106 rows x 38 columns]
```

1행에서 재무 데이터를 저장할 딕셔너리를 선언하고, 2행~3행에는 for 순환문과 `fn_consolidated()` 함수를 이용해 각 분기별 재무 데이터를 받아 data에 저장했다. 4행에서는 저장된 데이터 중 2020년 3분기 데이터를 조회해봤다.

재료가 준비됐으니 손질을 시작하자. PER, PBR, PSR, PCR 값 산출은 앞에서 실습한 내용을 재활용하고, 시가총액Market Cap은 주가×주식수로로 계산한다. 주가는 모두 3개월 후 주가(Price_M3)를 이용하자.

```
1   for t in terms:
2       data[t]['Market Cap'] = data[t]['Price_M3'] * data[t]['Shares']
3       data[t]['PER'] = data[t]['Price_M3'] / data[t]['EPS']
4       data[t]['PBR'] = data[t]['Price_M3'] / (data[t]['Shareholders Equity']/data[t]['Shares'])
5       data[t]['PSR'] = data[t]['Price_M3'] / (data[t]['Revenue'] / data[t]['Shares'])
6       data[t]['PCR'] = data[t]['Price_M3'] / ( ( data[t]['Net Income'] + data[t]['Depreciation'] ) / data[t]['Shares'] )
Out
```

2행은 시가총액을 계산한 것이다. 주가(data[t]['Price_M3'])와 주식수(data[t]['Shares'])를 곱해준다. 3행~6행은 각각 PER, PBR, PSR, PCR을 구한 것이다. 앞에서는 이해를 돕기 위해 중간 단계인 BPS(=자본/주식수), SPS(=매출액/주식수), CFPS(=영업현금흐름/주식수)를 구한 후 최종 계산을 했는데 여기에서는 한 번에 계산했다.

시가총액 계산이 잘 되었는지 확인해본다. 계산된 데이터가 들어있는 data에서 2020Q4 데이터를 고른 뒤 sort_values()를 이용해 시가총액이 큰 순서대로 줄 세운다. 마지막에 head()를 붙여 상위 5개 종목만 출력한다. sort_values()를 호출할 때 by='Market Cap'으로 지정해 시가총액을 기준으로 하고, ascending=False 하여 내림차순으로 정렬되도록 한다.

```
1   data['2020Q4'].sort_values(by='Market Cap', ascending=False).head()

Out           term    Revenue     COGS  Gross Profit  ...    PER   PBR    PSR    PCR
    symbol                                            ...
    AAPL      2020Q4 294,135.00 180,068.00   114,067.00  ... 32.57 31.24   7.03 27.64
    MSFT      2020Q4 153,284.00  48,510.00   104,774.00  ... 34.77 13.68  11.62 28.12
    AMZN      2020Q4 386,064.00 233,307.00   152,757.00  ... 72.56 16.56   4.01 33.21
    GOOG      2020Q4 182,527.00  84,732.00    97,795.00  ... 34.97  6.33   7.72 26.10
    GOOGL     2020Q4 182,527.00  84,732.00    97,795.00  ... 34.87  6.31   7.69 26.02
    [5 rows x 43 columns]
```

시총 상위 종목부터 애플, 마이크로소프트, 아마존 순서로 나온 것을 보니 계산이 잘 됐다. 다른 기간으로 계산하면 다른 결과가 나올 것이다.

재료 손질이 완료됐으면 조리를 할 차례다. 소형주를 뽑아내기 위해 시가총액 기준으로 필터링하고, PER, PBR, PSR, PCR은 각각 점수를 매겨 합산 점수를 구해 상위 종목을 추려낸다. 5개의 서로 다른 계산 결과는 일단 s1, s2, ~ s5 변수에 담는다.

```
1   s1 = {}
2   s2 = {}
3   s3 = {}
4   s4 = {}
5   s5 = {}
6   for t in terms:
7       s1[t] = fs.fn_filter(data[t], by='Market Cap', floor=0, n=1000, asc=True)
```

```
 8    s2[t] = fs.fn_score(data[t], by='PER', method='relative', floor=1, asc=True)

 9    s3[t] = fs.fn_score(data[t], by='PBR', method='relative', floor=.1, asc=True)

10    s4[t] = fs.fn_score(data[t], by='PSR', method='relative', floor=.1, asc=True)

11    s5[t] = fs.fn_score(data[t], by='PCR', method='relative', floor=.1, asc=True)
```
Out

7행에서 소형주를 뽑아내 s1에 담는다. 시가총액 하위 20%의 주식을 대상으로 하니 데이터를 시가총액 순서로 줄 세운 뒤 fn_filter()를 이용하여 20%만 가져오는 작업을 한다. 재무 데이터 (data[t])를 넣어주고, 정렬 기준은 시가총액으로 지정한다(by='Market Cap'). 최젓값은 0(floor=0)으로 하고 최댓값은 따로 지정하지 않는다. 얼마나 많이 가져올지는 n으로 정해주는데 아쉽게도 n=20%라고는 지정할 수는 없다. 대신 미국 종목수가 약 5000개이니, 20%인 1000개를 가져오도록 n=1000으로 지정한다. 시가총액 하위 종목이므로 작은 값부터 뽑아내야 하니 정렬 순서는 asc=True로 지정한다.

8행~11행은 익숙할 것이다. 점수를 매기기 위해 fn_score() 함수를 이용하고, 각 지표에 대해 순위 점수를 만든 후 통합 순위를 산출할 것이라 특정 지표의 영향을 더 받지 않고 각 지표의 점수가 골고루 믹스될 수 있도록 채점 방식은 상대평가(method='relative')로 진행한다.

항목별 점수 산출이 완료됐다면 항목을 조합할 차례다. 먼저 PER+PBR+PSR+PCR 합산 점수를 만들자. combine_score() 함수에 합산할 항목 점수가 담긴 s2~s5를 담아 보낸다. 아직은 결괏값의 개수를 제한할 필요가 없으니 n 값은 따로 지정하지 않는다.

```
 1   s6 = {}

 2   for t in terms:

 3       s6[t] = fs.combine_score(s2[t], s3[t], s4[t], s5[t])
```
Out

이제 s6에는 PER | PBR | PSR | PCR로 구성된 4대장 콤보의 합산 점수가 담겨있다. 이 중에서 소형주만 골라낸 후 점수가 높은 순서대로 상위 50개를 뽑아내면 된다. 소형주 리스트는 s1에 담겨있으므로 s1과 s6을 조합하면 소형주+PER+PBR+PSR+PCR 조합이 된다. 이렇게 만든 최종 조합은 s에 담는다. s1과 s6의 조합을 만들 때는 합산 점수가 아닌 s1과 s6의 교집합을 구해야 한다. 따라서 합산 점수를 만들 때와는 달리 combine_signal() 함수를 이용한다. 또한 매

분기별 50개 종목을 선정하기로 했으니 n=50을 지정해 보낸다.

```
1    s = {}
2    signal = {}
3    for t in terms:
4        s[t] = fs.combine_signal(s6[t], s1[t], how='and', n=50)
5        signal[t] = list(s[t].index)
Out
```

이제 모든 조합을 완성했으니 2020년 3분기 데이터를 기준으로 어떤 종목이 선정되었는지 확인해보자. 각 분기별 선정 종목은 signal에 들어있다.

```
1    print(signal['2020Q3'])

Out  ['NNA', 'CRESY', 'LIVE', 'JOB', 'DXYN', 'SND', 'SNFCA', 'OSG', 'ASC', 'ARC',
     'DLNG', 'GASS', 'CPSS', 'MESA', 'SPKE', 'AP', 'ELVT', 'FSTR', 'CPLP', 'NSYS',
     'BGFV', 'ORN', 'SIF', 'WLFC', 'ESEA', 'FSFG', 'FFHL', 'SVT', 'MTEX', 'CFFI', 'NC',
     'KTCC', 'PBHC', 'ASUR', 'BBQ', 'MRBK', 'PVL', 'NTWK', 'ONEW', 'CTG', 'TRMT', 'TRT',
     'CFBK', 'ASRV', 'MMAC', 'CINR', 'LARK', 'MPB', 'CZWI', 'CTO']
```

2020년 3분기 기준 50개 종목이 선정된 것을 확인할 수 있다. 이제 준비한 시그널을 이용해 백테스트를 진행한다.

```
1    df = fs.backtest(signal=signal, data=data, m=3, cost=.001)

     CAGR: 10.85%
     Accumulated return: 180.40%
Out  Investment period: 10.0yrs
     Sharpe ratio: 0.55
     MDD: -56.15%
```

『할 수 있다 퀀트투자』에서 한국 주식을 대상으로 제시한 수익률에 미치지 못하는 아쉬운 결과를 기록했다. 백테스트의 설정 조건에 따라 같은 데이터로 테스트를 진행해도 수익률은 다르게 나올 수 있다. 분기 말 주가를 기준으로 PER 등을 구하는지, 3개월 후 주가를 이용하는지, 리밸런싱 시점이 언제인지 등에 따라 결과는 다르게 나온다.

기간 동안의 수익률을 차트로 그려보자.

```
1    fs.draw_return(df)
```

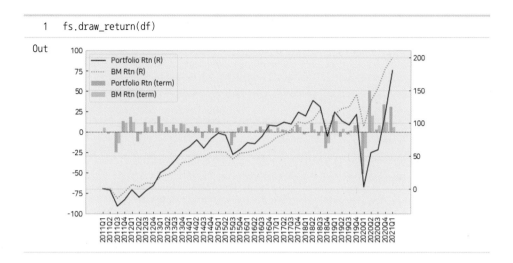

수익률이 좋았던 기간은 2012년~2013년 상반기, 2016년 1분기~2018년 2분기, 2020년 2분기~4분기까지다. 2013년 말부터 2016년 초까지 3년간 수익률은 지지부진했고, 2018년 3분기와 2020년 1분기는 참담했다. 더 자세히 보면 2020년 1분기에 수익률이 반 토막 나며 그동안 쌓아놓은 수익을 모두 날려버렸다. 코로나19발 대폭락이 슈퍼가치전략을 완전히 무너뜨린 것이다. 다행히 그 이후 급격한 회복세를 그리며 수익률이 올라오고 있다.

이상의 코드를 모아 쓰면 다음과 같다.

```
1    # 4대장 + 소형주
2    terms = fs.set_terms(trade_start='2011Q1', trade_end='2021Q1')
3    data = {}
4    for t in terms:
5        data[t] = fs.fn_consolidated(otp='OTP', term=t)
6    s1 = {}
7    s2 = {}
8    s3 = {}
9    s4 = {}
10   s5 = {}
```

```
11    s6 = {}
12    s = {}
13    signal = {}
14    for t in terms:
15        data[t]['Market Cap'] = data[t]['Price_M3'] * data[t]['Shares']
16        data[t]['PER'] = data[t]['Price_M3'] / data[t]['EPS']
17        data[t]['PBR'] = data[t]['Price_M3'] / (data[t]['Shareholders Equity']/
          data[t]['Shares'])
18        data[t]['PSR'] = data[t]['Price_M3'] / (data[t]['Revenue'] /
          data[t]['Shares'])
19        data[t]['PCR'] = data[t]['Price_M3'] / ( ( data[t]['Net Income'] +
          data[t]['Depreciation'] ) / data[t]['Shares'] )
20
21        s1[t] = fs.fn_filter(data[t], by='Market Cap', floor=0, n=1000, asc=True)
22        s2[t] = fs.fn_score(data[t], by='PER', method='relative', floor=1, asc=True)
23        s3[t] = fs.fn_score(data[t], by='PBR', method='relative', floor=.1, asc=True)
24        s4[t] = fs.fn_score(data[t], by='PSR', method='relative', floor=.1, asc=True)
25        s5[t] = fs.fn_score(data[t], by='PCR', method='relative', floor=.1, asc=True)
26
27        s6[t] = fs.combine_score(s2[t], s3[t], s4[t], s5[t])
28        s[t] = fs.combine_signal(s6[t], s1[t], how='and', n=50)
29        signal[t] = list(s[t].index)
30    df = fs.backtest(signal=signal, data=data, m=3, cost=.001)
```

```
Out   CAGR: 10.85%
      Accumulated return: 180.40%
      Investment period: 10.0yrs
      Sharpe ratio: 0.55
      MDD: -56.15%
```

소형주가 아닌 대형주에 투자한다면

그럼 가치투자 4대장 전략을 소형주가 아닌 대형주에 적용하면 어떨까? 백테스트를 통해 확인해보자. 바로 앞에서 했던 것과 동일한 코드이나, 21행의 소형주를 골라내는 부분을 대형주로 바꿨다. 바꾼 방법은 fn_filter() 함수에서 정렬 순서를 asc=False로 변경해 시가총액이 큰 종목부터 1000개 종목을 뽑았다.

```python
1   # 4대장 + 대형주
2   terms = fs.set_terms(trade_start='2011Q1', trade_end='2021Q1')
3   data = {}
4   for t in terms:
5       data[t] = fs.fn_consolidated(otp='OTP', term=t)
6   s1 = {}
7   s2 = {}
8   s3 = {}
9   s4 = {}
10  s5 = {}
11  s6 = {}
12  s = {}
13  signal = {}
14  for t in terms:
15      data[t]['Market Cap'] = data[t]['Price_M3'] * data[t]['Shares']
16      data[t]['PER'] = data[t]['Price_M3'] / data[t]['EPS']
17      data[t]['PBR'] = data[t]['Price_M3'] / (data[t]['Shareholders Equity']/
    data[t]['Shares'])
18      data[t]['PSR'] = data[t]['Price_M3'] / (data[t]['Revenue'] /
    data[t]['Shares'])
19      data[t]['PCR'] = data[t]['Price_M3'] / ( ( data[t]['Net Income'] +
    data[t]['Depreciation'] ) / data[t]['Shares'] )
20
21      s1[t] = fs.fn_filter(data[t], by='Market Cap', floor=0, n=1000, asc=False)
22      s2[t] = fs.fn_score(data[t], by='PER', method='relative', floor=1, asc=True)
23      s3[t] = fs.fn_score(data[t], by='PBR', method='relative', floor=.1, asc=True)
24      s4[t] = fs.fn_score(data[t], by='PSR', method='relative', floor=.1, asc=True)
25      s5[t] = fs.fn_score(data[t], by='PCR', method='relative', floor=.1, asc=True)
26
```

```
27      s6[t] = fs.combine_score(s2[t], s3[t], s4[t], s5[t])

28      s[t] = fs.combine_signal(s6[t], s1[t], how='and', n=50)

29      signal[t] = list(s[t].index)

30  df = fs.backtest(signal=signal, data=data, m=3, cost=.001)
```

```
Out   CAGR: 5.73%
      Accumulated return: 74.66%
      Investment period: 10.0yrs
      Sharpe ratio: 0.30
      MDD: -47.41%
```

소형주로 했을 때보다 수익률이 더 내려갔다. 차트도 확인해보자.

```
1       fs.draw_return(df)
```

Out

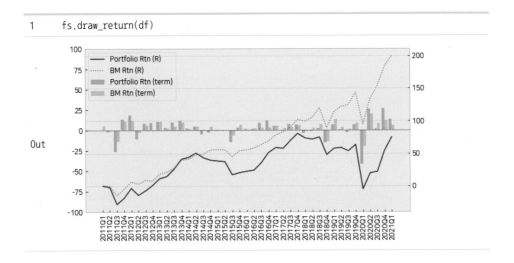

소형주에 투자했을 경우와 트렌드는 같지만, 상승의 속도가 달랐다. 상승장에서 소형주가 대형주보다 상승률이 더 높았다는 뜻이다.

> 💡 잠깐   노벨경제학상 수상자인 시카고대학교의 유진 파마 교수는 켄 프렌치Kenneth French교수와
> 함께 주식투자 수익률에 대해 연구한 논문인 『The Cross-Section of Expected Stock
> Returns』를 발표했다. 이 논문에서 그들은 대형주보다 소형주가 수익률이 높고, 저PBR 주식이 고PBR 주식보
> 다 수익률이 높다고 밝혔다. 이후 많은 투자자가 이 논문의 개념을 차용해 소형주 투자 전략을 만들었다. 우리
> 의 테스트 결과도 이 논문의 결론이 여전히 유효하다는 것을 뒷받침하고 있다.

PER+PBR+PSR+PCR로 만든 가치투자 4대장 콤보는 이익, 안정성, 현금 창출 능력을 한 번에 고려할 수 있는 훌륭한 도구다. 2020년 대폭락에서 버텨주지 못해서 아쉽지만 빠르게 회복하고 있다. 여기에 덧붙인 유진 파마의 소형주 투자 전략은 4대장 콤보의 수익률을 업그레이드하는데 톡톡히 기여한다.

퀀트 전략이라는 것이 대체로 이렇다. 합리적이고 논리적인 기본 개념을 이리저리 조합하고, 유진 파머 교수 같은 대가들이 발표하는 전략을 하나 둘 덧붙여서 새로운 전략을 만들어내는 것이다. 이를 위해 기본 개념을 잘 이해하고 있어야 하며, 대가들이 발표한 논문도 찾아 읽어보고 새로운 지식을 더해갈 필요가 있다. 퀀트가 계속 새로운 논문을 찾아다니는 것도 이러한 이유 때문이다.

 잠깐 **핀터스텔라 사이트 이용**
가치투자 4대장 콤보를 핀터스텔라 사이트에서 바로 테스트하려면 다음과 같이 한다.

그림 5-17 핀터스텔라에서의 가치투자 4대장 콤보 테스트 설정

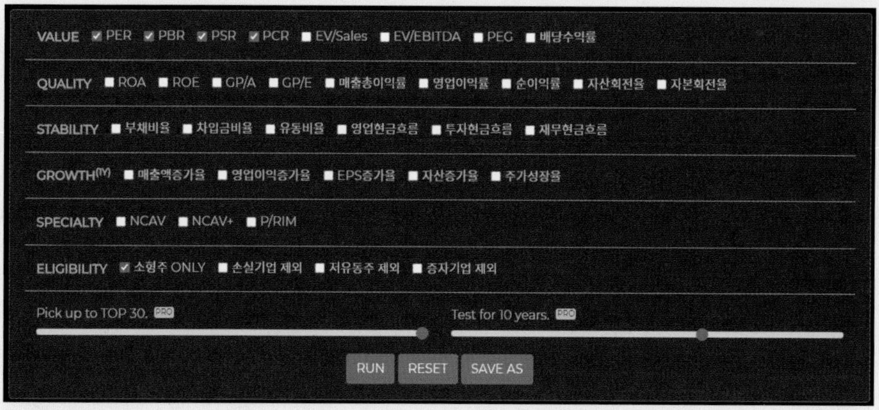

VALUE에서 PER, PBR, PSR, PCR을 선택한다. ELIGIBILITY에서 소형주 ONLY를 선택한다. 슈퍼가치전략은 50개 종목에 투자하는 전략이었으나, 핀터스텔라 사이트에서는 30개 종목까지만 지원하므로 30개 종목으로 설정한다. 투자기간은 10년으로 설정한다.

같은 전략을 대형주만으로 테스트하는 것은 핀터스텔라에서는 지원하지 않는다. 소형주 ONLY를 해제하면 대형주에서만 선택하는 것이 아니라 소형주를 포함한 전체 종목을 대상으로 하게 된다.

5.8 실적 대비 기업가치, EV/EBITDA & EV/Sales

잠시 미래로 시간 여행을 다녀오자. 퀀트투자로 어느 정도 돈을 모았으니 이제 내 집 마련을 하고 싶어졌다. 하지만 아직 수도권에 있는 아파트를 한방에 살 만큼 큰돈은 아니고, 전세 끼고 아파트 하나 장만할 정도이다. 아파트를 한방에 떡 하니 사서 입주하면 더할 나위 없이 좋겠지만, 그때까지 내 집 마련을 미루고 있다가 또 벼락거지 꼴이 될지도 모르니 전세를 끼고서라도 사기로 했다. 마음에 드는 아파트는 10억, 수중의 자금은 5억이다. 현재 전세가 6억에 들어가 있으니 당장 입주는 못하더라도 아파트를 매수할 수는 있다. 내년에는 15억이 될지도 모르니 일단 지르고 본다. 이렇게 일단 4억으로 집을 샀지만, 아직은 무늬만 내 집이다. 세입자에게 전세금 6억을 내줘야 내가 들어가 살 수 있는 진짜 내 집이 된다.

기업을 살 때도 마찬가지다. 지분 50% 이상을 인수하고 경영권을 장악하면 표면적으로 그 기업은 내 것이 된다. 큰돈을 들여 기업을 인수했는데 재무제표를 까보니 회사에 어마어마한 부채가 있다면 그 부채까지 다 해결해야 진정한 내 회사가 된다. 여기에서 회사의 주식을 사는데 필요한 비용은 지분가치Equity Value이고, 지분가치와 더불어 부채까지 해결하는데 필요한 비용이 진정한 기업가치Enterprise Value다. 지금까지는 기업의 가치를 얘기할 때 주식을 몽땅 사는데 필요한 비용인 지분가치만 얘기했다면, 이제 EV라고 부르는 기업가치에 대해 얘기해보려 한다.

EV는 원래 주식투자보다는 M&A[12] 세계에서 사용하는 개념으로, 기업을 인수하는데 들어가는 총비용을 의미한다. EV 계산은 시가총액에 순차입금을 더해 구한다. 기업을 인수하고 보니 기업에 쌓아놓은 현금성자산은 꽤 많을 수도 있다. 이 돈을 빚을 갚는데 이용할 수도 있으므로 차입금에서 현금성자산은 빼준다. 여기서 현금성자산이란 현금과 금방 현금으로 바꿀 수 있는 예금, 주식과 같은 자산을 말한다.

$$
\begin{aligned}
EV &= 시가총액 + 순차입금 \\
&= 시가총액 + (차입금 - 현금성 자산)
\end{aligned}
$$

EV는 EV/EBITDA, EV/Sales 등 다른 재무제표 지표와 결합해 멀티플을 만들어 기업가치를 상대평가 하는데 이용된다. 그런데 PER, PBR 등 프라이스멀티플을 놔두고 EV멀티플을 군이 따로 만든 이유는 뭘까? 이유를 억지로 찾아서 말하자면 EV를 쓰게 되면 시가총액 말고도 차

---

12 Mergers and Acquisitions, 기업의 인수와 합병을 뜻한다.

입금 규모를 함께 고려할 수 있기 때문에 좀 더 종합적인 분석이 가능하다. 하지만 기존 프라이스멀티플과 차입금 관련 재무비율을 함께 쓰면 충분히 커버할 수 있는 영역이라 EV를 따로 만든 이유라고 말하긴 어렵다. EV는 태생이 주가 평가보다는 M&A 분야에서 기업의 인수 가치를 측정하기 위해 만든 것이고, 그 지표가 쓸만하여 다른 시각으로 분석하고자 하는 사람이 응용한 것이라고 이해하면 된다.

지표 이해

EV 멀티플 중 가장 유명한 것은 EV/EBITDA이다. EBITDA는 Earnings Before Interest, Tax and Depreciation and Amortization의 약자인데 당기순이익에서 이자, 세금, 감가상각비를 제외하기 전 영업이익을 뜻하며, 재무제표의 영업이익^{Operating Income} 항목에 감가상각비를 더한 금액이다.

$$PER = \frac{시가총액}{당기순이익}$$ 이고 $$EV/EBITDA = \frac{EV}{EBITDA} = \frac{시가총액 + 차입금}{영업이익 + 감가상각비}$$ 이다. 둘 다 기업가치를 이익으로 나눈 비율이라는 점에서 개념적으로 많이 유사하다. 하지만 EV/EBITDA는 이자비용이나 감가상각 등의 비용을 포함하지 않기 때문에 기업의 영업이익 자체에 포커스를 두는 경우에 유용하다. 또한 영업이익이 마이너스인 경우에도 EV/EBITDA는 플러스로 나오는 경우가 많아 사용 폭이 넓어질 수 있다. 다만, 이자비용을 제외하고 계산하기 때문에 재무건전성이 높은 기업과 그렇지 않은 기업의 차별성이 줄어든다는 단점도 있다.

EV/Sales 지표도 많이 쓰이는데, EV를 매출액^{Revenue}으로 나눈 값이다. 이것은 PSR과 견줄 수 있다. $$PSR = \frac{시가총액}{매출액}$$ 이고 $$EV/Sales = \frac{EV}{Sales} = \frac{시가총액 + 차입금}{매출액}$$ 이다. 활용도 역시 PSR과 비슷하다.

지표 산출

그럼 재무 데이터를 가지고 EV/EBITDA와 EV/Sales 지표를 산출해보자. 대상 종목은 나이키^{Nike.inc.}[13] (NKE)다.

우선 `fn_single()` 함수를 이용해 NKE 종목의 재무 데이터를 가져온다.

```
1  df = fs.fn_single(otp='OTP', symbol='NKE', window='T')
Out
```

---

13 전 세계 스포츠 용품 시장에서 독보적인 1위인 미국 기업.

이제 EV를 산출해보자. EV 계산에 필요한 재료는 시가총액$^{Market Cap}$, 차입금^{Debt}, 현금성자산 $^{Cash\ \&\ Equivalents}$이 있다.

```
1   df['Market Cap'] = df['Price'] * df['Shares']
2   df['EV'] = df['Market Cap'] + df['Long Term Debt'] + df['Current Debt'] -
    df['Cash & Equivalents']
```
Out

1행은 주가와 주식수를 곱해 시가총액('Market Cap')을 계산했다. 2행은 시가총액에 차입금 을 더하고 현금성자산을 빼서 EV를 구했다. 차입금에는 장기차입금과 단기차입금이 있는데, 모두 가져와 더해준다.

EV가 구해졌으니 EV/EBITDA를 계산할 수 있다.

```
1   df['EV/EBITDA'] = df['EV'] / df['EBITDA']
```
Out

EV/EBITDA와 PER을 비교하기 위해 PER도 구해서 차트로 그려보자.

```
1   df['PER'] = df['Price'] / df['EPS']
2   fs.draw_chart(df, left='PER', right='EV/EBITDA')
```
Out

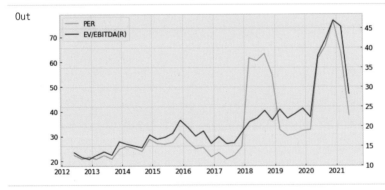

빨간색은 EV/EBITDA, 하늘색은 PER 그래프이다. 2018년 한 해를 제외하고 EV/EBITDA 와 PER이 동행하는 모습을 볼 수 있다. 두 지표가 원래 동행하는 것이 보통인데 2018년은 왜 저럴까 하고 과거 재무제표를 뒤져보니 나이키는 2018년에 세금을 몰아서 낸 기록이 있었다.

EV/EBITDA의 분모에 이용되는 EBITDA가 세금의 영향을 받아 이런 결과가 나왔다.

이번에는 EV/Sales와 PSR을 비교해보자. EV/Sales는 EV를 매출액인 Revenue로 나눠서 구한다. PSR은 앞에서 실습했던 것과 동일하다.

```
1  df['EV/Sales'] = df['EV'] / df['Revenue']
2  df['PSR'] = df['Price'] / (df['Revenue']/df['Shares'])
3  fs.draw_chart(df, left='PSR', right='EV/Sales')
```

Out

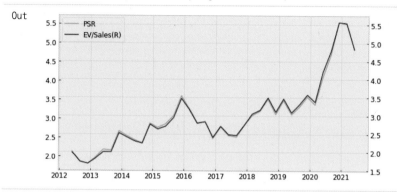

두 그래프가 딱 붙어있다. 비슷한 콘셉트로 만들어낸 지표라 결괏값 역시 비슷하게 나온다.

백테스팅

PER와 마찬가지로 EV/EBITDA도 작을수록 저평가 된 주식, 즉 가치주이다. 분기별로 EV/EBITDA가 낮은 순서의 TOP 30 종목에 투자하는 전략을 테스트해보자. 기간은 앞서 했던 테스트와 동일하게 2011년부터 2021년까지 10년으로 한다. 리밸런싱은 분기 말 기준 3개월 후에 하고, EV를 구하는 주가 역시 3개월 후 주가(Price_M3)로 한다.

우선 기간을 설정하고, 각 기간별 재무 데이터를 가져와 data에 저장한다.

```
1  terms = fs.set_terms(trade_start='2011Q1', trade_end='2021Q1')
2  data = {}
3  for t in terms:
4      data[t] = fs.fn_consolidated(otp='OTP', term=t)
```

Out

EV/EBITDA를 구하기 위한 중간 단계로 EV를 구한다. 앞의 실습과 같이 EV는 시가총액(Market Cap) + 차입금(Long Term Debt + Current Debt) − 현금성자산(Cash & Equivalents)으로 구한다.

```
1   for t in terms:
2       data[t]['Market Cap'] = data[t]['Price_M3'] * data[t]['Shares']
3       data[t]['EV'] = data[t]['Market Cap'] + data[t]['Long Term Debt'] +
        data[t]['Current Debt'] - data[t]['Cash & Equivalents']
```
Out

이제 EV/EBITTDA를 계산한다.

```
1   for t in terms:
2       data[t]['EV/EBITDA'] = data[t]['EV'] / data[t]['EBITDA']
3       data[t].loc[(data[t]['EV']<=0) | (data[t]['EBITDA']<=0), 'EV/EBITDA'] = float('nan')
```
Out

2행은 공식대로 EV/EBITDA를 계산했고, 3행에서 예외처리를 한다. 잠깐 예외처리 구문을 살펴보자.

```
data[t].loc[ 조건, '계정과목'] = float('nan')
```

데이터가 입력한 조건에 해당되면 계정과목 값을 nan(없는 값)으로 처리한다는 구문이다. 조건을 여러 개 입력하는 경우 and는 &로, or는 |(파이프, Enter 위쪽 키)로 표시한다.

위에서는 조건에 EV가 0 이하(data[t]['EV']<=0) 또는 EBITDA가 0 이하(data[t]['EBITDA']<=0)인 경우를 지정했고, 여기에 해당하면 계정과목인 EV/EBITDA를 nan으로 처리한다. 정상적인 기업은 기업가치인 EV가 0 이하로 내려갈 일이 없지만, 실제 데이터를 다루면 그런 경우가 가끔 발생하고, EBITDA가 0 이하인 경우는 흔하다. 만일 이런 예외처리를 해주지 않는 경우 EV와 EBITDA가 모두 마이너스라면 EV/EBITDA가 플러스로 계산되어 적자기업이 저평가 가치주로 둔갑해버리기도 한다.

이제 각 분기별로 EV/EBITDA가 낮은 순서대로 TOP 30 종목을 찾아 s에 저장하고, s에서 종목코드를 뽑아내 signal에 담는다.

```
1   s = {}
2   signal = {}
3   for t in terms:
4       s[t] = fs.fn_filter(data[t], by='EV/EBITDA', floor=0, n=30, asc=True)
5       signal[t] = list(s[t].index)
```
Out

backtest() 함수를 이용해 백테스트를 진행한다. 리밸런싱 일자를 분기 말 기준 3개월 후로 지정하고(m=3), 거래비용은 0.1%로(cost=.001) 한다.

```
1   df = fs.backtest(signal=signal, data=data, m=3, cost=.001)
```
Out   CAGR: 3.18%
       Accumulated return: 36.83%
       Investment period: 10.0yrs
       Sharpe ratio: 0.13
       MDD: -57.11%

기간별 수익률을 차트로 그려보자.

```
1   fs.draw_return(df)
```
Out

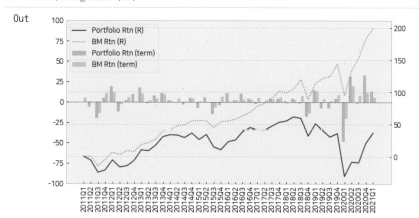

지금까지 작성한 코드를 모아보면 다음과 같다.

```
1   # EV/EBITDA
2   terms = fs.set_terms(trade_start='2011Q1', trade_end='2021Q1')
3   data = {}
4   for t in terms:
5       data[t] = fs.fn_consolidated(otp='OTP', term=t)
6   s = {}
7   signal = {}
8   for t in terms:
9       data[t]['Market Cap'] = data[t]['Price_M3'] * data[t]['Shares']
10      data[t]['EV'] = data[t]['Market Cap'] + data[t]['Long Term Debt'] +
    data[t]['Current Debt'] - data[t]['Cash & Equivalents']
11      data[t]['EV/EBITDA'] = data[t]['EV'] / data[t]['EBITDA']
12      data[t].loc[(data[t]['EV']<=0) | (data[t]['EBITDA']<=0), 'EV/EBITDA'] =
    float('nan')
13      s[t] = fs.fn_filter(data[t], by='EV/EBITDA', floor=0, n=30, asc=True)
14      signal[t] = list(s[t].index)
15  df = fs.backtest(signal=signal, data=data, m=3, cost=.001)
```

```
Out   CAGR: 3.18%
      Accumulated return: 36.83%
      Investment period: 10.0yrs
      Sharpe ratio: 0.13
      MDD: -57.11%
```

EV/Sales 백테스팅

이번에는 EV/Sales로 해보자. 이전 내용과 비슷하니 코드는 모아서 한 번에 쓰겠다.

```
1   # EV/Sales
2   terms = fs.set_terms(trade_start='2011Q1', trade_end='2021Q1')
3   data = {}
4   for t in terms:
5       data[t] = fs.fn_consolidated(otp='OTP', term=t)
```

```
 6   s = {}

 7   signal = {}

 8   for t in terms:

 9       data[t]['Market Cap'] = data[t]['Price_M3'] * data[t]['Shares']

10       data[t]['EV'] = data[t]['Market Cap'] + data[t]['Long Term Debt'] +
     data[t]['Current Debt'] - data[t]['Cash & Equivalents']

11       data[t]['EV/Sales'] = data[t]['EV'] / data[t]['Revenue']

12       data[t].loc[(data[t]['EV']<=0) | (data[t]['Revenue']<=0), 'EV/Sales']
     = float('nan')

13       s[t] = fs.fn_filter(data[t], by='EV/Sales', floor=0, n=30, asc=True)

14       signal[t] = list(s[t].index)

15   df = fs.backtest(signal=signal, data=data, m=3, cost=.001)

16   fs.draw_return(df)
```

Out   CAGR: 27.14%
       Accumulated return: 1005.44%
       Investment period: 10.0yrs
       Sharpe ratio: 2.89
       MDD: -33.75%

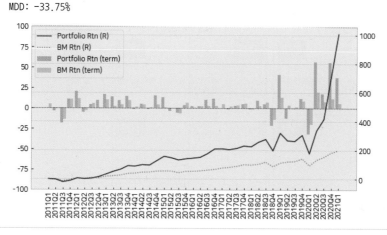

EV/EBITDA와 달라진 부분만 짚고 넘어가자. 11행에서 EV/Sales를 구하는 부분인데, 분모를 EBITDA가 아닌 Revenue로 사용했다. 12행은 예외처리인데, EV가 마이너스거나 Revenue가 마이너스인 경우 EV/Sales가 nan이 되도록 했다. 그 이외에는 13행에서 EV/EBITDA라는 칼럼명을 EV/Sales로 바꿔쓴 것이 달라진 부분이다.

테스트 결과 EV/EBITDA보다 EV/Sales의 성과가 더 좋다. 수익률의 변동성이 상당히 개선된 덕분이다. 그 결과 MDD도 낮아지고, 훨씬 쓸만한 수익률 그래프를 보여준다.

5.9 안전마진이 있는 그레이엄의 NCAV^{Net Current Asset Value}(청산가치) 투자법

워런 버핏Warren Buffeet[14]은 투자의 제1원칙을 '절대 돈을 잃지 말라', 그리고 제2원칙은 '1원칙을 잊지 말라'라고 했다. 지키는 투자가 중요하다는 것을 강조한 것이다. 지키려면 내가 투자한 기업이 망하지 않아야 한다. 아니, 망하더라도 본전은 건질 수 있어야 한다. 가치투자의 아버지이자 워런 버핏의 스승인 벤자민 그레이엄은 이를 위해 안전마진이란 개념을 제시했다.

앞에서 PBR에 대해 알아볼 때 기업을 청산하면 자산에서 채권자의 몫인 부채를 갚고 주주에게는 자본이 남는다는 것을 알 수 있었다. 그래서 자본을 청산가치라고도 부른다고 했다. 그레이엄은 보통 사람보다 훨씬 보수적이어서 유동자산에서 부채를 뺀 금액을 청산가치로 여겼다.

그림 5-18 PBR의 청산가치와 그레이엄의 청산가치

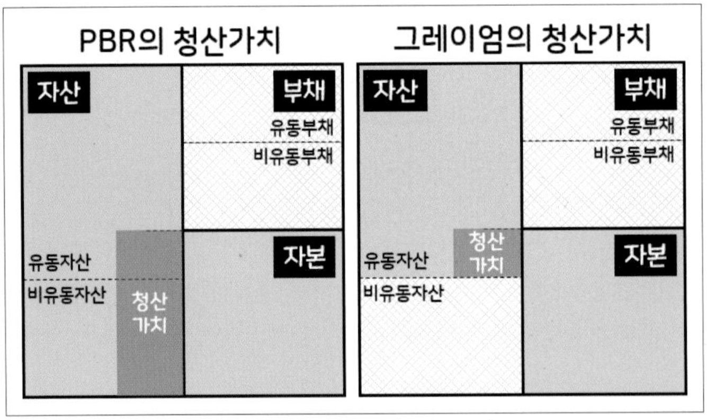

[그림 5-18]에 보는 것처럼 그레이엄의 청산가치는 기존 청산가치에 비해 매우 작다. 도대체 왜 이렇게 보수적으로 잡은 걸까? 자산에는 유동자산과 비유동자산이 있는데, 비유동자산은 부동산, 공장, 기계 설비 같은 것을 포함한다. 서울에 있는 땅이야 어렵지 않게 팔아서 현금화할 수 있지만, 시골에 있는 공장 부지 같은 것은 유동화가 쉽지 않다. 기계 설비도 같은 업종에

---

14 미국의 기업인이자 역사상 가장 위대한 투자가로 불리는 전설같은 가치투자자.

있는 기업이 아니라면 사려는 수요가 없을 것이다. 그레이엄은 이런 비유동자산은 가치가 없다고 간주하고, 유동자산만 진짜 자산으로 취급했다. 그래서 유동자산에서 부채를 제외한 금액을 청산가치로 잡은 것이다. 그레이엄 스타일로 계산하면 상장 기업 중 청산가치가 마이너스인 기업이 과반수 이상일 것이다.

그리고 이렇게 계산한 청산가치가 시가총액1.5 이상인 기업에 투자하는 전략을 제시했다. 이것이 바로 그레이엄표 안전마진이다.

$$\text{안전마진} = \text{청산가치} - (\text{시가총액} \times 1.5)$$
$$= (\text{유동자산} - \text{부채}) - (\text{시가총액} \times 1.5)$$

PBR은 순자산(자본)에 대해 시장이 부여하는 가치, 즉 $\dfrac{\text{시가총액}}{\text{자본}}$ 이다. 시가총액이 자본과 규모가 같다면 PBR은 1, 시가총액이 자본보다 작다면 PBR이 1보다 낮은 저PBR 주식이 된다. 그리고 저PBR 주에 투자하는 것이 가치투자의 방법이었다.

그림 5-19 자본과 PBR의 관계

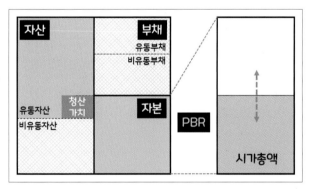

[그림 5-19]에서 시가총액이 있는 오른쪽 부분을 보자. 살구색 부분이 시가총액인데, 시가총액이 자본보다 크면 PBR이 1 이상인 것이고, 자본보다 작으면 PBR이 1 미만인 저평가 주식이 된다. 하지만 저평가 주식이라도 시가총액이 청산가치보다는 크다. 이번에는 그레이엄의 안전마진이 있는 주식을 그림으로 표현해보자.

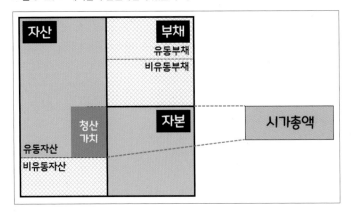

그림 5-20 그레이엄의 안전마진이 있는 주식

[그림 5-20]을 보면 시가총액이 앞의 그림보다 훨씬 작다. 청산가치보다도 작다. 이렇게 그레이엄의 안전마진이 있는 주식은 청산가치보다 시가총액이 훨씬 작으니 PBR은 당연히 훨씬 더 작다.

이런 기업이 존재할 수 있을까? 흔하지는 않지만 잘 찾아보면 있다. 이런 기업을 찾는 일을 사람 눈으로 하기는 어렵다. 세간의 관심을 받고 있는 기업이 주가가 이렇게 되도록 투자자들이 놔둘 리 없다. 투자자 눈에 잘 안 띄는 구석진 곳에 있는 기업이 주로 여기에 해당한다. 그래서 컴퓨터와 모델을 이용해야 한다. 뒤에서 실습을 진행하겠지만, 2011년부터 2020년까지 매 분기 안전마진이 있는 주식 30개씩을 골라 투자했는데, 여기 해당하는 기업이 30개가 안되는 시기가 꽤 있었다. 『할 수 있다 퀀트투자』의 저자 강환국은 한국 기업을 대상으로 2002년~2016년 동안 백테스트를 했는데 투자 대상 주식이 거의 없는 해도 있었다고 한다.

> 💡 잠깐 안전마진이 있는 기업을 찾았다 하더라도 실제 투자는 망설여질 수 있다. 안전마진이 있을 정도로 주가가 하락했다는 것은 이익이 망가졌거나 다른 기업가치가 훼손됐을 가능성이 높기 때문이다. 주가를 망가뜨린 원인이 언젠가 다시 회복할 수 있을 성질의 것이라면 투자의 기회를 발견한 것이다.

지표 산출

안전마진을 구해보자. 한때 빚 없는 기업으로 유명했던 페이스북Facebook, Inc[15](FB)이다.

---

15 세계 최대 소셜네트워크서비스 페이스북과 인스타그램을 운영하는 기업.

fs.fn_single( )를 이용해 재무 데이터를 가져온다.

```
1   df = fs.fn_single(otp='OTP', symbol='FB', window='T')
```
Out

NCAV 산출 공식대로 유동자산(Total current assets)에서 총부채(Total liabilities)를 빼준다.

```
1   df['NCAV'] = df['Current Assets'] - df['Total Liabilities']
```
Out

안전마진을 구하려면 시가총액이 필요하므로 계산해 준다.

```
1   df['Market Cap'] = df['Price'] * df['Shares']
```
Out

이제 NCAV에서 시가총액1.5를 빼서 안전마진을 구해 Safety Margin에 저장한다.

```
1   df['Safety Margin'] = df['NCAV'] - df['Market Cap']*1.5
```
Out

안전마진을 차트로 그려보자. 빨간색이 안전마진, 하늘색이 주가이다.

```
1   fs.draw_chart(df, left='Price', right='Safety Margin')
```
Out

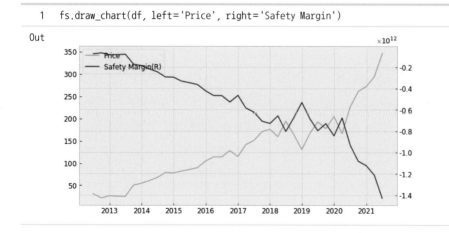

페이스북의 안전마진은 마이너스다. 투자자에게 인기 있는 회사이니 당연한 일이다. 그럼 안전마진과 PBR을 한번 비교해보자. PBR을 계산하고 차트에 안전마진과 함께 표시한다.

```
1  df['PBR'] = df['Price'] / (df['Shareholders Equity']/df['Shares'])
2  fs.draw_chart(df, left='PBR', right='Safety Margin')
```

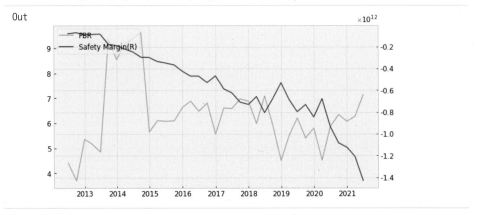

2021년에 안전마진과 PBR이 많이 벌어졌다. 위에서 PBR과 안전마진의 차이를 그린 그림을 떠올려보자. PBR은 그대로인데 안전마진이 떨어졌다면 청산가치가 줄어들었다는 의미이고, 이것은 부채가 늘거나 비유동자산이 늘어난 것이 원인일 수 있다.

 잠깐
페이스북이 사업 다각화를 위해 인수합병을 활발히 하고 설비 투자를 늘린 효과일 것이다. 최근에는 페이스북, 인스타그램과 같은 소프트웨어 서비스를 넘어 VR[16] 기기인 오큘러스oculus도 출시했다. 아무래도 설비 투자가 필요할 수밖에 없으니 비유동자산이 늘어나는 것은 당연해 보인다.

백테스팅

우선 백테스팅 기간을 설정하고 데이터를 가져온다. 이번에도 역시 10년간 테스트하고, 리밸런싱은 3개월 후에 한다. 안전마진이 있는 종목은 흔하지 않기 때문에 거래량 요건을 조금 완화해서 테스트하자. fn_consolidate() 함수를 호출할 때 거래량 기준을 1만주로 지정(vol=10000)하는 파라미터를 추가한다.

---

16 Virtual Reality, 가상현실을 말한다. 즉, 실제와 유사하지만 실제가 아닌 인공 환경을 의미.

```
1  terms = fs.set_terms(trade_start='2011Q1', trade_end='2021Q1')
2  data = {}
3  for t in terms:
4      data[t] = fs.fn_consolidated(otp='OTP', term=t, vol=10000)
```
Out

각 기간의 NCAV 값과 시가총액(Market Cap), 안전마진(Safety Margin)을 계산한다. 시가총액은 리밸런싱 일자에 맞추어 3개월 후 주가(Price_M3)를 이용한다.

```
1  for t in terms:
2      data[t]['NCAV'] = data[t]['Current Assets'] - data[t]['Total Liabilities']
3      data[t]['Market Cap'] = data[t]['Price_M3'] * data[t]['Shares']
4      data[t]['Safety Margin'] = data[t]['NCAV'] - data[t]['Market Cap']*1.5
```
Out

안전마진을 기준으로 상위 종목을 선별해 트레이딩 시그널을 만든다. fn_filter() 함수를 이용하는데, 안전마진은 0(floor=0)을 최솟값으로 넣고 TOP 30(n=30) 종목을 가져온다. 안전마진은 클수록 좋은 것이니 내림차순(asc=False)으로 정리한다.

```
1  s = {}
2  signal = {}
3  for t in terms:
4      s[t] = fs.fn_filter(data[t], by='Safety Margin', floor=0, n=30, asc=False)
5      signal[t] = list(s[t].index)
```
Out

만들어온 시그널을 이용해 백테스트를 진행한다. 리밸런싱 일자를 3개월 후(m=3)로 세팅한다.

```
1  df = fs.backtest(signal=signal, data=data, m=3, cost=.001)
```
Out CAGR: 22.58%
     Accumulated return: 667.11%
     Investment period: 10.0yrs
     Sharpe ratio: 2.82
     MDD: -7.09%

수익률이 훌륭하다. 샤프비율도 준수하고, MDD 역시 수익률에 비해 높지 않은 훌륭한 전략이다. 수익률 변동을 차트로 그려보자. 역시 안전마진이 있는 종목에 투자하는 것은 좋은 전략이었다.

```
1    fs.draw_return(df)
```

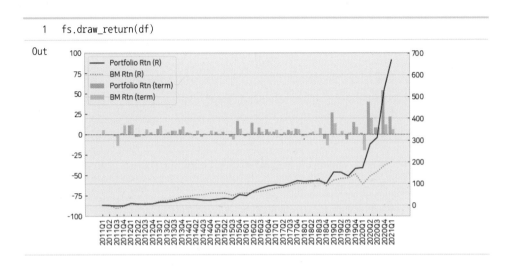

차트로 봐도 증시 하락기의 방어 능력이 좋고 상승기에는 잘 올라타는 전략처럼 보인다.

그럼 각 분기에 몇 개의 종목이 선정되었는지 조회해보자. 분기별로 선정된 종목은 signal 딕셔너리에 저장되어 있다. 이 딕셔너리에 들어있는 값의 개수를 세어보면 알 수 있다.

```
1    for k, v in signal.items():
2        print(k, len(v))
```

```
Out   2010Q4 3
      2011Q1 5
      2011Q2 10
      2011Q3 8
      2011Q4 8
      2012Q1 9
      2012Q2 11
      2012Q3 11
      2012Q4 12
      2013Q1 8
      2013Q2 12
      2013Q3 6
```

```
2013Q4 10
2014Q1 9
2014Q2 12
2014Q3 11
2014Q4 10
2015Q1 5
2015Q2 13
2015Q3 7
2015Q4 10
2016Q1 12
2016Q2 10
2016Q3 10
2016Q4 10
2017Q1 11
2017Q2 12
2017Q3 7
2017Q4 10
2018Q1 8
2018Q2 9
2018Q3 20
2018Q4 19
2019Q1 16
2019Q2 21
2019Q3 18
2019Q4 30
2020Q1 22
2020Q2 30
2020Q3 18
2020Q4 19
```

signal 딕셔너리의 키(분기 값)는 데이터 생산 분기를 의미한다. 즉, 2020Q4라면 2020년 4분기 데이터를 기준으로 2021년 1분기에 선택된 종목수를 의미한다. 증시가 불황일 때는 30개가 다 찬 적도 있지만, 30개를 미처 못 채운 분기가 많이 보인다.

특정 분기에 선정된 종목을 조회해보려면 signal 딕셔너리에 분기 값을 지정해 출력해볼 수 있다. 2020년 3분기 데이터를 기준으로 선정된 종목을 출력해보자.

```
1   signal['2020Q3']
```

```
Out   ['QD',
       'IBKR',
       'XYF',
       'ACR',
       'MITT',
       'TRTX',
       'YRD',
       'SECO',
       'TYHT',
       'NVFY',
       'RCEL',
       'GURE',
       'FENG',
       'BNTC',
       'GOVX',
       'RELL',
       'LMFA',
       'MSN']
```

지금까지의 코드를 모아서 보면 다음과 같다.

```
1   # Safety Margin
2   terms = fs.set_terms(trade_start='2011Q1', trade_end='2021Q1')
3   data = {}
4   for t in terms:
5       data[t] = fs.fn_consolidated(otp='OTP', term=t)
6   s = {}
7   signal = {}
8   for t in terms:
9       data[t]['NCAV'] = data[t]['Current Assets'] - data[t]['Total Liabilities']
10      data[t]['Market Cap'] = data[t]['Price_M3'] * data[t]['Shares']
11      data[t]['Safety Margin'] = data[t]['NCAV'] - data[t]['Market Cap']*1.5
12      s[t] = fs.fn_filter(data[t], by='Safety Margin', floor=0, n=30, asc=False)
13      signal[t] = list(s[t].index)
14  df = fs.backtest(signal=signal, data=data, m=3, cost=.001)
```

```
15    fs.draw_return(df)
```

Out   CAGR: 22.58%

      Accumulated return: 667.11%

      Investment period: 10.0yrs

      Sharpe ratio: 2.82

      MDD: -7.09%

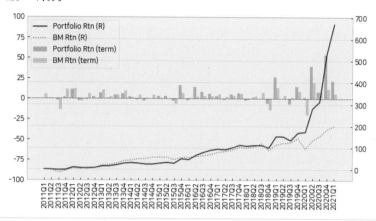

💡 잠깐   **핀터스텔라 백테스팅 이용**

         NCAV 전략을 핀터스텔라 사이트에서 백테스팅 하고 싶다면 SPECIALITY의 NCAV를
선택하면 된다. 바로 옆에 위치한 NCAV+는 그레이엄의 안전마진을 조금 더 확대한 것이다. 오리지널 안전마
진은 청산가치가 시가총액의 1.5배 이상인 종목을 대상으로 하는데, 이 경우 대상 종목이 너무 적어지는 한계가
있다. 그래서 NCAV+는 청산가치가 시가총액의 1배 이상인 종목을 대상으로 한다.

그림 5-21 핀터스텔라에서의 NCAV 전략 백테스팅 설정

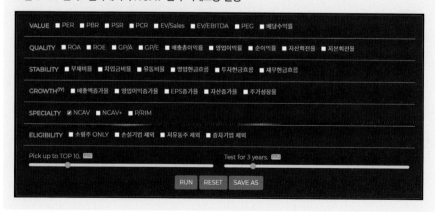

5.10 성장주 투자가 하고싶다면, PEG(주가수익성장비율)

지금까지 알아본 PER, PBR, PSR, PCR은 실적 대비 저평가된 가치주를 찾는 기술이다. 하지만 2010년대 미국 증시를 견인한 종목은 FANG[17]으로 유명한 페이스북, 애플 등 잘나가는 종목이다. 이런 종목은 실적과 주가가 하루가 다르게 성장하기 때문에 가치주와 반대되는 개념으로 성장주라 부른다. 2010년 이후 투자했던 투자자라면 가치주 보다는 성장주에서 더 재미를 봤을 것이다. 그래서 가치주 보다는 성장주 투자를 선호하는 투자자가 많다. 그럼 성장주 투자에는 어떤 지표를 이용할 수 있을까? 성장주 투자는 미래 성장 기대감에 베팅하는 것이라 과거 실적을 가지고 밸류에이션 하는 가치투자 방법이 적합하진 않다. 그래도 퀀트투자자는 자신의 분석에 힘을 싣기 위해 숫자로 된 무언가를 원한다. 이럴 때 쓰이는 지표가 바로 PEG다.

PEG는 Price Earning Growth Rate의 약자로 주가수익성장비율을 말한다. 주식의 저평가 고평가 여부를 판단할 때 현재의 이익만이 아니라 이익의 성장률을 함께 고려해서 만든 식이다. '고평가 종목이지만 그래도 이익이 성장하는 속도에 비해 그다지 고평가는 아니다'라는 의미로 해석할 수 있다. 산식은 아래와 같다.

$$PEG = \frac{PER}{EPS\ Growth}$$

PEG는 PER을 EPS 성장률로 나눠서 구한다. PER이 작을수록 또는 EPS 성장률이 클수록 PEG가 낮아진다. PEG가 1보다 작으면 저평가 종목이라고 한다. 전설적 투자자 피터 린치[Peter Lynch][18]는 PEG가 0.5 미만이면 매수하고, 1.5 이상이면 매도한다고 했다.

---

17 Facebook · Amazon · Netflix · Google, 미국 IT업계를 선도하는 기업을 의미한다.
18 월스트리트의 전설적인 주식투자가이자 펀드매니저.

잠깐

예시를 통해 알아보자. 다음과 같이 PER가 높은 두 기업 A, B가 있다고 가정하자.

	A	B
주가	$100	$200
EPS	$5	$5
EPS(작년)	$4	$3
PER	20	40
EPS Growth	25%	67%
PEG	0.8	0.6

PER만 따져보면 A가 20, B는 40으로 B가 훨씬 고평가 상태에 있다. 그런데 주당이익인 EPS 성장률을 보면 A는 $4에서 $5로 25% 상승에 그쳤지만, B 기업은 $3에서 $5로 67%나 상승했다. 이를 반영해 PEG를 계산하면 A의 PEG는 0.8, B의 PEG는 0.60이 나온다. PEG를 기준으로 보면 A보다 B가 더 저평가된 기업이다.

넘치는 유동성으로 인해 시상 전반적으로 주가가 상승하게 되면 저평가 종목을 찾기 어려워질 수 있다. 2021년 초반 상황이 그렇다. 웬만한 종목은 주가가 많이 상승하여 저PER 주식 중에 구미가 당기는 종목이 별로 없다. 이럴 때는 투자를 잠시 쉬는 것도 방법이지만, 시장을 떠나있는 동안 주가가 더 올라가면 어쩌나? 다시 벼락거지가 될 수도 있다. 어떻게든 시장에 남아있으려면 무언가를 골라야 한다. 성장주 투자에 이용하는 PEG 방법은 시장이 전반적으로 고평가 되었을 경우에도 주목받는다.

지표 산출

애플과 아마존의 PEG를 산출해서 어느 종목이 이익 성장에 비해 저평가 되었는지 알아보자. PEG를 산출하는데 필요한 정보는 주가, EPS, 그리고 비교 대상인 과거 EPS다. 먼저 필요한 정보를 받아오자.

```
1   df = fs.fn_single(otp='OTP', symbol='AAPL', window='T')
Out
```

PEG의 분모에 들어가는 PER을 구하자.

```
1   df['PER'] = df['Price'] / df['EPS']
Out
```

EPS 성장률도 구해야 한다. 성장률을 구하는 공식은 원래 $\dfrac{New-Old}{Old} \times 100$ 로 구하는데, 주당순이익인 EPS는 마이너스가 나오는 경우도 종종 있다. 작년 EPS가 −$1이고 올해 EPS가 $1이라면 올해는 작년보다 EPS가 $2만큼 성장한 것이다. 그런데 이것을 성장률 공식에 넣으면 $\dfrac{1-(-1)}{-1} \times 100 = -200\%$ 가 되어 성장률이 이상해진다. 그래서 성장률을 구할 때는 분모 Old에 절댓값을 씌워준다. 전년 EPS는 `데이터프레임.shift()` 함수를 이용해 `df['EPS'].shift(4)`로 구한다.

```
1  df['EPS Growth'] = ( df['EPS'] - df['EPS'].shift(4) ) / abs(df['EPS'].shift(4)) * 100
2  df['PEG'] = ( df['Price'] / df['EPS'] ) / df['EPS Growth']
```
Out

1행에서 EPS 성장률을 구한다. 현재 EPS는 `df['EPS']`, 작년 EPS는 `df['EPS'].shift(4)`이고 분모는 작년 EPS에 절댓값을 씌워 `abs(df['EPS'].shift(4))`로 계산한다. `shift()`에 4가 들어가는 이유는 4분기 전이기 때문이다. 만일 비교 대상을 작년 대신 3년 전으로 하려면 `shift(12)`로 바꿔준다.

2행에서 드디어 PEG를 계산한다.

그럼 애플의 최근 PEG 변화를 보자.

```
1  df[['EPS', 'EPS Growth', 'PER', 'PEG']].tail(10)
```

Out	EPS	EPS Growth	PER	PEG
2019-03-31	3.00	14.96	15.84	1.06
2019-06-30	2.96	6.48	16.73	2.58
2019-09-30	2.98	-0.25	18.76	-74.84
2019-12-31	3.19	3.99	23.01	5.76
2020-03-31	3.22	7.34	19.76	2.69
2020-06-30	3.32	12.17	27.49	2.26
2020-09-30	3.29	10.05	35.25	3.51
2020-12-31	3.71	16.14	35.81	2.22
2021-03-31	4.46	38.62	27.39	0.71
2021-06-30	5.11	54.03	26.80	0.50

최근 10분기 중 1번을 제외하고 모두 EPS가 꾸준히 성장했다. 참 좋은 기업이다. PEG는 2018년 저평가 구간을 지나 2019년부터는 고평가 구간에 진입해있다.

이번에는 아마존(AMZN)의 PEG를 구해보자.

```
1  df = fs.fn_single(otp='OTP', symbol='AMZN', window='T')
2  df['PER'] = df['Price'] / df['EPS']
3  df['EPS Growth'] = ( df['EPS'] - df['EPS'].shift(4) ) / abs(df['EPS'].shift(4)) * 100
4  df['PEG'] = df['PER'] / df['EPS Growth']
5  df[['EPS','EPS Growth','PER', 'PEG']].tail(10)
```

```
Out             EPS  EPS Growth     PER    PEG
     2019-03-31 24.54     201.10   72.57   0.36
     2019-06-30 24.65      90.35   76.82   0.85
     2019-09-30 23.05      25.75   75.31   2.92
     2019-12-31 23.45      13.50   78.80   5.84
     2020-03-31 21.30     -13.20   91.54  -6.93
     2020-06-30 26.28       6.61  104.98  15.88
     2020-09-30 34.34      48.98   91.69   1.87
     2020-12-31 41.84      78.42   77.84   0.99
     2021-03-31 52.55     146.71   58.88   0.40
     2021-06-30 57.38     118.34   59.95   0.51
```

아마존 역시 한 분기만 제외하고 계속 EPS가 상승했다. 좋은 기업이다. 2020년 말 기준으로 아마존의 PEG는 저평가 구간에 들어가 있다.

백테스팅

이번에는 저PEG 기업 상위 30개에 투자하는 전략이다.

```
1   # PEG
2   terms = fs.set_terms(trade_start='2011Q1', trade_end='2021Q1')
3   data = {}
4   for t in terms:
5       data[t] = fs.fn_consolidated(otp='OTP', term=t)
6   s = {}
7   signal = {}
8   for t in terms:
9       t_4 = fs.quarters_before(terms, t, 4)
10      data[t]['PER'] = data[t]['Price_M3'] / data[t]['EPS']
```

```
11    data[t]['EPS Growth'] = ( data[t]['EPS'] - data[t_4]['EPS'] ) /
      abs(data[t_4]['EPS'])* 100

12    data[t]['PEG'] = data[t]['PER'] / data[t]['EPS Growth']

13    data[t].loc[(data[t]['PER']<=0) | (data[t]['EPS Growth']<=0), 'PEG'] =
      float('nan')

14    s[t] = fs.fn_filter(data[t], by='PEG', floor=.1, cap=1, n=30, asc=True)

15    signal[t] = list(s[t].index)

16  df = fs.backtest(signal=signal, data=data, m=3, cost=.001)
```

```
Out   CAGR: 6.32%
      Accumulated return: 84.72%
      Investment period: 10.0yrs
      Sharpe ratio: 0.34
      MDD: -46.78%
```

2행~5행은 투자기간을 설정하고 재무 데이터를 받아온다. 9행에서 비교 대상인 과거 분기를 설정한다. 여기에서는 4분기 전, 즉 1년 전과 비교한다.

10행은 PER 값을 계산한다. PER 계산에는 분기 말 기준 3개월 후 주가를 이용한다. 11행은 EPS 성장률을 계산한다. 앞에서 소개한 대로 분모에는 과거 EPS에 절댓값을 씌웠다. 12행은 PER을 EPS 성장률로 나누어 PEG를 계산한다. 13행에서 예외처리를 하는데, PER이 0 이하이거나 EPS 성장률이 0 이하이면 PEG 값을 nan 처리한다.

분기별 수익률을 차트로 그려보면 아래와 같다.

```
1   fs.draw_return(df)
```

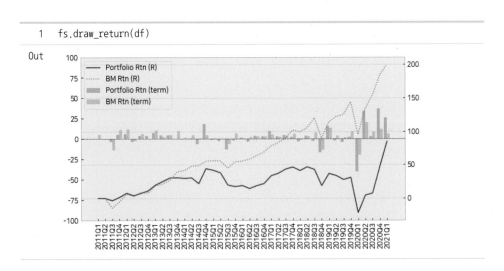

잠깐

실제로 PEG를 이용할 때는 과거 EPS 보다 미래 예측치인 추정 EPS를 주로 이용한다. PEG를 쓰기로 했다는 것 자체가 실적보다 성장에 더 중심을 둔다는 의미이기 때문이다. 그런데 추정 EPS는 재무제표에 나오지 않는다. 애널리스트 리포트를 보며 찾아내거나 금융 정보 사이트에서 일일이 수집해 오는 것이 일반적이다. 또한 추정치를 쓸 때에는 애널리스트마다 숫자가 다르기 때문에 어떤 수치를 쓸지도 고민해야 한다. 과거는 과거일 뿐이라며 미래 실적을 추종하는 사람의 논리를 그대로 인용하면, 예전에 추정 실적을 잘 맞춰왔던 애널리스트가 앞으로도 잘 맞출 것이라는 보장이 없다. 믿을 수 없는 미래 추정치보다는 확실한 과거가 훨씬 더 믿음직스럽지 않을까?

우량주를 찾는 기술

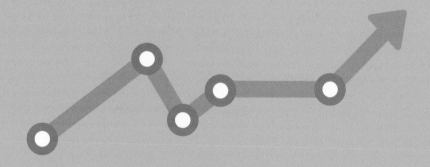

장기투자는 곧 존버다. 하지만 무턱대고 존버하다가 기업이 망해버리면 투자금을 다 날리게 되니 아무 기업이나 장기투자 대상이 될 수는 없다. 그래서 장기투자에서는 우량주를 골라내는 것이 매우 중요한 일이다.

어떤 기업이 우량주일까? 우량주에 대한 기준은 분석하는 사람마다 다르다. 업계 전문가도 각자 보는 관점이 다르다. 어떤 사람은 지속적으로 오르는 주식을 우량주라고 하고, 어떤 사람은 꾸준히 배당을 주는 주식을 우량주라고 한다. 모두 맞는 말이다. 우량주를 고르는 기준은 업종에 따라, 기업의 성숙도에 따라 각자 다르기 때문이다.

우량주는 이전 장에서 살펴본 가치주와는 개념이 다르다. 가치주가 적정주가보다 싼 주식을 부르는 용어임에 반해, 우량주는 현재 주가가 어떤지를 따지지는 않는다. 적정주가보다 싸고 비싸고를 떠나 기업 자체의 수익성이 좋은지, 안전한지 등을 따진다. 고평가된 우량주도 있고, 저평가된 우량주도 있는 것이다. 그래서 우량주에 투자한다고 투자 성과가 좋은 것만은 아니다. 지표마다 투자 성과에 도움이 되는 지표도 있고, 오히려 방해가 되는 지표도 있다.

이번 장에서는 우량주를 찾는 기술을 살펴보고, 그 기술을 이용한 투자 전략을 고민해 보자.

6.1 투자 효율이 좋은 기업, ROA(자산대비이익)와 ROE(자본대비이익)

 잠깐   달미와 도산이는 똑같이 주식투자로 매년 1억 원을 번다. 그런데 달미의 자본은 10억이고, 도산이의 자본은 100억이라면 누가 더 투자를 잘 하는 걸까? 당연히 수익률이 좋은 달미다.

기업도 마찬가지다. 자본금 대비 얼마만큼을 벌어오느냐를 측정하는 지표가 있다. ROA와 ROE다.

그림 6-1 ROA의 개념

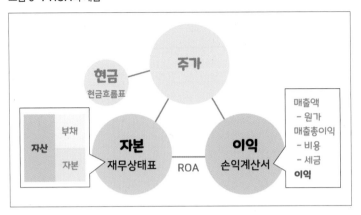

ROA는 Return on Asset의 약자로 자산대비이익을 의미한다. 계산 방법도 간단하다. 당기순이익을 총자산으로 나눠주면 된다. 그런데 손익계산서 항목인 당기순이익은 1년간 벌어온 돈을 모은 숫자인데 반해 재무상태표 항목인 총자산은 기말 스냅샷 숫자이다. 있는 그대로 계산하면 오차가 생길 수 있어 총자산을 가공해 주는데, 기초와 기말 수치의 평균값인 평균총자산을 쓴다.

$$ROA = \frac{당기순이익(\text{Net Income})}{평균총자산(\text{Total Assets, Averaged})}$$

$$= \frac{당기순이익}{\dfrac{기초총자산 + 기말총자산}{2}}$$

이렇게 하면 회사가 가진 총자산을 이용해 얼마를 벌어왔는지 그 수익률을 파악할 수 있다. ROA가 0.1이라면 자산이 10억 원인 회사가 이익을 1억, 즉 10%의 수익을 만들었다는 뜻이 된다.

그림 6-2 ROE의 개념

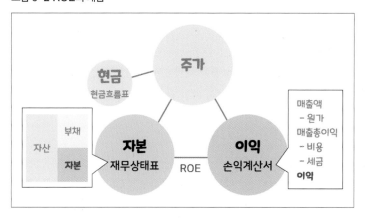

ROE는 ROA와 같은 개념이나 자산 대신 자본(순자산)으로 산출한다. 주식투자자에게는 부채까지 포함한 수익률 보다 내 돈으로 만든 수익률이 더 궁금할 것이기 때문에 ROA보다 ROE가 더 인기 있다.

$$ROE = \frac{당기순이익(\text{Net Income})}{평균총자본(\text{Total Shareholders Equity Averaged})}$$

$$= \frac{당기순이익}{\dfrac{기초총자본 + 기말총자본}{2}}$$

ROA와 ROE의 차이는 기업이 레버리지(부채)를 얼마나 잘 활용하는지를 보여준다. ROE 식을 다시 쓰면 아래처럼 풀어서 쓸 수 있는데 마지막의 $\boxed{\dfrac{자산}{자본}}$ 부분은 자기자본 대비 얼마나 자금을 당겼는지를 나타내는 레버리지 비율로 볼 수 있다.

$$ROE = \frac{이익}{자본}$$

$$= \frac{이익}{자산} \times \boxed{\frac{자산}{자본}}$$

$$= \frac{이익}{자산} \times \boxed{\frac{(자본+부채)}{자본}}$$

$$= ROA \times 레버리지$$

ROA는 그대로인데 ROE가 올라가는 기업이라면 부채를 잘 활용하는 기업이라고 판단할 수 있다. 전체 수익률은 그대로인데 레버리지를 높여 전체 파이를 키운 것이다. 따라서 ROA가 같다면 부채가 많은 기업이 ROE도 높다. ROE와 부채비율은 동전의 양면과 같은 것이다. 투자에 있어서 적절한 레버리지는 수익률을 높이는 영양제라고 하는데, 이 개념은 기업에게도 마찬가지다. 물론 ROE와 ROA가 함께 올라가는 것이 더할 나위 없이 좋다.

지표 산출

실습을 위해 퀀트머신을 준비하자. 퀀트머신을 이용하기 위해 브라우저를 열어 주소창에 https://colab.research.google.com/을 입력해 구글 콜랩에 접속하고 로그인한다. 셀에 아래 코드를 입력하고 Shift + Enter를 눌러 핀터스텔라 라이브러리를 설치한다.

```
1    pip install finterstellar
Out
```

퀀트머신의 엔진인 핀터스텔라 라이브러리를 불러온다.

```
1    import finterstellar as fs
Out
```

ROA와 ROE를 구해보자. 대상 기업은 한국에서도 유명한 중국의 전자상거래 업체 알리바바(BABA)다.

먼저 알리바바의 재무 데이터를 가져온다.

```
1    df = fs.fn_single(otp='OTP', symbol='BABA', window='T')
Out
```

ROA와 ROE를 만들기 위한 재료가 다 들어있는지 칼럼명을 출력해 확인해보자.

```
1  df.columns
```

```
Out   Index(['Revenue', 'COGS', 'Gross Profit', 'SG&A', 'Operating Income',
           'Net Income', 'EPS', 'EBITDA', 'EBIT', 'Shares', 'Cash & Equivalents',
           'Receivables', 'Inventory', 'Current Assets', 'Long Term Assets',
           'Total Assets', 'Current Debt', 'Current Liabilities', 'Long Term Debt',
           'Long Term Liabilities', 'Total Liabilities', 'Shareholders Equity',
           'Depreciation', 'Operating Cash Flow', 'Capital Expenditure',
           'Investing cash flow', 'Dividends', 'Financing cash flow', 'Price'],
          dtype='object')
```

ROA에는 Net Income과 Total Assets, ROE에는 Net Income과 Shareholders Equity가 필요하니 재료는 다 갖췄다. 알리바바의 자산, 자본, 수익이 어떻게 변해왔는지 궁금하다. 차트로 확인해보자.

```
1  fs.draw_chart(df, left=['Total Assets', 'Shareholders Equity'], right='Net Income')
```

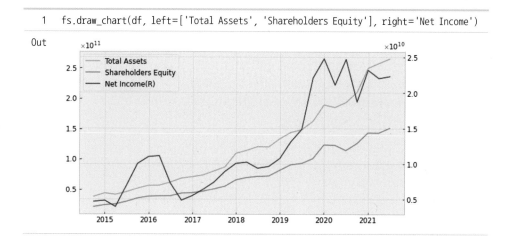

하늘색이 자산, 녹색이 자본, 빨간색이 수익이다. 세 지표 모두 꾸준히 성장해왔는데, 2020년부터 수익은 조금 주춤하고 있다. 경쟁자가 늘어나서 그런지 아니면 중국 정부의 견제 때문인지 지켜봐야 할 일이다.

ROA를 계산해보자. ROA 계산을 위해 총자산의 기초-기말 평균값을 구해야 한다. 기초 총자산 값은 따로 없고 전 분기 값이 기초 값이다. 기업이 회계 자료를 매일 산출하는 것이 아니라 분기별로 산출하기 때문에 그렇다. 이번 분기의 총자산은 df['Total Assets']로 구할 수 있다.

```
1   df['Total Assets'].tail()
```

Out	2020-06-30	193,558,829,980.77
	2020-09-30	210,495,587,324.53
	2020-12-31	250,070,033,791.63
	2021-03-31	257,867,176,043.84
	2021-06-30	265,448,224,356.83
	Name: Total Assets, dtype: float64	

전년도 총자산은 데이터프레임.shift() 함수를 응용해 df['Total Assets'].shift(4)로 구하면 된다. 데이터프레임에 shift()를 적용하면 데이터프레임의 데이터를 괄호 안에 표시한 숫자 만큼씩 밀어낸다. shift(4)로 하면 4분기씩 데이터를 밀어주어 1년 전 데이터가 당기에 찍히는 것이다. 이렇게 찍은 전년 데이터는 올해의 기초 총자산 데이터가 된다.

```
1   df['Total Assets'].shift(4).tail()
```

Out	2020-06-30	148,413,000,000.00
	2020-09-30	162,231,000,000.00
	2020-12-31	189,534,000,000.00
	2021-03-31	185,429,000,000.00
	2021-06-30	193,558,829,980.77
	Name: Total Assets, dtype: float64	

df['Total Assets']에서 2020년 9월의 총자산이 df['Total Assets'].shift(4)에서는 12월에 찍혀있는 것을 확인할 수 있다. 제대로 밀었다. 이제 이 둘을 이용해 평균총자산을 구하자.

```
1   df['Avg Assets'] = ( df['Total Assets'] + df['Total Assets'].shift(4) ) /2
```
Out

기초와 기말총자산의 평균을 구해 Avg Assets에 저장했다. 이제 ROA를 계산하자.

```
1   df['ROA'] = df['Net Income'] / df['Avg Assets']
```
Out

계산한 ROA 값을 Net Income, Avg Assets와 함께 출력해본다.

```
1    df[['ROA', 'Net Income', 'Avg Assets']].tail()
```

Out   ROA   Net Income   Avg Assets
    2020-06-30 0.14 24,698,836,845.03 170,985,914,990.39
    2020-09-30 0.10 18,708,073,839.25 186,363,293,662.26
    2020-12-31 0.11 23,176,945,869.58 219,802,016,895.81
    2021-03-31 0.10 22,012,129,142.46 221,648,088,021.92
    2021-06-30 0.10 22,286,939,744.06 229,503,527,168.80

이번에는 ROA와 주가를 차트로 그려보자.

```
1    fs.draw_chart(df, left='ROA', right='Price')
```

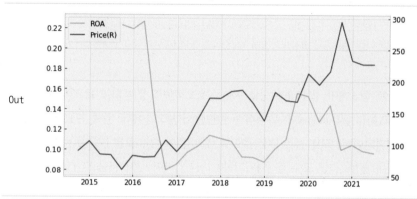

하늘색이 ROA, 빨간색이 주가이다. 같이 그려놓고 보니 ROA가 주가와 연관이 높아 보이지는 않는다.

이제 ROE를 구해보자. 구하는 과정은 ROA와 똑같으니 ROE는 코드를 한 번에 뭉쳐서 실행한다.

```
1    df['Avg Equity'] = ( df['Shareholders Equity'] + df['Shareholders Equity'].shift(4) ) /2
2    df['ROE'] = df['Net Income'] / df['Avg Equity']
3    df[['ROE', 'Net Income', 'Avg Equity']].tail()
```

Out   ROE   Net Income   Avg Equity
    2020-06-30 0.24 24,698,836,845.03 103,629,109,776.40
    2020-09-30 0.17 18,708,073,839.25 113,328,557,597.03
    2020-12-31 0.17 23,176,945,869.58 133,367,195,178.89
    2021-03-31 0.17 22,012,129,142.46 132,986,417,830.77
    2021-06-30 0.17 22,286,939,744.06 132,650,641,155.96

1행에서는 평균 자본을 구해 Avg Equity에 저장했다. 2행에서는 ROE를 계산하고, 3행에서는 ROE, Net Income, Avg Equity를 출력했다. ROE도 차트로 그려본다.

```
1    fs.draw_chart(df, left='ROE', right='Price')
```

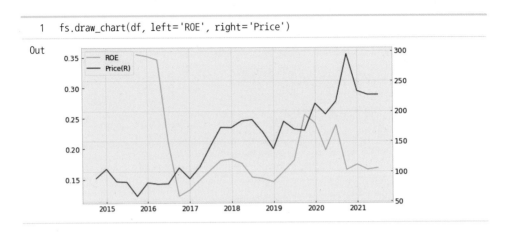

ROE 역시 주가와 밀접하게 움직이지는 않는다. 콘셉트 상 주가는 ROE를 반영해야 할 것 같은데 현실은 그렇지 않은 것 같다. 알리바바만 특이하게 그럴 수도 있다. 이번에는 ROA, ROE, 주가를 한 번에 그려보자.

```
1    fs.draw_chart(df, left=['ROA', 'ROE'], right='Price')
```

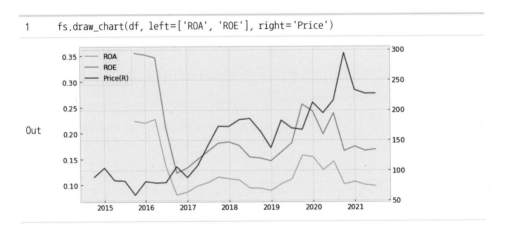

> 💡 잠깐
> 셋 다 함께 그려봐도 별다른 인사이트가 보이지는 않는다. 괜찮다. 실망하지 마라. 인사이트를 얻고 싶어서 이것저것 그려봐도 이렇게 별다른 아이디어가 나오지 않을 수도 있다. 아니, 그런 경우가 더 많다. 그리는 족족 인사이트가 튀어나오는 게 더 힘들다. 아무 땅이나 판다고 기름이 나오지 않는다. 중요한 건 데이터를 만지고 그래프를 그릴 수 있다는데 의의가 있다.

백테스팅

ROA와 ROE는 투자 효율을 의미하니 높을수록 좋다. 그럼 분기마다 ROA가 높은 상위 종목에 투자하는 전략은 어떨까? 아이디어가 그럴싸하니 테스트해보자.

우선 기간을 설정해 주고 재무 데이터를 받아온다. 방법은 이전에 했던 것과 동일하다.

```
1   terms = fs.set_terms(trade_start='2011Q1', trade_end='2021Q1')
2   data = {}
3   for t in terms:
4       data[t] = fs.fn_consolidated(otp='OTP', term=t)
```
Out

이제 평균총자산을 구하고, 이를 이용해 ROA를 계산할 차례다. 평균총자산을 구하기 위해서 기초와 기말의 총자산이 필요한데, data[t]는 각 분기에 해당하는 데이터만 들어있어 기초 총자산(전년도 총자산) 데이터가 없다. 기초 총자산을 구하려면 전년도인 4분기 전 데이터를 소환해야 한다. 이를 위해 quarters_before() 함수를 이용해 prev_t라는 변수에 4분기 전 값을 받아오자.

```
1   for t in terms:
2       prev_t = fs.quarters_before(terms, t, 4)
3       data[t]['Avg Assets'] = ( data[t]['Total Assets'] +
    data[prev_t]['Total Assets'] ) / 2
4       data[t]['ROA'] = data[t]['Net Income'] / data[t]['Avg Assets']
5       data[t].loc[(data[t]['Net Income']<0) | (data[t]['Avg Assets']<0) |
    (data[t]['Total Assets']<0), 'ROA'] = float('nan')
```
Out

1행은 for 순환문 선언한다. 2행에서는 전년(4분기 전)의 분기 값을 받아와 prev_t에 저장한다.

quarters_before(terms, current, n)
• terms: 분기 값 전체
• current: 현재 분기의 분기 값
• n: 찾고자 하는 분기의 현재 분기와의 차이. 4분기 전이라면 n=4.
현재로부터 n분기 전 분기 값을 반환

3행에서 평균총자산을 구하는데, data[t]['Total Assets']으로 이번 당기총자산을, data[prev_t]['Total Assets']으로 전년도 총자산을 소환한다. 이 둘을 이용해 평균총자산을 계산하고 data[t]['Avg Assets']에 저장한다. 4행에서는 위에서 구한 평균총자산을 이용해 ROA 값을 계산한다. 5행은 예외처리 부분이다. ROA를 구하는 요소인 'Net Income', 'Avg Assets', 'Total Assets' 중에 하나라도 0 이하면 ROA를 nan으로 처리한다.

이제 각 분기별로 ROA 값 상위 30개 종목을 선정한다.

```
1   s = {}
2   signal = {}
3   for t in terms:
4       s[t] = fs.fn_filter(data[t], by='ROA', floor=0, n=30, asc=False)
5       signal[t] = list(s[t].index)
```
Out

4행에서는 fn_filter() 함수를 이용해 ROA 값 기준(by='ROA') 내림차순(asc=False)으로 30개 종목(n=30)을 선정한다. 5행에서는 선정된 종목을 signal에 기록한다. 여기까지 완료됐으면 이제 백테스팅을 실행한다. 리밸런싱은 분기 말 기준 3개월 후에 시행(m=3)하는 것으로 한다.

```
1   df = fs.backtest(signal=signal, data=data, m=3, cost=.001)
```
Out CAGR: 7.19%
     Accumulated return: 100.30%
     Investment period: 10.0yrs
     Sharpe ratio: 0.46
     MDD: -35.11%

지금까지의 코드를 모아보면 다음과 같다.

```
1   # ROA
2   terms = fs.set_terms(trade_start='2011Q1', trade_end='2021Q1')
3   data = {}
4   for t in terms:
```

```
 5      data[t] = fs.fn_consolidated(otp='OTP', term=t)

 6   s = {}

 7   signal = {}

 8   for t in terms:

 9      prev_t = fs.quarters_before(terms, t, 4)

10      data[t]['Avg Assets'] = ( data[t]['Total Assets'] +
     data[prev_t]['Total Assets'] ) / 2

11      data[t]['ROA'] = data[t]['Net Income'] / data[t]['Avg Assets']

12      data[t].loc[(data[t]['Net Income']<0) | (data[t]['Avg Assets']<0) |
     (data[t]['Total Assets']<0), 'ROA'] = float('nan')

13      s[t] = fs.fn_filter(data[t], by='ROA', floor=0, n=30, asc=False)

14      signal[t] = list(s[t].index)

15   df = fs.backtest(signal=signal, data=data, m=3, cost=.001)
```

```
Out  CAGR: 7.19%
     Accumulated return: 100.30%
     Investment period: 10.0yrs
     Sharpe ratio: 0.46
     MDD: -35.11%
```

이번에는 ROE를 테스트해보자. 마찬가지로 분기별로 ROE가 높은 30개 종목을 선정해서 투자하는 전략이다. 코드는 ROA와 유사하니 한 번에 모아서 보기로 하자.

```
 1   # ROE

 2   terms = fs.set_terms(trade_start='2011Q1', trade_end='2021Q1')

 3   data = {}

 4   for t in terms:

 5      data[t] = fs.fn_consolidated(otp='OTP', term=t)

 6   s = {}

 7   signal = {}

 8   for t in terms:

 9      prev_t = fs.quarters_before(terms, t, 4)

10      data[t]['Avg Equity'] = ( data[t]['Shareholders Equity'] +
     data[prev_t]['Shareholders Equity'] ) / 2
```

```
11      data[t]['ROE'] = data[t]['Net Income'] / data[t]['Avg Equity']

12      data[t].loc[(data[t]['Net Income']<0) | (data[t]['Avg Equity']<0) |
        (data[t]['Shareholders Equity']<0), 'ROE'] = float('nan')

13      s[t] = fs.fn_filter(data[t], by='ROE', floor=0, n=30, asc=False)

14      signal[t] = list(s[t].index)

15  df = fs.backtest(signal=signal, data=data, m=3, cost=.001)
```

```
Out  CAGR: 9.35%
     Accumulated return: 144.53%
     Investment period: 10.0yrs
     Sharpe ratio: 0.73
     MDD: -30.78%
```

10행은 ROE 계산을 위해 평균자본금을 구한다. 평균총자산을 구할 때와 마찬가지로 전분기 수치를 가져오기 위해 `prev_t`를 이용했다. 11행은 Net Income을 Avg Equity로 나누어 ROE를 계산한다.

12행은 예외처리 부분인데 Net Income, Avg Equity, Shareholders Equity 중 어느 하나라도 마이너스면 ROE를 nan으로 처리한다. 13행은 fn_filter() 함수를 이용해 ROE 기준 (by='ROE') 내림차순(asc=False)으로 상위 30개(n=30) 종목을 선정한다.

실행 결과, ROA보다 성과가 개선된 모습이다.

```
1    fs.draw_return(df)
```

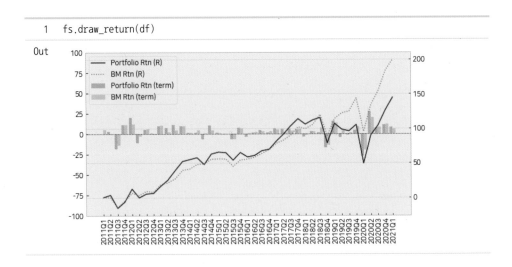

ROA와 ROE는 기업의 수익률을 나타내는 중요한 지표지만, 백테스트 결과 ROA나 ROE를 단독으로 투자 전략으로 사용하기에는 수익률 측면에서 다소 아쉬움이 있는 지표였다.

6.2 회계사가 유행시킨 장기투자 전략, RIM(잔여이익모델)

투자자는 주식투자를 하면서 대개 어느 정도의 수익률을 기대할까? 주식투자에는 손실의 위험이 항상 도사리고 있으니 당연히 은행 예금보다는 수익률이 높아야 한다. 투자 지식이 좀 더 많은 사람이라면 채권보다 높은 수익률이라고도 할 것이다. 채권 역시 원금이 보장되는 금융 상품이지만 은행 예금보다는 이율이 더 높다. 예금이든 채권이든 둘 다 투자자 입장에서는 돈을 빌려주고 이자를 받는 상품인데, 이들 상품에 투자했다가 투자자가 돈을 떼이는 경우는 은행이나 채권을 발행한 기업이 망하는 경우밖에 없다. 공기업이나 초우량 기업이 아닌 일반 기업의 부도 확률보다는 은행이 망할 확률이 적다(은행은 예금보험공사가 뒤를 받쳐주고 있으니 은행 예금이 더 안전하다.) 따라서 은행 예금이 채권보다 기대수익률이 더 낮다.

그다음 단계로는 배당을 잘 주는 배당주 투자도 떠오른다. 미국에도 한국에도 연 4~5% 수준의 배당수익률을 꾸준히 지급해 온 우량 주식이 있다. 배당주는 이자수익만으로도 이미 훌륭한 투자 대상이기 때문에 폭락장에서도 주가 하락을 잘 방어한다. 원금 보장까지는 아니지만 비교적 안전하게 꾸준한 수익을 기대할 수 있다.

> 💡 **잠깐** 이런 식으로 한 단계 한 단계 올라가다 보면 주식투자에 임하는 수익률을 적정 수준에서 결정할 수 있다. 물론 욕심을 내면 끝이 없다. 하지만 최고의 투자자 워런 버핏도 연평균수익률은 20% 남짓임을 생각하자. 전업투자자도 아닌 일반투자자는 연 10%도 충분히 훌륭하다. 연 10%씩 8년이면 2배, 25년이면 10배로 불어난다.

목표수익률을 정했으면 그에 걸맞은 투자 대상을 찾아야 한다. 은행 이자보다 높은 수익률을 노리면서 은행에 예금하는 건 말이 안 된다.

기업의 가치를 산정하는 밸류에이션 방법 중에도 이런 흐름을 이용한 방법이 있다. 바로 RIM이다. RIM은 Residual Income Model의 약자로 잔여이익모델이라고 한다. Residual Income Method, Residual Income Valuation으로 쓰기도 한다. 기업이 창출한 초과이익

(잔여이익)을 내 목표수익률과 비교해서 기업의 주가를 산정하는 방식이다.

RIM은 유튜브에서 유명한 스타 강사인 사경인 회계사 덕에 유명세를 치른 방법이다. 그는 저서 『재무제표 모르면 주식투자 절대로 하지 마라』를 통해 여러 밸류에이션 방법을 소개하며, 그 중 가장 간단하고 객관적인 RIM에 대해 무한 애정을 표현했다. 사경인은 RIM에 적용하는 목표수익률로 BBB- 등급 채권의 5년 수익률을 사용했는데, 2021년 9월 기준으로 8%를 약간 웃도는 수준이다.

지표 이해

초과이익은 말 그대로 목표수익률 이상의 이익으로, 벌어온 돈에서 목표수익률을 뺀 값이다. 투자자의 목표수익률은 기업의 입장에서 바라볼 때는 부담이다. 투자를 하면서 '이 정도 돈은 벌어오라!'고 요구한 것이니 말이다. 그래서 투자자의 목표수익률은 기업 입장에서 자본조달비용이 된다. 그래서 초과이익을 식으로 쓰면 아래와 같다.

$$초과이익 = 이익 - 자본조달비용$$

이렇게 구한 초과이익은 기업에 계속 쌓이게 될 테니, 기업의 가치는 결국 기업이 현재 가진 자본에 앞으로 쌓아갈 초과이익을 더한 값이라고 계산할 수 있다. 이를 식으로 써보자.

$$기업가치 = 자본 + 초과이익$$

초과이익은 계속 발생할 테니 올해 발생할 이익뿐 아니라 앞으로 발생할 이익을 모두 더해주어야 한다. 그리고 미래에 발생할 이익은 현재 가치로 할인해서 더해준다. 이렇게 계산한 초과이익을 감안한 식은 이렇다.

$$기업가치 = 자본 + \frac{초과이익}{목표수익률}$$

여기에다가 앞에서 정리한 개념을 대입해 정리하면 아래와 같은 RIM 산출 공식이 나온다.

$$기업가치 = 자본 + \frac{이익 - 자본조달비용}{목표수익률}$$

$$= 자본 + \frac{(자본 \times 자본이익률) - (자본 \times 목표수익률)}{목표수익률}$$

$$= 자본 + \frac{(자본 \times 자본이익률)}{목표수익률} - \frac{(자본 \times 목표수익률)}{목표수익률}$$

$$= 자본 \times \frac{자본이익률}{목표수익률}$$

(양 변을 주식수로 나누면)

$$적정주가 = 주당순자산(BPS) \times \frac{자본이익률}{목표수익률}$$

주당순자산은 PBR을 구할 때와 같이 재무제표의 자본$^{Shareholders\ Equity}$을 주식수^{Shares}로 나누어 계산하고, 자본이익률^{ROE}은 당기순이익$^{Net\ Income}$을 자본으로 나눈 값, 목표수익률은 투자자가 나름대로 정한 목표값이다. 단계가 조금 복잡해 보이지만, 여전히 재무제표에 있는 데이터를 조합해 간단히 구할 수 있다. RIM의 강점이 바로 여기에서 있다. (1) 밸류에이션 방법이 간단하고, (2) 사용되는 데이터가 구하기 쉽고, (3) 계산하는 사람마다 다르게 판단할 수 있는 무리한 가정이 필요하지 않다는 점이다. 반면 RIM은 공식에서도 보듯이 ROE에 매우 의존적인 식이기 때문에 ROE를 어떤 값을 사용하느냐가 밸류에이션에 큰 영향을 미친다. 예상 ROE를 이용할 수도 있고, 최근 3년 평균 ROE를 이용할 수도 있다. 자신이 생각하기에 가장 합리적인 데이터라고 여겨지는 것을 이용하자.

이렇게 해서 산출된 적정주가가 실제 주가보다 높다면 현재 주가가 저평가 상태라고 판단할 수 있다.

지표 산출
그럼 RIM을 이용한 밸류에이션을 실습해보자. 이번에는 전통의 투자은행인 JP모건^{JPMorgan} ^{Chase}(JPM)이다. 핀터스텔라 라이브러리를 이용해 재무 데이터를 받아온다.

```
1  df = fs.fn_single(otp='OTP', symbol='JPM', window='T')
```
Out

가져온 재무 데이터를 이용해 필요한 중간 단계의 데이터를 가공한다. 먼저 BPS부터 산출해 보자.

```
1  df['BPS'] = df['Shareholders Equity'] / df['Shares']
```
Out

PBR을 구할 때 했던 것과 동일하다. 총자본(Shareholders Equity)을 주식수(Shares)로 나눠 준다.

이번에는 ROE를 구한다. ROE는 당기순이익(Net Income)을 총자본(Shareholders Equity) 으로 나눠서 구한다.

```
1  df['ROE'] = df['Net Income'] / df['Shareholders Equity']
```
Out

이렇게 구한 ROE를 바로 이용할 수도 있지만, 매 분기 바뀌는 수치이기 때문에 조금이라도 더 안정적인 ROE를 구하기 위해 ROE 값의 3년간 이동평균을 이용하기로 한다. 이동평균을 구할 때는 데이터프레임.rolling(기간).mean() 함수를 이용하는데, 3년(12분기)의 평균값을 구하기 위해 기간은 12로 설정한다. 단순평균 대신 가중평균을 구하고 싶다면 3장에서 다루었던 데이터프레임.ewm(기간).mean()을 이용할 수 있다. 계산한 이동평균은 ROE3AVG 칼럼에 저장한다.

```
1  df['ROE3AVG'] = df['ROE'].rolling(12).mean()
```
Out

이제 RIM으로 적정주가를 계산하자. 목표수익률은 10%로 설정해 준다.

```
1  df['RIM'] = df['BPS'] * df['ROE3AVG'] / .1
```
Out

계산한 적정주가를 실제 주가와 차트로 비교해보자.

```
1    fs.draw_chart(df, right=['Price', 'RIM'])
```

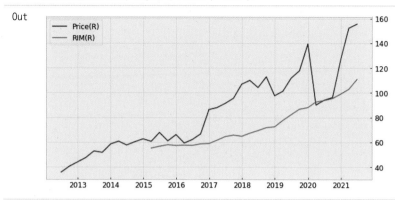

빨간색이 주가, 보라색이 RIM으로 계산한 적정주가이다. 2020년 적정주가와 비슷한 수준까지 근접했던 주가가 다시 팬데믹 이전 수준으로 회복된 것이 눈에 띈다. 전통적인 배당주인 은행주가 정부의 압력으로 배당을 확대하지 못하는 상황임에도 불구하고 시장은 JP모건의 목표수익률을 10% 이상으로 바라보고 있는 것이다.

현재 주가 수준은 기대수익률이 몇% 수준인지 밴드를 그려서 찾아보자. 목표수익률을 각각 6%, 7%, 8%로 잡아 RIM 적정주가를 산출한 후 실제 주가와 함께 밴드차트를 그린다.

```
1    df['RIM6'] = df['BPS'] * df['ROE3AVG'] / .06

2    df['RIM7'] = df['BPS'] * df['ROE3AVG'] / .07

3    df['RIM8'] = df['BPS'] * df['ROE3AVG'] / .08

4    fs.draw_chart(df, right=['Price', 'RIM', 'RIM6', 'RIM7', 'RIM8'])
```

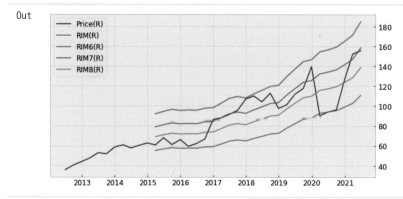

마지막 시점인 2021년 초 주가는 주황색 그래프인 RIM 7% 그래프와 근접해있는 모습이 보인다. 이 시점에 JP모건 주식을 사는 사람은 최근 3년간 JPM의 ROE 수준이 꾸준히 유지된다고 가정할 경우 7%의 수익을 기대하고 들어가는 것이다.

백테스팅

RIM을 이용한 투자 전략으로 산출한 적정주가보다 실제 주가가 낮으면(주가<적정주가) 주가가 저평가된 상태로 판단하여 매수하고 그렇지 않으면 매도하는 전략이 있다. 이 전략을 퀀트 머신으로 테스트해보자. 지금까지 하던 대로 2011년부터 2021년까지 전략을 운용한다.

우선 기간을 세팅하고 재무 데이터를 받아온다.

```
1   terms = fs.set_terms(trade_start='2011Q1', trade_end='2021Q1')
2   data = {}
3   for t in terms:
4       data[t] = fs.fn_consolidated(otp='OTP', term=t)
```

Out

받아온 데이터를 이용해 RIM 계산에 필요한 중간 데이터를 만들고, 이어서 RIM 값을 계산한다. 중간 데이터로 필요한 것은 BPS와 ROE인데, BPS는 자본(Shareholders Equity)을 주식 수(Shares)로 나눠서 구하고 ROE는 당기순이익(Net Income)을 자본으로 나눠서 구한다.

```
1   for t in terms:
2       t_1 = fs.quarters_before(terms, t, 4)
3       t_2 = fs.quarters_before(terms, t, 8)
4       data[t]['BPS'] = data[t]['Shareholders Equity'] / data[t]['Shares']
5       data[t]['Avg Equity'] = ( data[t]['Shareholders Equity'] +
    data[t_1]['Shareholders Equity'] ) / 2
6       data[t]['ROE'] = data[t]['Net Income'] / data[t]['Avg Equity']
7       data[t].loc[(data[t]['Net Income']<0) | (data[t]['Avg Equity']<0) |
    (data[t]['Shareholders Equity']<0), 'ROE'] = float('nan')
8       data[t]['Avg ROE'] = ( data[t]['ROE'] + data[t_1]['ROE'] + data[t_2]['ROE'] ) / 3
9       data[t]['RIM'] = data[t]['BPS'] * data[t]['Avg ROE'] / .1
```

```
10    data[t]['P/RIM'] = data[t]['Price_M3'] / data[t]['RIM']
```

Out

앞에서 공부한 것처럼 ROE를 구할 때는 평균자본(Avg Equity)이 필요하다. 2년간 평균값이라면 $\frac{전년+당년}{2}$, 3년간 평균값이라면 $\frac{2년\ 전+1년\ 전+당해}{3}$ 로 평균값을 구하는데, 이를위해 1년 전과 2년 전 값이 필요하다. 2행에서는 전년도의 분기 값을 구하기 위해 quarters_before() 함수를 이용해 4분기 전의 분기 값을 받아와 t_1에 저장한다. 3행에서는 2년 전 분기 값을 구해야 하므로 8분기 전 분기 값을 받아와 t_2에 저장한다.

4행에서는 BPS를 계산한다. 5행은 당해연도 총자본(data[t]['Shareholders Equity'])과 전년도 총자본(data[t_1]['Shareholders Equity'])의 평균값을 구해 Avg Equity에 저장한다. BPS와 ROE를 구하면 RIM을 구할 수 있다. RIM 계산에 이용할 ROE는 3년 평균 ROE로 적용해보자. 이를 위해 최근 3년 치 ROE를 평균하여 Avg ROE를 구한다.

6행은 당기순이익(Net Income)을 평균총자본(Avg Equity)으로 나누어 ROE를 구한다. 7행은 ROE 계산의 예외처리를 한다. 8행에서는 RIM 계산에 이용할 평균 ROE(Avg ROE)를 구하는데, data[t]['ROE'], data[t_1]['ROE'], data[t_2]['ROE'] 세 값의 평균으로 구한다. 9행에서는 평균 ROE(Avg ROE)를 이용해 RIM 방식의 적정주가를 계산해 RIM 칼럼에 저장한다. RIM 계산에서 목표수익률은 10%로 적용했다.

RIM 밸류에이션 계산이 완료되어 이제 RIM 칼럼에 적정주가가 들어있다. 이 적정주가와 실제 주가를 비교해야 투자 시그널을 만들 수 있다. 이를 위해 프라이스밀티플을 구할 때 했던 것처럼 주가를 적정주가로 나누어 P/RIM이라는 칼럼에 저장하자. P/RIM>1이면 주가가 적정주가보다 높으니 고평가, P/RIM<1이면 저평가 상태라고 볼 수 있다. 이때 주가는 분기 말 기준 3개월 후 주가인 Price_M3을 이용하자. (리밸런싱도 3개월 후에 할 계획이다.) 10행은 위에서 구한 적정주가를 실제 주가(Price_M3)와 비교한다.

이제 P/RIM을 이용해 트레이딩 시그널을 만들자.

```
1    s = {}
2    signal = {}
3    for t in terms:
```

```
4    s[t] = fs.fn_filter(data[t], by='P/RIM', floor=0, cap=1, n=30, asc=True)

5    signal[t] = list(s[t].index)
```

Out

4행에서 `fn_filter()` 함수에 P/RIM 값을 집어넣어 P/RIM이 낮은(asc=True) 30개(n=30) 종목을 선정하도록 지시했다. 5행은 이렇게 골라온 종목의 종목코드를 발라내 `signal` 딕셔너리에 저장한다.

이제 백테스팅을 진행하자. 3개월 후에 리밸런싱 하도록 `m=3`을 지정해 준다.

```
1    df = fs.backtest(signal=signal, data=data, m=3, cost=.001)
```

Out   CAGR: 8.01%
       Accumulated return: 116.18%
       Investment period: 10.0yrs
       Sharpe ratio: 0.38
       MDD: -46.59%

수익률 추이를 그래프로 그려보자.

```
1    fs.draw_return(df)
```

Out

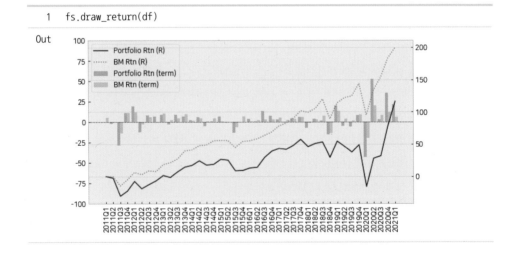

지금까지 구현한 코드를 모아보면 다음과 같다.

```
1   # P/RIM

2   terms = fs.set_terms(trade_start='2011Q1', trade_end='2021Q1')

3   data = {}

4   for t in terms:

5       data[t] = fs.fn_consolidated(otp='OTP', term=t)

6   s = {}

7   signal = {}

8   for t in terms:

9       t_1 = fs.quarters_before(terms, t, 4)

10      t_2 = fs.quarters_before(terms, t, 8)

11      data[t]['BPS'] = data[t]['Shareholders Equity'] / data[t]['Shares']

12      data[t]['Avg Equity'] = ( data[t]['Shareholders Equity'] +
        data[t_1]['Shareholders Equity'] ) / 2

13      data[t]['ROE'] = data[t]['Net Income'] / data[t]['Avg Equity']

14      data[t].loc[(data[t]['Net Income']<0) | (data[t]['Avg Equity']<0) |
        (data[t]['Shareholders Equity']<0), 'ROE'] = float('nan')

15      data[t]['Avg ROE'] = ( data[t]['ROE'] + data[t_1]['ROE'] + data[t_2]['ROE'] ) / 3

16      data[t]['RIM'] = data[t]['BPS'] * data[t]['Avg ROE'] / .1

17      data[t]['P/RIM'] = data[t]['Price_M3'] / data[t]['RIM']

18      s[t] = fs.fn_filter(data[t], by='P/RIM', floor=0, cap=1, n=30, asc=True)

19      signal[t] = list(s[t].index)

20  df = fs.backtest(signal=signal, data=data, m=3, cost=.001)
```

Out   CAGR: 8.01%
      Accumulated return: 116.18%
      Investment period: 10.0yrs
      Sharpe ratio: 0.38
      MDD: -46.59%

6.3 영업 효율이 좋은 기업, GP/A

로체스터대학교의 로버트 노비막스[1]Robert Novy-Marx 교수는 투자 효율이 좋은 기업을 발굴하는 도구로 GP/A라는 지표를 개발했다.

그림 6-3 GP/A 산출

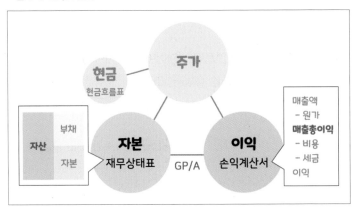

GP/A는 **매출총이익**Gross Profit을 **총자산**Total Assets으로 나눠서 구하는데, 매출총이익은 **매출액**Revenue에서 **매출원가**Cost of Revenue 또는 Cost of Goods Sold를 뺀 값이다.

$$GP/A = \frac{\text{매출총이익(Gross Prifit)}}{\text{총자산(Total Assets)}}$$

이익을 자산으로 나눈다는 관점에서 앞에서 살펴본 ROA와 비슷한 개념이다. ROA는 순이익 Net Income이 분자에 있었지만, GP/A는 매출액에서 각종 비용을 빼기 전인 매출총이익이 분자에 들어간다는 것만 다르다. 보통 ROA 보다 GP/A를 이용한 투자를 할 경우 성과가 월등히 개선된다고 한다. 도대체 두 계정은 어떤 차이가 있어 투자 성과가 다를까? 스톡로우에 나오는 손익계산서를 살펴보자. 스톡로우가 아닌 다른 사이트라도 손익계산서의 구성 순서는 동일하다.

Gross Profit은 Net Income보다 훨씬 위에 위치하고 있다. Gross Profit에서 Net Income 까지 내려가는 동안 R&D 비용이나 판매비와 관리비SG&A 등을 빼주게 된다. 노비막스는 이 과

---

1   Simon Graduate School of Business, University of Rochester.

정에서 기업이 이익 수치를 좋게 만들기 위해 실질 실적을 오염시킬 수 있다고 했다.

그림 6-4 애플의 손익계산서(stockrow.com)

		2020-12-31
Revenue	.ıl	111,439.00
Revenue Growth	.ıl	21.37%
Cost of Revenue	.ıl	67,111.00
Gross Profit	.ıl	**44,328.00**
R&D Expenses	.ıl	5,163.00
SG&A Expenses	.ıl	5,631.00
Operating Income	.ıl	**33,534.00**
Non-operating Income/Expense	.ıl	45.00
EBT	.ıl	**33,579.00**
Income Tax Provision	.ıl	4,824.00
Income after Tax	.ıl	**28,755.00**
Net Income Common	.ıl	**28,755.00**
EPS (Basic)	.ıl	1.70
EPS (Diluted)	.ıl	1.68
Shares (Basic, Weighted)	.ıl	16,935.12
Shares (Diluted, Weighted)	.ıl	17,113.69

노비막스는 기존의 가치투자 지표에 GP/A를 추가하면 더 위험한 자산에 투자하면서도 포트폴리오 전체의 변동성을 줄일 수 있다고 했다. 기존 가치투자 지표는 저평가 종목(싼 종목)을 찾는 것에 포커스를 맞추고 있다 보니 수익성이 떨어지더라도 싼 종목을 매수하게 되고, 수익성이 좋음에도 비싸면 매도하게 된다. 하지만 가치투자 지표에 GP/A를 추가하면 **싸지만 수익성이 떨어지는 종목**[2]을 매수하거나 **비싸지만 수익성이 높은 종목**[3]을 매도하는 것을 방지할 수 있다고 한나. 우리가 앞서 살펴본 비에 의하면 ROA는 수익률에 별로 도움을 주지 못했다. 그런데 GP/

----

2 "more unprofitable than cheap", 『The Other Side of Value: The Gross Profitability Premium』(Robert Novy-Marx, 2012)

3 "more profitable than expensive", 『The Other Side of Value: The Gross Profitability Premium』(Robert Novy-Marx, 2012)

A는 도깨비방망이같이 수익률을 높이면서 변동성은 방어한다니, 백테스팅을 통해 GP/A의 성과를 확인해보자.

지표 산출

GP/A는 매출총이익Gross profit을 총자산Total assets으로 나누어 구한다. ROA를 구할 때와 마찬가지로 매출총이익은 기간 전체의 합산 수치임인데 반해 총자산은 기말 스냅숏 수치이므로 기초총자산과 기말총자산의 평균을 구해 GP/A 계산에 이용한다.

이번에는 방위산업주로 유명한 록히드마틴Lockheed Martin Corporation[4](LMT)이다. 먼저 재무 데이터를 가져온다.

```
1    df = fs.fn_single(otp='OTP', symbol='LMT', window='T')
```
Out

GP/A 계산을 위한 중간 단계로 평균총자산을 구한다.

```
1    df['Avg Assets'] = ( df['Total Assets'] + df['Total Assets'].shift(4) ) /2
```
Out

평균총자산까지 준비됐다면 이제 GP/A를 계산할 차례다.

```
1    df['GP/A'] = df['Gross Profit'] / df['Avg Assets']
```
Out

GP/A 계산이 완료되었으니 주가와 함께 차트로 그려보자.

---

4   미국의 군용기 제조사. 세계 최고의 방위산업체로서의 입지를 가지고 있다.

```
1   fs.draw_chart(df, left='GP/A', right='Price')
```

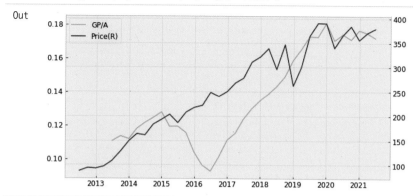

빨간색이 주가, 하늘색이 GP/A이다. 이 차트만 봐서는 둘 사이의 연관성이 커 보이지는 않는다.

GP/A는 ROA 대체용으로 개발된 지표이니 GP/A와 ROA를 비교해보자. ROA를 계산해서 GP/A와 함께 차트로 그려보자.

```
1   df['ROA'] = df['Net Income'] / df['Avg Assets']
2   fs.draw_chart(df, left=['GP/A', 'ROA'])
```

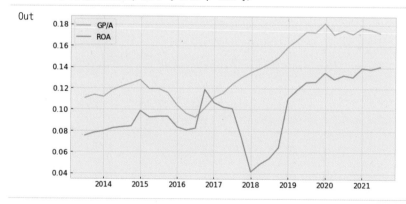

GP/A와 ROA는 같은 방향으로 움직이는 것이 정상인데, 2018년에는 유독 다르게 움직이는 모습이 눈에 띈다. 왜 그럴까? 록히드마틴은 2017년에 세금을 몰아서 낸 기록이 있다. 우리는 트레일링으로 구한 재무 데이터를 이용하기 때문에 2017년에 낸 세금의 영향은 2018년까지 이어진다.

그림 6-5 록히드마틴의 손익계산서

		2020-12-31	2019-12-31	2018-12-31	2017-12-31	2016-12-31
Revenue	ᵢᵢₗ	65,398.00	59,812.00	53,762.00	49,960.00	47,290.00
Revenue Growth	ᵢᵢₗ	9.34%	11.25%	7.61%	5.65%	16.66%
Cost of Revenue	ᵢᵢₗ	56,744.00	51,445.00	46,488.00	43,589.00	41,889.00
Gross Profit	ᵢᵢₗ	8,654.00	8,367.00	7,274.00	6,371.00	5,401.00
Operating Income	ᵢᵢₗ	8,644.00	8,545.00	7,334.00	6,744.00	5,888.00
Non-operating Income/Expense	ᵢᵢₗ	(409.00)	(1,304.00)	(1,496.00)	(1,498.00)	(1,134.00)
Non-operating Interest Expenses	ᵢᵢₗ	591.00	653.00	668.00	651.00	663.00
EBT	ᵢᵢₗ	8,235.00	7,241.00	5,838.00	5,246.00	4,754.00
Income Tax Provision	ᵢᵢₗ	1,347.00	1,011.00	792.00	3,356.00	1,093.00
Income after Tax	ᵢᵢₗ	6,888.00	6,230.00	5,046.00	1,890.00	3,661.00
Net Income Common	ᵢᵢₗ	6,833.00	6,230.00	5,046.00	1,963.00	5,173.00

백테스팅

GP/A는 ROA와 같이 높을수록 좋다. 분기별로 GP/A가 높은 종목 상위 30개를 선정해 투자하면 어떻게 될까? 백테스팅을 통해 알아보자.

첫 번째로 투자기간을 설정하고 각 분기별 재무 데이터를 가져오자.

```
1   terms = fs.set_terms(trade_start='2011Q1', trade_end='2021Q1')
2   data = {}
3   for t in terms:
4       data[t] = fs.fn_consolidated(otp='OTP', term=t)
Out
```

이제 GP/A를 계산하자. GP/A에도 자산총계를 기초값과 기말값 평균으로 넣어야 하기 때문에 전년도의 자산총계값을 가져와 기초값으로 이용한다.

```
1   for t in terms:
2       prev_t = fs.quarters_before(terms, t, 4)
3       data[t]['Avg Assets'] = ( data[t]['Total Assets'] +
    data[prev_t]['Total Assets'] ) / 2
```

```
4      data[t]['GP/A'] = data[t]['Gross Profit'] / data[t]['Avg Assets']
5      data[t].loc[(data[t]['Gross Profit']<0) | (data[t]['Avg Assets']<0) |
       (data[t]['Total Assets']<0), 'GP/A'] = float('nan')
```
Out

2행은 전년도(4분기 전) 분기 값을 가져와 **prev_t**에 저장한다. 3행은 GP/A를 계산하기 전 단계인 평균 자산총계를 구한다. 당기 값인 data[t]['Total Assets']와 전년도 값인 data[prev_t]['Total Assets']을 평균한다. 4행은 GP/A를 계산한다. 5행은 GP/A에 대한 예외처리다. Gross Profit, Avg Assets, Total Assets 중 마이너스 값이 있으면 GP/A를 nan으로 처리한다.

이제 GP/A 기준(by='GP/A') 내림차순(asc=**False**)으로 30개 종목(n=30)을 선정해 트레이딩 시그널을 만든다.

```
1   s = {}
2   signal = {}
3   for t in terms:
4       s[t] = fs.fn_filter(data[t], by='GP/A', floor=0, n=30, asc=False)
5       signal[t] = list(s[t].index)
```
Out

트레이딩 시그널을 집어넣어 백테스팅을 한다.

```
1   df = fs.backtest(signal=signal, data=data, m=3, cost=.001)
```
Out   CAGR: 16.81%
      Accumulated return: 373.69%
      Investment period: 10.0yrs
      Sharpe ratio: 1.38
      MDD: -44.11%

GP/A만 단독으로 사용했음에도 불구하고 훌륭한 성과다. 수익률을 차트로 그려보자.

```
1  fs.draw_return(df)
```

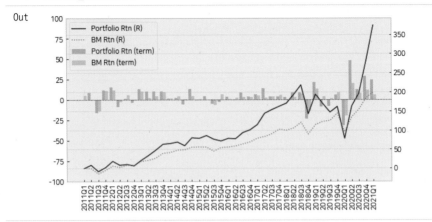

2018년 하반기와 2020년 초의 하락장 분위기를 피하지는 못했어도, 꽤 준수하게 방어를 했다. ROA는 정말 보잘것없는 수익률을 보인 것에 비해 ROA를 살짝 변형한 GP/A에서는 확 달라졌다. 노비막스가 소개한 지표가 여전히 유효하다는 것이 눈에 보인다.

지금까지의 코드를 모아 쓰면 다음과 같다.

```
1   # GP/A
2   terms = fs.set_terms(trade_start='2011Q1', trade_end='2021Q1')
3   data = {}
4   for t in terms:
5       data[t] = fs.fn_consolidated(otp='OTP', term=t)
6   s = {}
7   signal = {}
8   for t in terms:
9       prev_t = fs.quarters_before(terms, t, 4)
10      data[t]['Avg Assets'] = ( data[t]['Total Assets'] +
    data[prev_t]['Total Assets'] ) / 2
11      data[t]['GP/A'] = data[t]['Gross Profit'] / data[t]['Avg Assets']
12      data[t].loc[(data[t]['Gross Profit']<0) | (data[t]['Avg Assets']<0) |
    (data[t]['Total Assets']<0), 'GP/A'] = float('nan')
13      s[t] = fs.fn_filter(data[t], by='GP/A', floor=0, n=30, asc=False)
```

```
14        signal[t] = list(s[t].index)
15    df = fs.backtest(signal=signal, data=data, m=3, cost=.001)
```

```
Out   CAGR: 16.81%
      Accumulated return: 373.69%
      Investment period: 10.0yrs
      Sharpe ratio: 1.38
      MDD: -44.11%
```

노비막스는 가치주 지표와 GP/A를 결합하면 수익률을 개선하고 변동성을 줄일 수 있다고 했다. 노비막스의 주장을 테스트해보자. 가치주 지표의 대표 주자인 PER에 GP/A를 합성해보자. 합성 전후 비교를 위해 우선 PER만 단독으로 테스트를 시행한다.

```
1     # PER
2     terms = fs.set_terms(trade_start='2011Q1', trade_end='2021Q1')
3     data = {}
4     for t in terms:
5         data[t] = fs.fn_consolidated(otp='OTP', term=t)
6     s = {}
7     signal = {}
8     for t in terms:
9         data[t]['PER'] = data[t]['Price_M3'] / data[t]['EPS']
10        s[t] = fs.fn_filter(data[t], by='PER', floor=1, cap=10, n=30, asc=True)
11        signal[t] = list(s[t].index)
12    df = fs.backtest(signal=signal, data=data, m=3, cost=.001)
```

```
Out   CAGR: 12.35%
      Accumulated return: 220.78%
      Investment period: 10.0yrs
      Sharpe ratio: 0.70
      MDD: -40.75%
```

PER 단독 적용 시 성과를 확인했으면 이제 합성 전략을 테스트한다.

```
1    # PER + GP/A
2    terms = fs.set_terms(trade_start='2011Q1', trade_end='2021Q1')
3    data = {}
4    for t in terms:
5        data[t] = fs.fn_consolidated(otp='OTP', term=t)
6    s = {}
7    s1 = {}
8    s2 = {}
9    signal = {}
10   for t in terms:
11       prev_t = fs.quarters_before(terms, t, 4)
12       data[t]['PER'] = data[t]['Price_M3'] / data[t]['EPS']
13       data[t]['Avg Assets'] = ( data[t]['Total Assets'] +
     data[prev_t]['Total Assets'] ) / 2
14       data[t]['GP/A'] = data[t]['Gross Profit'] / data[t]['Avg Assets']
15       data[t].loc[(data[t]['Gross Profit']<0) | (data[t]['Avg Assets']<0) |
     (data[t]['Total Assets']<0), 'GP/A'] = float('nan')
16       s1[t] = fs.fn_score(data[t], by='PER', method='relative', floor=1, cap=10,
     asc=True)
17       s2[t] = fs.fn_score(data[t], by='GP/A', method='relative', floor=0,
     asc=False)
18       s[t] = fs.combine_score(s1[t], s2[t], n=30)
19       signal[t] = list(s[t].index)
20   df = fs.backtest(signal=signal, data=data, m=3, cost=.001)
```

```
Out  CAGR: 8.23%
     Accumulated return: 120.58%
     Investment period: 10.0yrs
     Sharpe ratio: 0.38
     MDD: -59.98%
```

PER과 GP/A의 결합은 큰 의미를 주지 못했다.

노비막스가 논문에서 직접 다룬 지표는 Book/Market ratio인데, 이것은 PBR의 역수이다. GP/A가 이익에 대한 평가를 하고 있고, PER 역시 이익에 대한 평가를 하고 있기 때문에 중복되는 부분이 있다. 그래서 노비막스가 한 것처럼 GP/A를 PBR과 합성하는 것이 더 의미 있을 것이다. 우리도 노비막스가 한 것처럼 PBR 단독 적용과 PBR과 GP/A를 합성한 경우를 테스트해보자.

먼저 PBR 단독 적용의 경우다. 리밸런싱을 분기 말 기준 3개월 후에 실시하는 것으로 하고, PBR 산출도 그때 주가를 기준으로 했다.

```
1   # PBR
2   terms = fs.set_terms(trade_start='2011Q1', trade_end='2021Q1')
3   data = {}
4   for t in terms:
5       data[t] = fs.fn_consolidated(otp='OTP', term=t)
6   s = {}
7   signal = {}
8   for t in terms:
9       data[t]['PBR'] = data[t]['Price_M3'] / (data[t]['Shareholders Equity']/
        data[t]['Shares'])
10      s[t] = fs.fn_filter(data[t], by='PBR', floor=0.1, cap=1, n=30, asc=True)
11      signal[t] = list(s[t].index)
12  df = fs.backtest(signal=signal, data=data, m=3, cost=.001)

Out CAGR: 22.70%
    Accumulated return: 674.50%
    Investment period: 10.0yrs
    Sharpe ratio: 1.82
    MDD: -37.03%
```

PBR을 단독으로 적용해도 성과가 훌륭하다. 수익률 변화를 차트로 그려보자.

```
1   fs.draw_return(df)
```

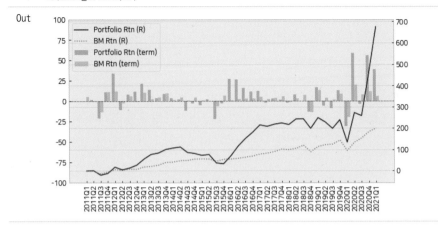

이번에는 PBR과 GP/A를 합성해보자.

```
1    # PBR + GP/A
2    terms = fs.set_terms(trade_start='2011Q1', trade_end='2021Q1')
3    data = {}
4    for t in terms:
5        data[t] = fs.fn_consolidated(otp='OTP', term=t)
6    s = {}
7    s1 = {}
8    s2 = {}
9    signal = {}
10   for t in terms:
11       prev_t = fs.quarters_before(terms, t, 4)
12       data[t]['PBR'] = data[t]['Price_M3'] / (data[t]['Shareholders Equity']/
         data[t]['Shares'])
13       data[t]['Avg Assets'] = ( data[t]['Total Assets'] +
         data[prev_t]['Total Assets'] ) / 2
14       data[t]['GP/A'] = data[t]['Gross Profit'] / data[t]['Avg Assets']
15       data[t].loc[(data[t]['Gross Profit']<0) | (data[t]['Avg Assets']<0) |
         (data[t]['Total Assets']<0), 'GP/A'] = float('nan')
```

```
16    s1[t] = fs.fn_score(data[t], by='PBR', method='relative', floor=0.1, cap=1,
      asc=True)

17    s2[t] = fs.fn_score(data[t], by='GP/A', method='relative', floor=0,
      asc=False)

18    s[t] = fs.combine_score(s1[t], s2[t], n=30)

19    signal[t] = list(s[t].index)

20  df = fs.backtest(signal=signal, data=data, m=3, cost=.001)
```

```
Out  CAGR: 22.31%
     Accumulated return: 650.21%
     Investment period: 10.0yrs
     Sharpe ratio: 1.55
     MDD: -53.31%
```

워낙에 수익률이 좋았던 지표라 수익률의 개선은 없었다. 아무리 훌륭한 지표들이라도 그 둘을
섞었을 때 더 나은 성과를 내주리라는 보장은 없는 것이다.

```
1   fs.draw_return(df)
```

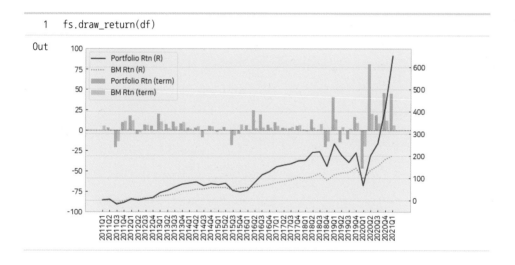

GP/A는 당기순이익Net Income 대신 매출총이익Gross Profit을 사용함으로써 기업이 자의적으로 조
절하기 힘든 이익을 기업 평가의 기준으로 삼는다. 이런 효과로 인해 ROA나 ROE, PER에 비
해 기업의 실질적인 투자 효율을 측정할 수 있는 좋은 도구가 된다.

6.4 존버할 수 있는 기업, 안정성 지표

TV에서 "OO 기업이 부도가 났다", "어음을 막지 못했다" 등의 표현을 들어봤을 것이다. 다 같은 표현이다. 기업이 망하는 것은 여러 원인이 있지만 가장 직접적인 원인은 결국 약속한 날짜에 빚을 갚지 못해서다. 빚은 어음이고, 제때 빚을 갚지 못하는 것을 부도라고 한다. 기업이 제때 빚을 갚지 못하면 담보로 잡힌 기업의 재산은 채권자(돈을 빌려준 사람)의 손에 넘어간다.

> 💡 잠깐　아시아나 항공이 제때 빚을 갚지 못하자 채권자인 산업은행이 아시아나 항공을 대한항공에
> 매각한 것을 떠올리면 된다.

이런 차원에서 망하지 않을 기업을 찾는 가장 직접적인 방법은 부채(빌린 돈)가 얼마인지 살펴보는 것이다. 특히 절대 금액의 크고 작고의 문제가 아니라 구성을 봐야 한다. 삼성전자의 부채 규모와 작은 스타트업의 부채 규모를 절대 금액으로 비교하는 것은 의미가 없다. 전체 자산 중 부채가 얼마나 많은지를 따지는 부채비율, 부채 중에서도 차입금비율을 봐야 한다.

부채비율

부채비율은 총부채Total Liabilities를 총자본Shareholders Equity으로 나눈 값으로, 전체 자산에서 부채가 더 많은지, 자본이 더 많은지를 나타낸다. 부채비율이 100 이상이라면 부채가 자본보다 많은 것이다.

$$부채비율 = \frac{총부채(\text{Total Liabilities})}{총자본(\text{Shareholders Equity})} \times 100$$

부채비율이 낮으면 기업이 안정적인 것은 틀림없는 사실이나, 부채비율이 높다고 꼭 나쁜 것만은 아니다. 적절한 수준의 레버리지는 수익을 극대화하는 원천이 되기 때문이다. 개인이 내 집 마련을 할 때도 대출 없이 내 돈 만으로 집을 살수 있을 때까지 자본을 모으려다가는 벼락거지가 되는 세상 아닌가! 기업에게도 적정 수준의 부채는 성장을 위한 지렛대이다. 그래서 부채비율을 볼 때는 해당 산업의 특성을 함께 고려한다. 대규모 자본이나 생산 시설이 필요한 건설업, 장치산업 등은 부채비율이 높고, IT 소프트웨어 같은 산업은 부채비율이 낮은 경향이 있다.

차입금비율

부채 중에서도 차입금은 특별히 더 부담스러운 부분이다. 차입금은 이자 비용을 발생시켜 기업의 손익에 직접적인 영향을 미치기 때문이다. 그래서 차입금비율(또는 재무부채비율)을 따로 만들어 특별히 관리한다. 야후 파이낸스, 인베스팅닷컴 등 미국 주요 금융 정보 사이트는 대부분 부채비율 대신 차입금비율Debt/Equity ratio을 표시한다. 차입금비율을 더 중요하게 여긴다는 의미다. 한글 서비스를 함께에 운영하는 인베스팅닷컴을 보면 영어로는 Debt to Equity 라고 쓴 것을 한글로 부채비율이라고 번역해놨다.

$$\text{차입금비율(Debt/Equity ratio)} = \frac{\text{단기차입금(Current Debt)} + \text{장기차입금(Long Term Debt)}}{\text{총자본(Shareholders Equity)}} \times 100$$

차입금은 단기차입금Current debt과 장기차입금Long term debt이 있다. 단기차입금은 1년 이내에 갚아야 할 돈인데, 금융 정보 사이트에 따라 단기차입금이 없는 경우도 있다.

부채비율이나 차입금비율을 분석할 때는 이들 비율의 변화와 함께 총자산의 변화를 같이 본다. 부채비율이 줄어들면서 회사의 총자산도 함께 줄어들면 회사가 쪼그라들고 있다는 의미일 수도 있다. 부채비율은 줄어드는데 총자산은 유지 또는 증가하고 있다면, 돈을 잘 벌고 빚도 갚으면서 회사는 성장하고 있다는 신호다.

지표 산출

이번에 실습할 기업은 우버Uber Technologies Inc.(UBER)[5]이다. `fs.fn_single()` 함수를 이용해 UBER의 재무 데이터를 불러와 `df`에 저장한다.

```
1   df = fs.fn_single(otp='OTP', symbol='UBER', window='T')
Out
```

`df`에 어떤 데이터가 들어있는지 확인하기 위해 길럼명을 출력해보자.

---

5   미국에서 창립된 운송 네트워크 회사로 대리운전 + 콜택시 + 택배 비슷한 서비스를 제공한다.

```
1  df.columns
```

```
Out    Index(['Revenue', 'COGS', 'Gross Profit', 'SG&A', 'Operating Income',
              'Net Income', 'EPS', 'EBITDA', 'EBIT', 'Shares', 'Cash & Equivalents',
              'Receivables', 'Inventory', 'Current Assets', 'Long Term Assets',
              'Total Assets', 'Current Debt', 'Current Liabilities', 'Long Term Debt',
              'Long Term Liabilities', 'Total Liabilities', 'Shareholders Equity',
              'Depreciation', 'Operating Cash Flow', 'Capital Expenditure',
              'Investing cash flow', 'Dividends', 'Financing cash flow', 'Price'],
            dtype='object')
```

부채비율은 $\dfrac{\text{총부채(Total Liabilities)}}{\text{총자본(Shareholders Equity)}}$ 이고,

차입금비율은 $\dfrac{(\text{장기차입금(Long Term Debt)}+\text{단기차입금(Current Debt)})}{\text{총자본(Shareholders Equity)}}$ 이다. 각각 식에

따라 계산해준다.

```
1  df['Liability/Equity'] = df['Total Liabilities'] / df['Shareholders Equity']
2  df['Debt/Equity'] = (df['Long Term Debt']+df['Current Debt']) /
   df['Shareholders Equity']
```

```
Out
```

df를 출력해 계산 결과와 계산에 이용된 값을 확인해보자. 데이터프레임에 들어있는 칼럼 하나
만 출력할 때는 df['칼럼명']으로 출력하고, 2개 이상의 칼럼을 출력할 때는 칼럼명을 리스트
형태 df[리스트]로 만들어 넣어주면 된다. df[['칼럼명', '칼럼명', …]]으로 출력한다.

```
1  df[['Liability/Equity', 'Debt/Equity']].tail()
```

```
Out           Liability/Equity  Debt/Equity
    2020-06-30         1.86          0.99
    2020-09-30         2.09          1.11
    2020-12-31         1.59          0.85
    2021-03-31         1.51          0.72
    2021-06-30         1.45          0.69
```

2020년 3분기에 부채비율은 209%, 차입금비율은 111%까지 치솟았던 것이 4분기 들어
159%, 85%로 안정을 되찾고 있는 모습이다. 부채비율과 자산을 함께 비교하기 위해 두 항목
을 차트에 그려보자.

```
1    fs.draw_chart(df, left='Total Assets', right='Liability/Equity')
```

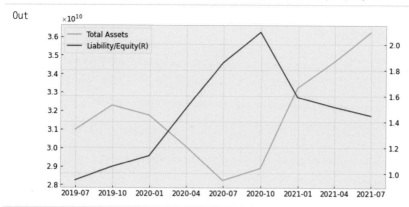

3분기까지는 부채비율(빨간색)은 늘어나고 자산(하늘색)은 줄어드는 형태로 가장 경계해야할 모양의 그래프였다. 코로나19 시국에 전염을 우려한 사람들이 공유 자동차 이용을 기피하는 것 때문에 제대로 타격을 받은 것으로 추측된다. 다행히 4분기에는 안정을 되찾았는데, 우버이츠Uber Eats[6]가 한몫하지 않았을까 예상해본다.

차입금비율도 같은 방식으로 그려보자.

```
1    fs.draw_chart(df, left='Total Assets', right='Debt/Equity')
```

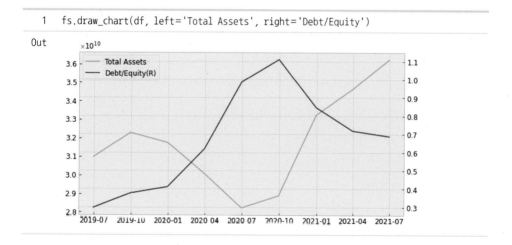

---

6   우버의 배달 서비스, 음식을 주문하는 사용자와 배달해 주는 우버 배달기사와 연결해 주는 플랫폼.

차입금비율도 부채비율과 별반 다르지 않다. 우버는 본 사업인 공유 자동차의 부진을 만회하기 위해 음식 배달 서비스인 우버이츠를 열심히 밀고 있다. 우버야말로 코로나19가 얼른 종식되기만을 기다리고 있을 것이다.

백테스트

부채비율이 낮은 종목만 골라서 투자했다면 성과가 어땠을까? 백테스팅을 통해 확인해보자. 백테스팅은 많이 익숙해졌을 테니 이제 코드를 한 번에 작성하고 새로운 부분 위주로 설명하겠다.

테스트 기간은 기존과 동일하게 데이터 기준으로 2011년부터 2021년까지다. 리밸런싱은 분기말 3개월 후에 시행한다.

```
1   # Liability/Equity
2   terms = fs.set_terms(trade_start='2011Q1', trade_end='2021Q1')
3   data = {}
4   for t in terms:
5       data[t] = fs.fn_consolidated(otp='OTP', term=t)
6   s = {}
7   signal = {}
8   for t in terms:
9       data[t]['Liability/Equity'] = data[t]['Total Liabilities'] /
    data[t]['Shareholders Equity']
10      data[t].loc[(data[t]['Shareholders Equity']<0), 'Liability/Equity'] =
    float('nan')
11      s[t] = fs.fn_filter(data[t], by='Liability/Equity', floor=0, n=30, asc=True)
12      signal[t] = list(s[t].index)
13  df = fs.backtest(signal=signal, data=data, m=3, cost=.001)
14  fs.draw_return(df)
```

```
Out  CAGR: 6.08%
     Accumulated return: 80.54%
     Investment period: 10.0yrs
     Sharpe ratio: 0.36
     MDD: -26.60%
```

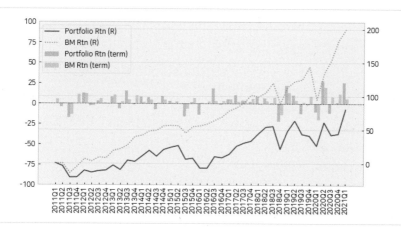

9행은 부채비율인 Liability/Equity를 구한다. 10행은 예외처리 부분으로 Shareholders Equity가 마이너스인 기업은 부채비율을 nan으로 처리해 준다. 11행은 `fn_filter()` 함수를 이용해 부채비율을 (by='Liability/Equity')기준으로 데이터를 정렬하되, 낮은 값부터 오름 차순(asc=True)으로 줄 세우고, 상위 30개(n=30) 종목을 선정한다. 13행은 백테스팅을 위해 `backtest()` 함수를 이용하고, 3개월 후 리밸런싱 하도록 m=3을 지정한다.

테스트 결과는 그다지 감동적이지 못하다.

5장에서 프라이스멀티플을 이용한 투자 전략을 알아봤다. 프라이스멀티플 전략에 차입금비율을 추가하면 성과가 더 좋아질까? PER와 차입금비율을 합성한 전략을 만들어보자. 먼저 PER 만 단독으로 테스트하고, 합성한 전략도 테스트해서 결과를 비교해보겠다. 3개월 후에 리밸런싱 하고, PER 역시 그때 주가로 계산한다.

우선 PER 단독 테스트다.

```
1   # PER
2   terms = fs.set_terms(trade_start='2011Q1', trade_end='2021Q1')
3   data = {}
4   for t in terms:
5       data[t] = fs.fn_consolidated(otp='OTP', term=t)
6   s = {}
7   signal = {}
```

```
 8   for t in terms:

 9       data[t]['PER'] = data[t]['Price_M3'] / data[t]['EPS']

10       s[t] = fs.fn_filter(data[t], by='PER', floor=1, cap=10, n=30, asc=True)

11       signal[t] = list(s[t].index)

12   df = fs.backtest(signal=signal, data=data, m=3, cost=.001)
```

```
Out  CAGR: 12.35%
     Accumulated return: 220.78%
     Investment period: 10.0yrs
     Sharpe ratio: 0.70
     MDD: -40.75%
```

이번에는 PER이 낮으면서 부채비율이 낮은 1000개에 속하는 종목을 합성한 전략이다.

```
 1   # PER + Liability/Equity

 2   terms = fs.set_terms(trade_start='2011Q1', trade_end='2021Q1')

 3   data = {}

 4   for t in terms:

 5       data[t] = fs.fn_consolidated(otp='OTP', term=t)

 6   s1 = {}

 7   s2 = {}

 8   s = {}

 9   signal = {}

10   for t in terms:

11       data[t]['PER'] = data[t]['Price_M3'] / data[t]['EPS']

12       data[t]['Liability/Equity'] = data[t]['Total Liabilities'] /
         data[t]['Shareholders Equity']

13       data[t].loc[(data[t]['Shareholders Equity']<0), 'Liability/Equity'] =
         float('nan')

14       s1[t] = fs.fn_filter(data[t], by='PER', floor=1, cap=10, asc=True)

15       s2[t] = fs.fn_filter(data[t], by='Liability/Equity', floor=0, n=1000,
         asc=True)

16       s[t] = fs.combine_signal(s1[t], s2[t], how='and', n=30)

17       signal[t] = list(s[t].index)

18   df = fs.backtest(signal=signal, data=data, m=3, cost=.001)
```

```
Out    CAGR: 4.66%
       Accumulated return: 57.75%
       Investment period: 10.0yrs
       Sharpe ratio: 0.19
       MDD: -59.20%
```

11행은 PER, 12행은 Liability/Equity를 구하고, 13행에서 Liability/Equity 관련 예외처리를 한다. 14행에서는 fn_filter() 함수를 이용해 저PER 종목을 선정한다. PER가 1 이상 (floor=1) 10 이하(cap=10)인 기업만 가져오며, PER이 낮은 종목부터(asc=True) 줄 세운다. 15행은 fn_filter() 함수를 이용해 부채비율이 낮은 종목들만 골라온다. 부채비율이 0 이상 (floor=0)이면서 낮은 순서대로 1000개(n=1000)를 추려낸다. 16행은 PER와 부채비율을 합성해 트레이딩 시그널을 만든다. 저PER와 저부채비율 종목에 교집합(how='and') 종목을 뽑고, 분기별로 30개 종목(n=30)만 추려내도록 한다. 종목수를 미리 추려내면 합성할 때 결과가 더 적어질 수 있으니 종목수 제한은 앞에서 하지 않고 여기서 한다.

결과를 보면 PER 단독 테스트보다 합성 전략의 성과가 더 나쁘다. 부채비율이 낮으면 안정성이 높지만 투자에는 도움이 안 된 것 같다.

이번에는 PER 대신 PBR을 이용해보자. 많은 가치투자 논문이 전략 합성에 있어 PER 보다 PBR을 애용하는데, 여기에서 성과가 어떨지 확인해보자. 우선 PBR 단독 테스트를 진행한다.

```
1   # PBR
2   terms = fs.set_terms(trade_start='2011Q1', trade_end='2021Q1')
3   data = {}
4   for t in terms:
5       data[t] = fs.fn_consolidated(otp='OTP', term=t)
6   s = {}
7   signal = {}
8   for t in terms:
9       data[t]['PBR'] = data[t]['Price_M3'] / (data[t]['Shareholders Equity']/
    data[t]['Shares'])
10      s[t] = fs.fn_filter(data[t], by='PBR', floor=.1, cap=1, n=30, asc=True)
11      signal[t] = list(s[t].index)
12  df = fs.backtest(signal=signal, data=data, m=3, cost=.001)
```

```
Out    CAGR: 22.70%
       Accumulated return: 674.50%
       Investment period: 10.0yrs
       Sharpe ratio: 1.82
       MDD: -37.03%
```

이번에는 PBR + 부채비율 합성 전략이다.

```
1    # PBR + Liability/Equity
2    terms = fs.set_terms(trade_start='2011Q1', trade_end='2021Q1')
3    data = {}
4    for t in terms:
5        data[t] = fs.fn_consolidated(otp='OTP', term=t)
6    s1 = {}
7    s2 = {}
8    s = {}
9    signal = {}
10   for t in terms:
11       data[t]['PBR'] = data[t]['Price_M3'] / (data[t]['Shareholders Equity']/
     data[t]['Shares'])
12       data[t]['Liability/Equity'] = data[t]['Total Liabilities'] /
     data[t]['Shareholders Equity']
13       data[t].loc[(data[t]['Shareholders Equity']<0), 'Liability/Equity'] = float('nan')
14       s1[t] = fs.fn_filter(data[t], by='PBR', floor=.1, cap=1, asc=True)
15       s2[t] = fs.fn_filter(data[t], by='Liability/Equity', floor=0, n=1000, asc=True)
16       s[t] = fs.combine_signal(s1[t], s2[t], how='and', n=30)
17       signal[t] = list(s[t].index)
18   df = fs.backtest(signal=signal, data=data, m=3, cost=.001)
19   fs.draw_return(df)
```

```
Out    CAGR: 17.19%
       Accumulated return: 389.09%
       Investment period: 10.0yrs
       Sharpe ratio: 0.94
       MDD: -45.21%
```

이전 테스트와 달라진 점은 PER이 PBR로 바뀐 것뿐이다.

11행에서 PBR을 계산했고, 14행에서 PBR이 0.1 이상 1 이하인 종목을 선정했다.

결과는 PER로 했을 때보다 훨씬 나아지긴 했지만 차입금비율과 상관없이 PER과 PBR을 단독으로 테스트해도 이 정도 차이는 나온다. 부채비율이 추가되면서 두 테스트 모두 오히려 수익률이 줄어드는 효과를 보였다. 부채비율이 낮으면 기업이 레버리지를 일으키지 않기 때문에 수익성이 낮기 때문일까? 부채비율이 낮은 기업을 찾기보다는 부채비율이 높은 기업을 걸러내는 정도로 사용하면 어떨까?

또한 앞서 소개했듯이 부채비율은 업종sector별, 산업industry별로 적정 수준이 많이 다르다. 업종과 산업에 대한 고려 없이 투자 전략에 부채비율을 일률적으로 적용하게 되면 앞에서 했던 것처럼 실망스러운 결과를 얻게 될 수 있다. 종목을 업종별, 산업별로 스크리닝 하는 방법은 6.7절에서 소개한다.

6.5 쑥쑥 자라는 기업, 성장률 지표

프로게이머든 프로야구 선수든 최고의 플레이어들은 언제나 눈에 띈다. 롤LOL[7]은 페이커Faker[8]가 잘하고 야구는 류현진이 잘 한다는 사실은 게임이나 프로야구에 관심이 없는 사람이라도 다들 알 정도다. 관심이 많은 사람이라면 현재의 최고 플레이어뿐 아니라 현재 랭커는 아니어도 떠오르는 선수까지 파악하기 마련이다. 그리고 성장하는 선수를 미리 점찍어두고 응원하는 맛 또한 남다르다. 한때 많은 사람들이 열광했던 '프로듀스 101[9]'도 마찬가지다. 내가 응원하는 연습생을 정해놓고 응원하는 재미가 있었다.

투자의 영역으로 다시 넘어와보자. 지금까지는 현재 돈을 잘 버는 기업을 중점적으로 알아봤다면 이제 새로운 지표에 관심을 돌려보자. 지금 당장은 최고의 수익성을 자랑하는 기업은 아니더라도 앞으로 그럴 가능성이 있는 기업을 찾아보는 건 어떨까? 구미가 당긴다. 매출액성장률,

---

7   라이엇게임즈RIOT Games가 개발 및 서비스 중인 게임인 리그 오브 레전드LEAGUE of LEGENDS의 약자로 한국에서 흔히 불리는 명칭.

8   리그 오브 레전드 프로게이머. 리그 오브 레전드 월드 챔피언십 최다 우승을 기록하며 명실상부한 역대 최고의 리그 오브 레전드 프로게이머로 평가되고 있다.

9   '시청자가 만들어가는 아이돌' 콘셉트로 엠넷에서 기획하고 진행된 서바이벌 프로그램.

순이익성장률 등의 성장률지표는 향후 가능성이 있는 기업을 찾아내는데 쓰인다. 물론 과거의 성장률이 좋았다고 앞으로도 좋다는 보장은 없다. 하지만 추세를 보고 판단하는 것이다.

> 💡 잠깐 추세는 투자뿐 아니라 세상에 통용되는 미래를 예측하는 지표다. 게임단이나 야구단은 새로 선수를 영입할 때 과거 성적이 좋았던 선수를 스카우트하고, 기업도 신입사원을 뽑을 때 스펙이 좋은 사람을 뽑는다. 가능성이라는 차원에서 기존에 잘 해온 사람이 앞으로도 잘 할 가능성이 높다고 판단하기 때문이다. 기업도 기존에 잘 해왔던 곳이 앞으로도 잘 할 확률이 높기 마련이다.

기업의 외형적인 성장을 측정하는 지표로는 매출액증가율Revenue Growth과 자산증가율Asset Growth이 있다. 얼마나 오래전과 비교하는지에 따라 1년 증가율, 3년 증가율, 5년 증가율 등 다양하다. 기업의 수익 성장을 측정하는 지표로는 영업이익증가율Operating Income Growth와 당기순이익증가율Net Income Growth 등이 이용된다.

지표 산출

재무 데이터를 이용해 성장률 지표를 산출해보자. 구글 콜랩에 접속하고 로그인한다. 셀에 아래 코드를 입력하고 Shift + Enter를 실행하여 핀터스텔라 라이브러리를 설치한다.

```
1   pip install finterstellar
```
Out

퀀트머신의 엔진인 핀터스텔라 라이브러리를 불러온다.

```
1   import finterstellar as fs
```
Out

이번에 실습할 기업은 넷플릭스Neflix,Inc.(NFLX)[10]이다. 넷플릭스의 재무 데이터를 받아온다.

```
1   df = fs.fn_single(otp='OTP', symbol='NFLX', window='T')
```
Out

---

10   스트리밍 서비스를 주력으로 하는 미국의 멀티미디어 엔터테인먼트 OTT 기업.

3년간 매출액증가율부터 구해보자. 재무 데이터가 분기 단위로 되어있어 3년 전 데이터는 12분기 전 데이터다. 12분기 전 데이터는 df['Revenue'].shift(12)로 가져온다. 증가율 계산은 단순하게 $\frac{현재값 - 기준값}{기준값}$ 하면 된다. 백분율로 표시하고 싶다면 100을 곱해주자.

```
1   df['Revenue Growth'] = ( df['Revenue'] - df['Revenue'].shift(12) ) /
    abs(df['Revenue'].shift(12))
```

Out

매출액증가율과 매출액을 차트에 그려서 비교해보자.

```
1   fs.draw_chart(df, left='Revenue Growth', right='Revenue')
```

Out

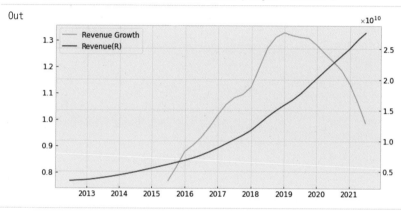

빨간색이 매출액, 하늘색이 매출액증가율(3년)이다. 증가율 데이터는 3년 전 데이터가 있어야 산출이 가능하기 때문에 하늘색 그래프는 빨간색보다 3년 후부터 시작하는 것을 확인할 수 있다. 매출액은 꾸준히 증가해왔고, 매출액증가율 역시 계속 플러스 상태에 있다. 2019년 이후에는 매출액증가율 그래프가 꺾여있지만 여전히 플러스 상태다. 매출액은 계속 증가하고 있지만 그 속도가 조금 줄어들었을 뿐이다.

같은 방법으로 영업이익증가율을 구하고 차트에 그려보자.

```
1   df['Operating Income Growth'] = ( df['Operating Income'] - df['Operating Income'].
    shift(12) ) / abs(df['Operating Income'].shift(12))
2   fs.draw_chart(df, left='Operating Income Growth', right='Operating Income')
```

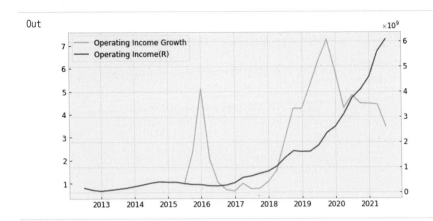

빨간색은 영업이익, 하늘색은 영업이익증가율(3년)이다. 영업이익 역시 꾸준히 증가했다. 코로나19로 인해 넷플릭스가 폭발적으로 성장했다는 뉴스가 많이 있었는데, 차트를 보니 이미 그전 2019년에 영업이익증가율 최고치를 찍었던 것이 확인된다.

순이익증가율도 같은 방법으로 해보자.

```
1   df['Net Income Growth'] = ( df['Net Income'] - df['Net Income'].shift(12) ) /
    abs(df['Net Income'].shift(12))
2   fs.draw_chart(df, left='Net Income Growth', right='Net Income')
```

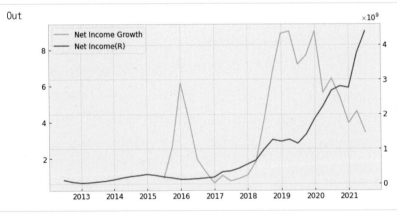

순이익증가율 역시 2019년에 정점을 찍고 2020년에는 증가율이 조금 둔화되었다. 하지만 여전히 순이익증가율은 플러스 구간에 있다. 2020년 말 순이익이 살짝 고개를 숙였는데, 영업이익은 증가하면서 순이익이 줄었으니 이유가 궁금하다면 세금이나 이자 비용을 추가로 확인해야 한다.

외형 성장을 측정하는 자산증가율도 살펴보자.

```
1  df['Total Assets Growth'] = ( df['Total Assets'] - df['Total Assets'].shift(12) )
   / abs(df['Total Assets'].shift(12))
2  fs.draw_chart(df, left='Total Assets Growth', right=['Total Assets',
   'Shareholders Equity'])
```

Out

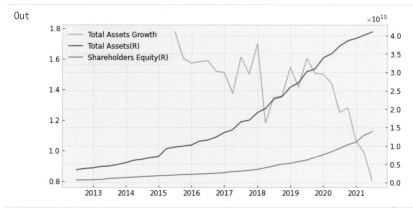

빨간색이 총자산, 하늘색이 자산증가율이다. 이번에는 자본 구조를 함께 보고 싶어서 총자본(보라색)까지 함께 그려봤다. 자산 역시 꾸준히 증가하고 있는데, 증가율은 점점 줄어들고 있다. 자산은 자본+부채로 이루어지는데 보라색 그래프인 자본은 자산에 비해 훨씬 아래 있는 것을 보면 부채를 많이 끌어와 투자를 해왔다는 의미로 레버리지를 많이 활용하고 있다고 이해하면 된다.

백테스팅

성장은 좋은 것이다. 그럼 긍정적인 지표의 증가율이 높은 기업을 선택해 투자하면 돈을 벌었을까? 백테스팅을 통해 확인해보자. 먼저 매출액증가율(3년) 상위 30개 종목에 투자하는 경우를 테스트해보자. 이제 익숙해졌으니 코드는 모아서 한 번에 보겠다.

```
1  # Revenue Growth
2  terms = fs.set_terms(trade_start='2011Q1', trade_end='2021Q1')
```

```
3    data = {}

4    for t in terms:

5        data[t] = fs.fn_consolidated(otp='OTP', term=t)

6    s = {}

7    signal = {}

8    y = 3

9    for t in terms:

10       if list(terms).index(t) >= y*4:

11           prev_t = fs.quarters_before(terms, t, y*4)

12           data[t]['Revenue Growth'] = ( data[t]['Revenue'] - data[prev_t]['Revenue']
     ) / abs(data[prev_t]['Revenue'])

13           s[t] = fs.fn_filter(data[t], by='Revenue Growth', floor=0, n=30,
     asc=False)

14           signal[t] = list(s[t].index)

15   df = fs.backtest(signal=signal, data=data, m=3, cost=.001)

16   fs.draw_return(df)
```

Out   CAGR: 12.49%
       Accumulated return: 128.05%
       Investment period: 7.0yrs
       Sharpe ratio: 0.59
       MDD: -26.45%

2행은 테스트에 이용할 재무 데이터의 기간을 설정한다. 3행~5행은 재무 데이터를 받아온다.

8행은 몇 년 전과 비교해 성장률을 구할 것인지를 정한다. 여기에서는 3년 전 데이터와 비교하기 위해 y=3으로 지정한다.

10행은 새로운 부분인데, 3년 전 데이터와 비교하기 위해 추가된 부분이다. 3년 전 데이터와 비교하려면 3년 전 데이터가 있어야 한다. 그래서 현재 데이터 t가 y*4 보다 큰지 비교하여 yes라면 이하를 수행한다. 11행은 quarters_before( ) 함수를 이용해 t 보다 12개 전 분기 값을 가져와 prev_t에 저장한다. prev_t 시점 대비 증가율을 구하기 위함이다.

12행은 $\dfrac{\text{현재값} - \text{기준값}}{\text{기준값}}$ 으로 매출액증가율을 구한다. 매출액의 현재 값은 data[t]['Revenue']이고, 이전 값은 data[prev_t]['Revenue']이다. 13행은 매출액증가율 (by='Revenue Growth')이 큰 값부터(asc=False) 상위 30개(n=30) 종목을 선정한다. 15행은 분기 말 기준 3개월 후(m=3)에 리밸런싱 하는 방식으로 백테스팅을 진행한다.

테스트 결과 매출액증가율 상위 종목만으로 구성한 포트폴리오는 성과가 흡족하진 않았다. 다른 지표도 살펴보자. 이번에는 영업이익증가율(3년)이다.

```
1   # Operating Income Growth
2   terms = fs.set_terms(trade_start='2011Q1', trade_end='2021Q1')
3   data = {}
4   for t in terms:
5       data[t] = fs.fn_consolidated(otp='OTP', term=t)
6   s = {}
7   signal = {}
8   y = 3
9   for t in terms:
10      if list(terms).index(t) >= y*4:
11          prev_t = fs.quarters_before(terms, t, y*4)
12          data[t]['Operating Income Growth'] = ( data[t]['Operating Income'] -
    data[prev_t]['Operating Income'] ) / abs(data[prev_t]['Operating Income'])
13          s[t] = fs.fn_filter(data[t], by='Operating Income Growth', floor=0, n=30,
    asc=False)
14          signal[t] = list(s[t].index)
15  df = fs.backtest(signal=signal, data=data, m=3, cost=.001)
```

```
16    fs.draw_return(df)
```

Out   CAGR: 4.88%

Accumulated return: 39.64%

Investment period: 7.0yrs

Sharpe ratio: 0.20

MDD: -45.14%

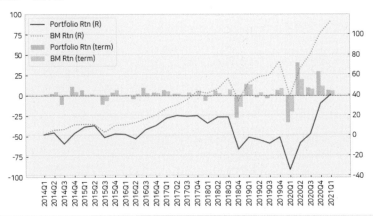

앞 코드에서 12행~13행의 매출액증가율 계산 부분이 영업이익증가율로 바뀌고 나머지는 동일하다.

순이익증가율도 해보자.

```
1    # Net Income Growth

2    terms = fs.set_terms(trade_start='2011Q1', trade_end='2021Q1')

3    data = {}

4    for t in terms:

5        data[t] = fs.fn_consolidated(otp='OTP', term=t)

6    s = {}

7    signal = {}

8    y = 3

9    for t in terms:

10       if list(terms).index(t) >= y*4:

11           prev_t = fs.quarters_before(terms, t, y*4)
```

```
12          data[t]['Net Income Growth'] = ( data[t]['Net Income'] -
       data[prev_t]['Net Income'] ) / abs(data[prev_t]['Net Income'])
13          s[t] = fs.fn_filter(data[t], by='Net Income Growth', floor=0, n=30,
       asc=False)
14          signal[t] = list(s[t].index)
15     df = fs.backtest(signal=signal, data=data, m=3, cost=.001)
16     fs.draw_return(df)
```

```
Out    CAGR: 2.89%
       Accumulated return: 22.06%
       Investment period: 7.0yrs
       Sharpe ratio: 0.13
       MDD: -35.39%
```

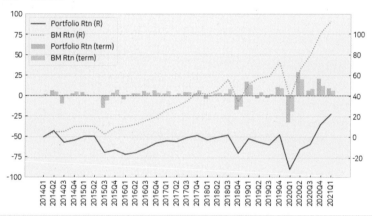

순이익증가율도 그다지 쓸만한 지표는 아니었다.

성장률 지표 자체는 별 효과가 없었다. 그렇다면 다른 지표와 섞어보면 어떨까? 순이익대비 저평가 종목인 저PER 종목이면서도 순이익증가율이 높은 종목을 섞어보자.

```
1    # PER + Net Income Growth
2    terms = fs.set_terms(trade_start='2011Q1', trade_end='2021Q1')
3    data = {}
4    for t in terms:
5        data[t] = fs.fn_consolidated(otp='OTP', term=t)
6    s1 = {}
```

```
 7    s2 = {}
 8    s = {}
 9    signal = {}
10    y = 3
11    for t in terms:
12        if list(terms).index(t) >= y*4:
13            prev_t = fs.quarters_before(terms, t, y*4)
14            data[t]['PER'] = data[t]['Price_M3'] / data[t]['EPS']
15            data[t]['Net Income Growth'] = ( data[t]['Net Income'] -
       data[prev_t]['Net Income'] ) / abs(data[prev_t]['Net Income'])
16            s1[t] = fs.fn_score(data[t], by='PER', floor=1, cap=10, asc=True)
17            s2[t] = fs.fn_score(data[t], by='Net Income Growth', floor=0, asc=False)
18            s[t] = fs.combine_score(s1[t], s2[t], n=30)
19            signal[t] = list(s[t].index)
20    df = fs.backtest(signal=signal, data=data, m=3, cost=.001)
```

```
Out   CAGR: 4.42%
      Accumulated return: 35.36%
      Investment period: 7.0yrs
      Sharpe ratio: 0.16
      MDD: -52.99%
```

14행은 PER을, 15행은 순이익증가율을 계산한다. 16행은 PER이 1에서(floor=1) 10 사이
(cap=10)인 종목을 오름차순(asc=True)으로 줄 세워 점수를 매긴다. 저PER 종목일수록 점수
가 높다. 17행은 순이익증가율이 0 이상(floor=0)인 종목을 내림차순(asc=False)으로 줄 세
워 점수를 매긴다. 순이익증가율이 높을수록 높은 점수를 준다. 18행은 두 점수를 합산해 점수
가 높은 상위 30개 종목을 선정한다.

백테스트 결과는 씁쓸하다. 이익 대비 주가가 낮은데 이익이 막 증가하고 있다면 앞으로 주가
가 올라갈 확률이 높을 것 같았지만, 실제로는 그렇지 않은 것이다. 이런 종목은 저평가의 이유
가 이익이 아니라 다른 데 있기 때문일 것이다.

그러면 출신이 다른 지표를 섞어보자. 자본대비주가 수준인 PBR과 영업이익증가율로 해보자.

```
1    # PBR + Operating Income Growth

2    terms = fs.set_terms(trade_start='2011Q1', trade_end='2021Q1')

3    data = {}

4    for t in terms:

5        data[t] = fs.fn_consolidated(otp='OTP', term=t)

6    s1 = {}

7    s2 = {}

8    s = {}

9    signal = {}

10   y = 3

11   for t in terms:

12       if list(terms).index(t) >= y*4:

13           prev_t = fs.quarters_before(terms, t, y*4)

14           data[t]['PBR'] = data[t]['Price_M3'] / ( data[t]['Shareholders Equity'] / data[t]['Shares'] )

15           data[t]['Operating Income Growth'] = ( data[t]['Operating Income'] - data[prev_t]['Operating Income'] ) / abs(data[prev_t]['Operating Income'])

16           s1[t] = fs.fn_score(data[t], by='PBR', floor=.1, cap=1, asc=True)

17           s2[t] = fs.fn_score(data[t], by='Operating Income Growth', floor=0, asc=False)

18           s[t] = fs.combine_score(s1[t], s2[t], n=30)

19           signal[t] = list(s[t].index)

20   df = fs.backtest(signal=signal, data=data, m=3, cost=.001)
```

```
Out   CAGR: 6.98%
      Accumulated return: 60.46%
      Investment period: 7.0yrs
      Sharpe ratio: 0.22
      MDD: -53.71%
```

16행은 PBR이 1에서(floor=.1) 10 사이(cap=1)인 종목을 오름차순(asc=True)으로 줄 세워 점수를 매긴다. 저PBR 종목일수록 점수가 높다. 17행은 영업이익증가율이 0 이상(floor=0)인 종목을 내림차순(asc=False)으로 줄 세워 점수를 매긴다. 영업이익증가율이 높을수록 높은 점수를 준다. 18행에서 PBR 점수와 영업이익증가율 점수를 합산해 점수가 높은 30개 종목을 선정한다. 결과가 영 신통치 않다. 성장률은 좀 더 많은 튜닝이 필요한 것 같다.

6.6 부지런한 기업, 회전율 지표

1인분에 10만 원이 넘는 고급 레스토랑에 가면 한참을 앉아서 느긋하게 식사를 즐기고 후식까지 먹고 나온다. 레스토랑이 고급 질수록 식사 시간은 길어지는데, 최고급 레스토랑은 족히 2시간도 앉아있게 된다. 반면 골목 분식집은 어떤가? 떡볶이나 김밥 한 줄 먹고 나오는데 10분이면 충분하다. 최고급 레스토랑이 2시간에 1명에게 팔 수 있다면, 분식집은 같은 시간 동안 10명에게 팔 수 있다. 분식집은 테이크아웃도 많고, 테이블 간격도 고급 레스토랑보다 훨씬 좁다. 이런 부분까지 감안하면 분식집은 2시간에 20명에게도 팔 수 있다. 물론 음식 단가가 다르니 수익도 다르다. 하지만 매장 인테리어 비용이나 종업원 인건비 등까지 고려한다면 최고급 레스토랑이 골목 분식집보다 수익성이 더 나을 거라고 장담하기 어렵다.

최고급 레스토랑이 1명에게 팔 때, 분식집은 20명에게 판다면 두 식당의 매출은 비슷해진다. 10만 원짜리 식사를 파는 최고급 레스토랑의 매출과 5천 원짜리 식사를 파는 분식집의 매출을 비슷하게 만드는 원인은 바로 회전율이다. 회전율은 동일한 자원을 가지고 얼마나 부지런히 사업을 돌려 매출을 일으키는지를 판단하는 지표다. 기업이 돈을 버는 속도라고 이해할 수 있다.

회전율 지표도 다양하게 있다. 자산대비매출을 측정하는 총자산회전율, 매출채권대비 매출을 측정하는 매출채권회전율, 재고대비매출원가를 측정하는 재고자산회전율(한국에서는 매출원가 대신 매출액으로 계산) 등이 대표적이다.

$$총자산회전율 = \frac{매출액(Revenue)}{총자산(Total\ Assets,\ averaged)}$$

$$매출채권회전율 = \frac{매출액(Revenue)}{매출채권(Receivables,\ averaged)}$$

$$재고자산회전율 = \frac{매출원가(Cost\ of\ Revenue)}{재고자산(Inventory,\ averaged)}$$

총자산회전율이 낮으면 기업이 비효율적으로 운영되고 있다고 해석할 수 있다. 총자산회전율과 비슷한 지표로 운전자본회전율도 있는데, 분모의 총자산을 운전자본으로 바꿔서 구한다.

매출채권회전율이 높으면 외상으로 물건을 파는 일이 줄었다는 뜻이다. 제품의 경쟁력이 높아지거나 거래처의 질이 높아지는 경우로 해석할 수 있다.

매출채권회전율과 반대되는 개념으로 매입채무회전율이 있는데, 이것은 외상으로 사 온 물건의 돈을 얼마나 빨리 주는지를 측정하는 지표다. 매입채무회전율이 낮아지면 회사가 갑질을 더 많이 한다고 생각할 수 있는데, 갑질이라는 건 파워가 있어야 할 수 있는 것이니 투자자 입장에서는 좋은 시그널이다. 재고자산회전율을 계산할 때는 한국에서는 보통 분자에 매출액을 넣고 구하는데, 미국에서는 매출원가를 넣고 계산한다. 재고자산회전율이 높다는 것은 물건을 만드는 족족 팔아 치운다는 뜻이니 좋은 시그널이다. 하지만 재고자산회전율이 너무 높으면 수요에 비해 공급이 달린다고도 판단할 수 있다. 코로나19 확산 초기에 마스크가 부족했던 시기를 떠올리면 된다. 이것은 영업 환경이 매우 좋은 상황일 수도 있지만, 기업이 재고 관리를 제대로 못해 발생하는 일일 수도 있다.

지표 산출

자동차의 대명사 포드Ford Motor Company[11] (F) 데이터를 이용해 회전율 지표들을 산출해보자.

먼저 포드의 재무 데이터를 가져온다.

```
1   df = fs.fn_single(otp='OTP', symbol='F', window='T')
Out
```

총자산회전율을 계산하기 위해 먼저 총자산의 평균을 구한다. 전년도(기초)의 총자산과 당기(기말)의 총자산의 평균을 구하면 된다. 전년도 총자산은 df['Total Assets'].shift(4)를 이용해 기간을 4분기씩 당겨 계산할 수 있다.

```
1   df['Avy Assets'] - ( df['Total Assets'] + df['Total Assets'].shift(4) ) / 2
Out
```

---

11 창업자 헨리 포드의 이름을 딴 미국의 자동차 회사로 세계 최초로 자동차를 대량 생산할 수 있는 생산라인을 개발 및 도입했다.

평균 총자산이 구해졌다면 이제 총자산회전율을 계산한다. 매출액(Revenue)을 평균 총자산(Avg Assets)으로 나누면 된다.

```
1  df['Asset Turnover'] = df['Revenue'] / df['Avg Assets']
```
Out

총자산회전율이 주가와 얼마나 연관성이 있는지 보기 위해 그래프로 그려보자.

```
1  fs.draw_chart(df, left='Asset Turnover', right='Price')
```
Out

하늘색이 총자산회전율, 빨간색이 주가이다. 이 차트로 봐서는 총자산회전율과 주가가 조금은 연관이 있어 보인다.

 잠깐 │ 두 데이터가 진짜로 관계있는지 통계적으로 판단하고 싶다면 회귀분석을 통해 검증해볼 수 있다. 통계적 유의성 검정은 고등 수학의 범위를 벗어나니 이 책에서는 다루지 않는다.

이번에는 매출채권회전율을 산출해보자. 매출채권회전율도 앞에서와 마찬가지로 매출채권의 평균을 먼저 구한 후 진행한다. 코드는 모아서 한 번에 보겠다.

```
1  df['Avg Receivables'] = ( df['Receivables'] + df['Receivables'].shift(4) ) / 2
2  df['Receivable Turnover'] = df['Revenue'] / df['Avg Receivables']
3  fs.draw_chart(df, left='Receivable Turnover', right='Price')
```

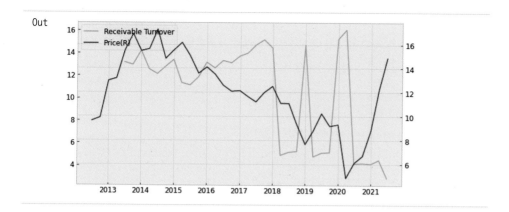

차트상에서 매출채권회전율 그래프는 주가와 관련있어 보이지는 않는다. 같은 방법으로 재고 자산회전율도 구해본다.

```
1   df['Avg Inventory'] = ( df['Inventory'] + df['Inventory'].shift(4) ) / 2
2   df['Inventory Turnover'] = df['COGS'] / df['Avg Inventory']
3   fs.draw_chart(df, left='Inventory Turnover', right='Price')
```

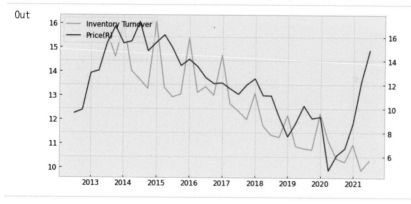

매출채권회전율보다는 주가에 더 가까워 보인다.

이상 회전율 지표의 대표 주자 3개를 산출해봤다. 다른 회진율 지표도 마찬가지 방법으로 산출할 수 있으니 어디선가 '이 지표가 괜찮더라'하는 말을 들으면 직접 산출해서 테스트해보자. 업종마다 적합한 지표가 다르기 때문에 일일이 테스트를 통해 확인해볼 필요가 있다.

백테스팅

총자산회전율이 높은 주식만 골라 투자하면 어떨까? 분기별로 총자산회전율이 높은 30개 종목을 선정해 투자하는 전략을 백테스팅 해보자.

```
 1   # Asset Turnover
 2   terms = fs.set_terms(trade_start='2011Q1', trade_end='2021Q1')
 3   data = {}
 4   for t in terms:
 5       data[t] = fs.fn_consolidated(otp='OTP', term=t)
 6   s = {}
 7   signal = {}
 8   for t in terms:
 9       prev_t = fs.quarters_before(terms, t, 4)
10       data[t]['Avg Assets'] = ( data[t]['Total Assets'] +
     data[prev_t]['Total Assets'] ) / 2
11       data[t]['Asset Turnover'] = data[t]['Revenue'] / data[t]['Avg Assets']
12       s[t] = fs.fn_filter(data[t], by='Asset Turnover', floor=0, n=30, asc=False)
13       signal[t] = list(s[t].index)
14   df = fs.backtest(signal=signal, data=data, m=3, cost=.001)
```

```
Out   CAGR: 17.19%
      Accumulated return: 389.04%
      Investment period: 10.0yrs
      Sharpe ratio: 1.52
      MDD: -23.82%
```

10행에서 평균 총자산을 구한다. 11행에서는 매출액(Revenue)을 평균 총자산(Avg Assets)으로 나누어 총자산회전율(Asset Turnover)을 구한다. 12행은 총자산회전율을 (by='Asset Turnover')기준 내림차순(asc=False)으로 상위 30개(n=30) 종목을 선정한다. 상위 30개 종목을 선정하는 필터라 하한 값은 실질적인 의미가 없지만, 이변이 발생할 경우를 대비해 하한 값도 0으로 설정(floor=0) 해준다.

총자산회전율만 가지고 전략을 꾸렸는데 성과가 상당하다. MDD도 준수한 수준이다. 수익률 차트를 보자.

```
1   fs.draw_return(df)
```

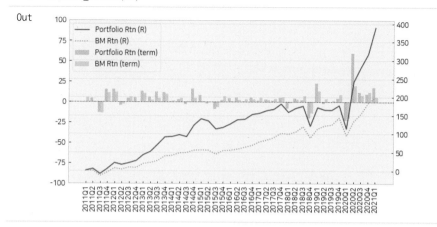

총자산회전율이 뭐길래 이렇게 성과가 좋은 걸까? 이쯤 되면 눈치 빠른 독자는 촉이 왔을지도 모르겠다. 회계의 관점에서 총자산회전율은 자산이 얼마나 효율적으로 매출로 연결되느냐, 즉 자산을 굴려서 돈을 만들어내는 속도라고 소개했는데, 시점을 살짝 돌려 투자의 관점으로 돌아가 보자. 주식투자자의 눈으로 보면 지금까지 살펴본 ROA, GP/A, 총자산회전율은 모두 비슷한 지표다.

그림 6-6 총자산회전율, GP/A, ROA의 관계

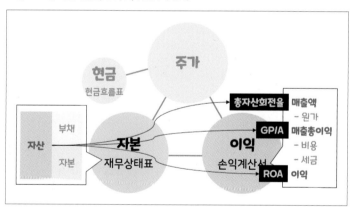

자산대비 매출액Revenue은 총자산회전율, 매출총이익Gross Profit은 GP/A, 당기순이익Net Income은 ROA가 된다. 셋 다 이익 지표라고 보면 되고, 손익계산서에서 어느 위치에 있는 이익과 비교

하는지가 다르다. 백테스팅 결과 위쪽에 있는 지표일수록 수익이 좋았다. 시장은 더 위쪽에 있는 가공되지 않은 지표를 높게 평가한다는 뜻이다.

그럼 우리도 그린블라트Joel Greenblatt[12]나 노비막스처럼 새로운 투자 전략을 만들어보자. ROA와 ROE의 비교에서는 ROA보다 ROE가 월등한 성과를 보였다. 주가는 자산 전체보다 주주의 재산에 대한 가치가 더 중요하기 때문이다. 그럼 같은 개념으로 GP/A 대신 GP/E를 만들어보면 어떨까? 총자산회전율도 총자본회전율로 바꿔볼 수 있다. 데이터도 있고 퀀트머신도 있으니 어떤 지표라도 만들고 테스트 해볼 수 있다.

GP/E 부터 테스트 해보자. GP/E는 GP/A에서 자산Asset을 자본Equity으로 바꿔준다.

```
1   # GP/E
2   terms = fs.set_terms(trade_start='2011Q1', trade_end='2021Q1')
3   data = {}
4   for t in terms:
5       data[t] = fs.fn_consolidated(otp='OTP', term=t)
6   s = {}
7   signal = {}
8   for t in terms:
9       prev_t = fs.quarters_before(terms, t, 4)
10      data[t]['Avg Equity'] = ( data[t]['Shareholders Equity'] +
    data[prev_t]['Shareholders Equity'] ) / 2
11      data[t]['GP/E'] = data[t]['Gross Profit'] / data[t]['Avg Equity']
12      data[t].loc[(data[t]['Gross Profit']<0) | (data[t]['Avg Equity']<0) |
    (data[t]['Shareholders Equity']<0), 'GP/E'] = float('nan')
13      s[t] = fs.fn_filter(data[t], by='GP/E', floor=0, n=30, asc=False)
14      signal[t] = list(s[t].index)
15  df = fs.backtest(signal=signal, data=data, m=3, cost=.001)
```

```
Out   CAGR: 16.83%
      Accumulated return: 374.48%
      Investment period: 10.0yrs
      Sharpe ratio: 1.45
      MDD: -35.25%
```

----

12 고담캐피털의 설립자이자 마법공식으로 유명한 투자자.

GP/E의 성과는 GP/A보다 별로 개선되지 못했다. (6.3절 참조) 총자본회전율도 테스트해보자. 총자산회전율에서 자산을 자본으로 바꿔준다.

```
1   # S/E, Equity Turnover
2   terms = fs.set_terms(trade_start='2011Q1', trade_end='2021Q1')
3   data = {}
4   for t in terms:
5       data[t] = fs.fn_consolidated(otp='OTP', term=t)
6   s = {}
7   signal = {}
8   for t in terms:
9       prev_t = fs.quarters_before(terms, t, 4)
10      data[t]['Avg Equity'] = ( data[t]['Shareholders Equity'] +
        data[prev_t]['Shareholders Equity'] ) / 2
11      data[t]['Equity Turnover'] = data[t]['Revenue'] / data[t]['Avg Equity']
12      s[t] = fs.fn_filter(data[t], by='Equity Turnover', floor=0, n=30, asc=False)
13      signal[t] = list(s[t].index)
14  df = fs.backtest(signal=signal, data=data, m=3, cost=.001)
```

```
Out   CAGR: 21.40%
      Accumulated return: 596.64%
      Investment period: 10.0yrs
      Sharpe ratio: 2.20
      MDD: -29.85%
```

수익률 그래프도 그려보자.

```
1  fs.draw_return(df)
```

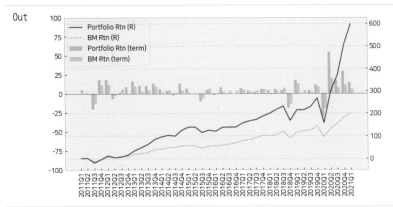

이 지표의 이름은 ROE와 헷갈리지 않도록 S/E$^{\text{Sales to Equity ratio}}$라고 하자. 다시 본론으로 돌아와 매출채권회전율$^{\text{Receivable Turnover}}$을 테스트해보자.

```
1   # Receivable Turnover

2   terms = fs.set_terms(trade_start='2011Q1', trade_end='2021Q1')

3   data = {}

4   for t in terms:

5       data[t] = fs.fn_consolidated(otp='OTP', term=t)

6   s = {}

7   signal = {}

8   for t in terms:

9       prev_t = fs.quarters_before(terms, t, 4)

10      data[t]['Avg Receivables'] = ( data[t]['Receivables'] + data[prev_t]['Receivables'] ) / 2

11      data[t]['Receivable Turnover'] = data[t]['Revenue'] / data[t]['Avg Receivables']

12      s[t] = fs.fn_filter(data[t], by='Receivable Turnover', floor=0, n=30, asc=False)

13      signal[t] = list(s[t].index)

14  df = fs.backtest(signal=signal, data=data, m=3, cost=.001)
```

```
Out  CAGR: 16.57%

     Accumulated return: 363.97%

     Investment period: 10.0yrs

     Sharpe ratio: 1.35

     MDD: -32.84%
```

10행~11행에서 매출채권회전율을 계산했다. 12행은 매출채권회전율이 높은 상위 30개 종목을 선정한다. 결과는 총자산회전율보다 못하다. 이번에는 재고자산회전율^{Inventory Turnover}이다.

```
1   # Inventory Turnover
2   terms = fs.set_terms(trade_start='2011Q1', trade_end='2021Q1')
3   data = {}
4   for t in terms:
5       data[t] = fs.fn_consolidated(otp='OTP', term=t)
6   s = {}
7   signal = {}
8   for t in terms:
9       prev_t = fs.quarters_before(terms, t, 4)
10      data[t]['Avg Inventory'] = ( data[t]['Inventory'] + data[prev_t]['Inventory'] ) / 2
11      data[t]['Inventory Turnover'] = data[t]['COGS'] / data[t]['Avg Inventory']
12      s[t] = fs.fn_filter(data[t], by='Inventory Turnover', floor=0, n=30,
    asc=False)
13      signal[t] = list(s[t].index)
14  df = fs.backtest(signal=signal, data=data, m=3, cost=.001)
```

```
Out  CAGR: 15.13%
     Accumulated return: 309.58%
     Investment period: 10.0yrs
     Sharpe ratio: 1.40
     MDD: -30.15%
```

10행~11행에서 재고자산회전율을 계산한다. 12행은 재고자산회전율이 높은 상위 30개 종목을 선정한다. 결과는 역시 총자산회전율만 못하다. 여기에서는 전체 기업에 적용했지만, 제조업같이 재고가 얼마나 잘 도는지가 중요한 업종에 특화된 전략이라면 재고자산회전율이 더 의미 있는 결과를 가져올 수 있을 것이다.

6.7 해자가 있는 기업, 이익률 지표

주식투자 관련 유튜브를 자주 본 독자라면 경제적 해자^{moat}가 있는 기업을 사라는 말을 많이 들어봤을 것이다. 해자는 성을 지키기 위해 성벽을 따라 만든 호수를 말하며, 경제적 해자는 경쟁에서 기업을 지키는 수단을 의미한다. 위기가 찾아와도 기업을 굳건히 지킬 수 있게 만드는 수단, 즉 남이 넘볼 수 없는 경쟁력이다. 경쟁력의 원천은 독점적 지위, 우월한 기술, 브랜드 파워 등 다양한데 숫자로 나타나기보다는 무형의 가치로 측정되는 것이 대부분이어서 정성적 분석을 통해 파악할 필요가 있다. 따라서 경제적 해자를 발견하려면 한 땀 한 땀 기업을 분석하는 노력이 필요하다.

경제적 해자가 있는 기업 발굴을 위한 노력은 퀀트 사이에서도 있었는데, 그 방법에 쓰이는 도구 중 하나가 이익률, 즉 마진^{margin}이다. 마진은 제품을 팔면 얼마가 남느냐를 의미한다. 마진이 10%라면 100원어치를 팔면 10원이 남는다는 뜻이다. 수요-공급의 법칙에 따르면 기업이 제품 가격을 올리면 수요는 줄어들기 마련이다. 하지만 해당 제품을 대체할 만한 대체재가 없거나, 워낙 경쟁력이 있는 제품일 경우에는 기업이 가격을 올려도 수요가 줄어드는 폭이 줄어든다. 이런 제품을 가진 기업을 경제적 해자가 있는 기업이라고 할 수 있는데, 이들은 강력한 무형의 가치를 가지고 있어 영업이익률이 높은 경향이 있다. 따라서 이익률이 높은 기업을 찾음으로써 해자가 있는 기업 발굴에 간접적으로 접근할 수 있다.

이익률은 매출총이익률, 영업이익률, 순이익률 등이 있다. 각각 손익계산서의 이익 항목을 매출액으로 나눠서 구한다.

그림 6-7 이익률 계산

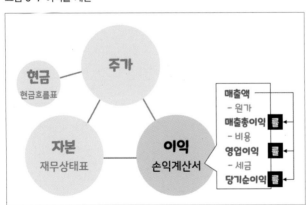

산식은 아래와 같다.

$$\text{매출총이익률(Gross M\,arg\,in)} = \frac{\text{매출총이익(Gross Profit)}}{\text{매출액(Revenue)}}$$

$$\text{영업이익률(Operating M\,arg\,in)} = \frac{\text{영업이익(Operating Income)}}{\text{매출액(Revenue)}}$$

$$\text{순이익률(Net Profit M\,arg\,in)} = \frac{\text{당기순이익(Net Income)}}{\text{매출액(Revenue)}}$$

이익률은 기업이 어떤 형태의 사업을 영위하는지에 따라 크게 달라진다. 특히 매출총이익률은 원가가 많이 들어가는 사업(제조, 통신 등)이 원가가 적게 들어가는 사업(금융, IT 등)보다 낮을 수밖에 없다. 따라서 이익률을 분석할 때는 업종을 구분해서 분석할 필요가 있다.

지표 산출

이익률 지표를 산출해보자. 퀀트머신을 이용하기 위해 브라우저를 열어 주소창에 `https://colab.research.google.com/`을 입력해 구글 콜랩에 접속하고 로그인한다. 셀에 아래 코드를 입력하고 `Shift` + `Enter`를 눌러 실행해 핀터스텔라 라이브러리를 설치한다.

```
1   pip install finterstellar
```
Out

퀀트머신의 엔진인 핀터스텔라 라이브러리를 불러온다.

```
1   import finterstellar as fs
```
Out

우선 원가가 적게 들어가는 금융업의 골드만삭스Goldman Sachs[13](GS)부터 시작해보자. 먼저 재무 데이터를 받아온다.

```
1   df = fs.fn_single(otp='OTP', symbol='GS', window='T')
```
Out

---

13 투자 및 증권 업무와 기타 종합 금융 서비스를 제공하는 대표적인 미국계 다국적 투자은행.

이제 공식대로 각 이익률을 구한다.

```
1  df['Gross Margin'] = df['Gross Profit'] / df['Revenue']
2  df['Operating Margin'] = df['Operating Income'] / df['Revenue']
3  df['Profit Margin'] = df['Net Income'] / df['Revenue']
```
Out

산출된 이익률을 차트로 그려보자.

```
1  fs.draw_chart(df, left=['Gross Margin', 'Operating Margin', 'Profit Margin'],
   right='Price')
```

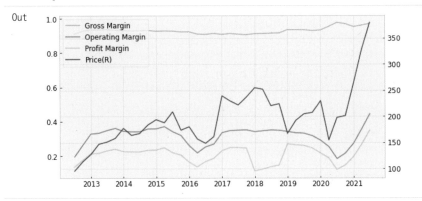

왼쪽 y축은 이익률을, 오른쪽 y축은 주가를 표시한다.

하늘색이 매출총이익률인데, 값이 90%(0.9)를 상회한다. 100원을 벌면 90원 이상이 매출총이익으로 잡히는 원가(원료비, 직접인건비)가 거의 안 들어가는 사업이라는 의미다. 녹색은 영업이익률이다. 매출총이익에서 간접인건비와 연구개발비, 판관비 등을 빼주면 영업이익이 나오는데, 금융업의 경우 원가는 소소하지만 일반 관리비가 대부분이라 영업이익률은 20%~30% 수준으로 내려온다.

마지막으로 노란색은 순이익률이다. 영업이익에서 이자와 세금까지 제하면 순이익이 남아 최종적으로는 10%~20% 수준의 순이익률을 기록했다.

이번에는 IT업계의 구글(GOOGL)의 이익률을 살펴보자.

```
1  df = fs.fn_single(otp='OTP', symbol='GOOGL', window='T')
2  df['Gross Margin'] = df['Gross Profit'] / df['Revenue']
3  df['Operating Margin'] = df['Operating Income'] / df['Revenue']
4  df['Profit Margin'] = df['Net Income'] / df['Revenue']
5  fs.draw_chart(df, left=['Gross Margin', 'Operating Margin', 'Profit Margin'], right='Price')
```

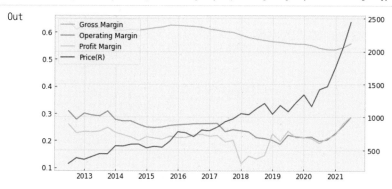

구글의 매출총이익률은 50%~60% 수준이다. 영업이익률은 20%~30%, 순이익률은 20% 내외를 유지하고 있다. IT 업계는 금융업보다 매출총이익률이 많이 낮아진 것이 눈에 띈다.

그럼 제조업은 어떨까? 자동차 회사인 포드(F)의 이익률을 살펴보자.

```
1  df = fs.fn_single(otp='OTP', symbol='F', window='T')
2  df['Gross Margin'] = df['Gross Profit'] / df['Revenue']
3  df['Operating Margin'] = df['Operating Income'] / df['Revenue']
4  df['Profit Margin'] = df['Net Income'] / df['Revenue']
5  fs.draw_chart(df, left=['Gross Margin', 'Operating Margin', 'Profit Margin'], right='Price')
```

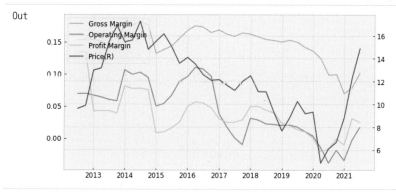

포드는 제조업인 만큼 재료비가 많이 들어간다. 그래서 매출총이익률이 15% 수준이다. 앞서 살펴본 골드만삭스나 구글의 영업이익률보다도 낮다. 녹색으로 표시된 영업이익률은 5%~10% 수준이었다가 최근에는 마이너스로 내려갔다. 순이익률은 더 낮아서 5%가 안되는 기간이 많았고, 현재는 마이너스 상태이다.

 잠깐 이처럼 업종마다 이익률의 수준은 급격히 달라진다.

박리다매의 대명사 창고형 마트 코스트코(COST)는 어떨까?

```
1   df = fs.fn_single(otp='OTP', symbol='COST', window='T')
2   df['Gross Margin'] = df['Gross Profit'] / df['Revenue']
3   df['Operating Margin'] = df['Operating Income'] / df['Revenue']
4   df['Profit Margin'] = df['Net Income'] / df['Revenue']
5   fs.draw_chart(df, left=['Gross Margin', 'Operating Margin', 'Profit Margin'],
    right='Price')
```

Out

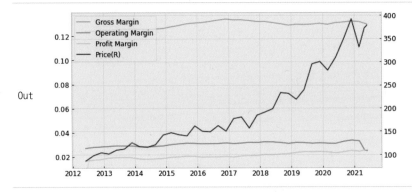

수치를 보기 전 꾸준한 이익률이 눈에 띈다. 매출총이익률은 13% 수준을 유지하고 있다. 코스트코 물건값의 87% 정도는 원가라는 의미이니 소비자 입장에서 참 좋은 마트다. 영업이익률은 3%, 순이익률은 2% 수준이다.

그럼 코스트코와 같은 소매업이지만 마트가 아닌 백화점은 어떨까? 노드스트롬NORDSTROM INCORPORATED[14] (JWN)을 분석해보자.

....
14 미국의 패션 전문 소매업체로 미국 전역에 여러 개의 백화점 매장을 운영하고 있다.

```
1   df = fs.fn_single(otp='OTP', symbol='JWN', window='T')

2   df['Gross Margin'] = df['Gross Profit'] / df['Revenue']

3   df['Operating Margin'] = df['Operating Income'] / df['Revenue']

4   df['Profit Margin'] = df['Net Income'] / df['Revenue']

5   fs.draw_chart(df, left=['Gross Margin', 'Operating Margin', 'Profit Margin'],
    right='Price')
```

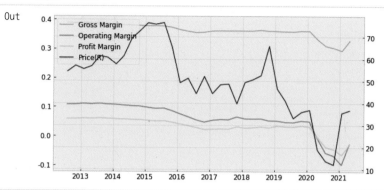

코스트코와는 확연히 다르다. 코로나19 때문에 확 줄어든 2020년을 제외하면 매출총이익률이 35%~40%, 영업이익률은 10% 내외, 순이익률은 5%~7% 수준이다. 같은 업종이어도 마트와 백화점은 어마어마한 이익률의 차이를 보여준다.

백테스팅

그럼 이익률을 이용해 투자를 하면 어떨까? 단순하게 분기별로 이익률 상위 30개 종목을 골라서 투자하는 전략을 테스트해보자.

먼저 매출총이익률이다.

```
1   # Gross Margin

2   terms = fs.set_terms(trade_start='2011Q1', trade_end='2021Q1')

3   data = {}

4   for t in terms:

5       data[t] = fs.fn_consolidated(otp='OTP', term=t)

6   s = {}

7   signal = {}
```

```
8   for t in terms:
9       data[t]['Gross Margin'] = data[t]['Gross Profit'] / data[t]['Revenue']
10      s[t] = fs.fn_filter(data[t], by='Gross Margin', floor=0, n=30, asc=False)
11      signal[t] = list(s[t].index)
12  df = fs.backtest(signal=signal, data=data, m=3, cost=.001)
13  fs.draw_return(df)
```

Out   CAGR: 16.90%
       Accumulated return: 377.24%
       Investment period: 10.0yrs
       Sharpe ratio: 1.25
       MDD: -30.14%

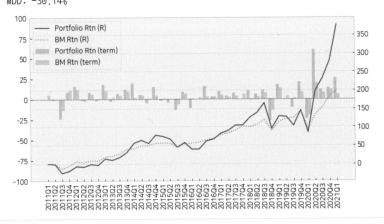

9행에서 분기별 매출총이익률을 구한다. 10행은 매출총이익률을 기준으로 상위 30개 종목을 선정한다. 성과는 괜찮다. 하지만 앞에서 살펴봤듯이 이익률을 이용할 때는 업종을 구분할 필요가 있다. 재무 데이터를 상세히 들여다본 경험이 있다면 알고 있겠지만, 바이오나 금융 업종은 기본적으로 매출총이익률이 높다. 매출액 전체가 매출총이익으로 잡히는 기업도 엄청나게 많다. 이러한 한계 때문에 서로 다른 업종의 기업을 한 바구니에 넣고 백테스트 돌리는 것은 좋은 전략을 수립하는 데 도움이 되지 않는다.

이제 특정 업종만을 대상으로 같은 백테스트를 해보자. 여기엔 새로운 코드가 추가된다. 백테스트에 들어가기 전에 업종을 스크리닝 하는 법을 살펴보자. 일단 전체 종목의 섹터sector와 산업industry 분포를 살펴보자. sector_info() 함수를 이용하면 데이터에 들어있는 종목의 섹터와 산업을 분류할 수 있다.

```
1  sector_info = fs.sector_info(data['2020Q3'])

2  sector_info
```

```
Out  sector
     Basic Materials          [Aluminum, Gold, Silver, Specialty Chemicals, ...
     Communication Services   [Advertising Agencies, Entertainment, Broadcas...
     Consumer Cyclical        [Specialty Retail, Auto & Truck Dealerships, G...
     Consumer Defensive       [Beverages—Brewers, Grocery Stores, Farm Produ...
     Energy                   [Oil & Gas Midstream, Oil & Gas E&P, Oil & Gas...
     Financial                              [Foreign Money Center Banks]
     Financial Services       [Banks—Regional, Insurance—Diversified, Credit...
     Healthcare               [Diagnostics & Research, Drug Manufacturers—Ge...
     Industrials              [Airlines, Building Products & Equipment, Airp...
     Other                                                   [Other]
     Real Estate              [Reit—Mortgage, Reit—Diversified, Reit—Residen...
     Technology               [Semiconductors, Consumer Electronics, Softwar...
     Utilities                [Utilities—Renewable, Utilities—Regulated Elec...
     Name: industry, dtype: object
```

10개 업종 및 기타(other)로 총 11개 섹터로 분류되어 있고, 각 섹터마다 산업 분류가 추가로 구성돼있다. sector_info( )를 통해 분류한 업종 정보는 sector_info 딕셔너리에 저장했다.

어떤 섹터들이 있는지 확인했으니, 특정 섹터에 해당하는 종목만 골라내는 필터링 작업을 해보자. 이 작업에는 sector_filter( ) 함수를 이용한다. sector_filter( ) 함수를 호출할 때는 분기별 전체 데이터가 들어있는 데이터프레임(df)과 필터링 해올 섹터(sector)를 지정해 주어야 한다. 섹터는 여러 개를 한꺼번에 선택할 수도 있다.

```
1  fs.sector_filter(df=data['2020Q4'], sector=['Technology'])
```

```
Out          term      Revenue  ...  avg_volume  Gross Margin
     symbol                      ...
     AAOI     2020Q4     234.62  ...      585319          0.22
     AAPL     2020Q4 294,135.00  ...    70907600          0.39
     ACIW     2020Q4   1,294.32  ...      602417          0.52
     ACLS     2020Q4     474.56  ...      198985          0.42
     ACMR     2020Q4     156.62  ...      411804          0.44

     ...         ...        ... ...         ...           ...
     ZI       2020Q4     476.20  ...   455092000          0.82
     ZIXI     2020Q4     218.48  ...    22643600          0.48
     ZM       2020Q4   1,957.13  ...   180101000          0.70
     ZS       2020Q4     480.26  ...    66798800          0.78
     ZUO      2020Q4     296.53  ...    55219300          0.55
     [568 rows x 39 columns]
```

위 코드는 2020년 4분기 재무 데이터가 들어있는 데이터프레임(df=data['2020Q4'])을 넣고, IT 섹터(sector=['Technology'])를 골라온다. 특정 섹터만 골라내는 방법을 알았다면, IT 섹터 종목을 대상으로 매출총이익률 상위 30개 종목에 투자하는 전략을 테스트해보자.

```
1   # Gross Margin
2   terms = fs.set_terms(trade_start='2011Q1', trade_end='2021Q1')
3   data = {}
4   for t in terms:
5       data[t] = fs.fn_consolidated(otp='OTP', term=t)
6   s = {}
7   signal = {}
8   for t in terms:
9       data[t]['Gross Margin'] = data[t]['Gross Profit'] / data[t]['Revenue'] * 100
10      s[t] = fs.sector_filter(df=data[t], sector=['Technology'])
11      s[t] = fs.fn_filter(s[t], by='Gross Margin', floor=0, n=30, asc=False)
12      signal[t] = list(s[t].index)
13  df = fs.backtest(signal=signal, data=data, m=3, cost=.001)
14  fs.draw_return(df)
```

Out CAGR: 17.01%
Accumulated return: 381.71%
Investment period: 10.0yrs
Sharpe ratio: 1.68
MDD: -19.53%

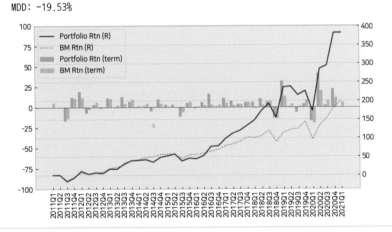

10행이 sector_filter()를 이용해 섹터를 필터링하는 부분이다. IT 섹터만 골라오기 위해 sector=['Technology']로 지정했다. 11행은 fn_filter() 함수를 이용해 매출총이익률 상위 30개 종목을 선정하는 부분인데, 9행에서 뽑아낸 IT 섹터 종목만 넣기 위해 data[t]가 아닌 s[t]를 넣어 준 것을 주의하자.

IT 섹터 종목으로만 했더니 수익률이 훨씬 좋아졌다. 그런데 전략을 IT 섹터에 국한해 시행했다면, 비교 대상인 벤치마크도 S&P 500 대신 기술주로 한정하는 것이 더 좋지 않을까? 비교 대상 벤치마크를 나스닥Nasdaq[15]지수 수익률로 바꿔보자. 나스닥지수를 추종하는 ETF 중 가장 유명한 QQQ[16]로 벤치마크를 지정해보자.

```
1   fs.draw_return(df, bm='QQQ')
```

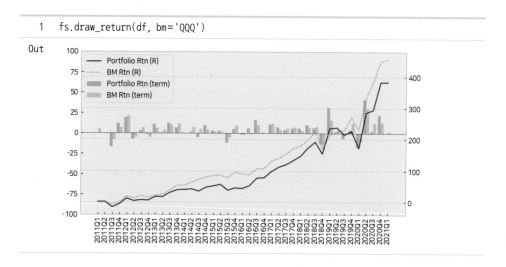

이제 벤치마크BM 지수인 하늘색 점선은 기본값인 S&P 500 지수 수익률이 아니라 QQQ ETF 수익률을 나타낸다. 매출총이익률 전략의 수익률이 벤치마크 수익률보다 못한 것을 확인할 수 있다.

이번에는 영업이익률을 이용해 전략을 구성해보자.

```
1   # Operating Margin
2   terms = fs.set_terms(trade_start='2011Q1', trade_end='2021Q1')
```

---

15 시가총액 기준 뉴욕증권거래서NYSE에 이은 세계 2위 증권거래소로 IT 회사들이 주름잡고 있다.
16 나스닥100지수를 추종하는 미국의 대표적인 ETF로 대부분 기술주로 구성되어 있다.

```
3    data = {}

4    for t in terms:

5        data[t] = fs.fn_consolidated(otp='OTP', term=t)

6    s = {}

7    signal = {}

8    for t in terms:

9        data[t]['Operating Margin'] = data[t]['Operating Income'] / data[t]['Revenue']
     * 100

10       s[t] = fs.sector_filter(df=data[t], sector=['Technology'])

11       s[t] = fs.fn_filter(s[t], by='Operating Margin', floor=0, n=30, asc=False)

12       signal[t] = list(s[t].index)

13   df = fs.backtest(signal=signal, data=data, m=3, cost=.001)

14   fs.draw_return(df, bm='QQQ')
```

Out CAGR: 14.78%

Accumulated return: 297.24%

Investment period: 10.0yrs

Sharpe ratio: 1.38

MDD: -23.33%

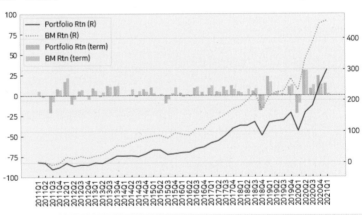

9행은 분기별 영업이익률을 계산하고, 10행은 IT 섹터로 분석 대상을 한정한다. 11행은 영업
이익률 상위 30개 종목을 선정한다. 테스트 결과 벤치마크인 QQQ 수익률보다 저조한 수익률
을 기록했다. 영업이익률 대신 순이익률로 테스트하면 수익률은 더 내려간다. GP/A 때부터 일
관되게 보이는 현상이 바로 매출총이익Gross Profit을 이용한 전략이 당기순이익Net Income을 이용

한 전략보다 수익률이 좋다. 직관적으로는 기업 주머니에 들어오는 순이익이 주가에 더 영향을 줄 것 같지만, 실제로는 각종 비용이나 세금을 떼기 전 금액인 매출총이익이 주가에 더 큰 영향을 주고 있다.

💡 잠깐

이 책에서만 그런 것이 아니라 노비막스 교수가 GP/A를 소개한 때부터 대부분의 관련 연구가 이를 입증하고 있다. 왜 그럴까? 노비막스는 GP/A가 순이익보다 오염이 안된 지표이기 때문이라고 설명한다. 필자가 이유를 하나 더 보태자면, 순이익은 세상에서 가장 많이 알려진 PER 지표를 기반으로 산출된다. 세상 대부분의 투자자가 PER을 지켜보고 있다. 따라서 PER은 조금만 움직여도 온 세상 투자자가 민감하게 반응하고 즉시 주가가 움직인다. 전업투자자가 아니라 간헐적으로 주식을 분석하는 개미투자자가 순이익 지표를 사용할 시점이 되면 PER은 이미 주가에 반영되고 난 뒤일 것이다. 그래서 순이익을 이용한 투자 전략은 수익률이 낮은 것이 아닐까?

6.8 지분가치가 훼손되는 주식

피자 한 판을 4명이 나눠 먹다가 8명이 나눠먹게 되면 한 사람이 먹을 수 있는 양(지분)은 1/4에서 1/8로 줄어든다. 주식은 기업의 가치를 주식의 개수만큼 쪼갠 것이다. 기업이 발행한 전체 주식수가 100주라면 이 주식 하나를 들고 있는 사람은 1/100만큼의 지분을 갖고 있는 것이다. 이 기업이 주식 100주를 추가로 발행한다면, 기존에 주식 1주를 소유한 투자자의 지분은 1/200로 줄어들게 된다.

기업이 주식의 수를 늘리는 경우는 몇 가지가 있는데, 투자자가 자주 접하는 상황은 크게 두 가지로 주식분할과 유상증자가 있다. 주식분할은 기존에 발행한 주식의 수를 일정 배율만큼 늘리는 것으로 투자자에게 직접적인 영향이 없다. 발행 주식수가 100주인 기업이 1:2 주식분할을 한다면, 기존에 1주를 갖고 있던 주주는 자동으로 2주를 갖게 된다. 늘어난 주식수만큼 내 주식도 늘어나서 내 지분에는 영향이 없다. 이미 확보하고 있던 피자 한 조각을 반으로 쪼개 두 조각으로 만들어 먹는 것과 마찬가지다. 하지만 유상증자는 새롭게 찍은 주식을 새로운 주주에게 파는 것이다. 발행주식수가 100주인 기업이 유상증자로 100주를 추가로 발행하는 경우, 기존에 1주를 갖고 있던 주주는 지분이 1/200으로 줄어들게 된다. 따라서 주주의 지분가치가 훼손되고 주가에 나쁜 영향을 미치게 된다.

유상증자를 했는지는 어떻게 알 수 있을까? 가장 정확한 것은 기업 공시를 보면 알 수 있다. 하지만 공시를 모두 모니터링하는 것은 투자가 직업인 사람이나 할 수 있는 일이다. 투자에 쏟을 시간이 상대적으로 부족한 서학개미라면 주식수를 보고 간접적으로 판단하는 것이 방법이 될 수 있다. 주식수가 점진적으로 늘어나면 유상증자를 했다고 판단할 수 있다. 주식분할도 주식수가 늘어나지만 이 경우 금융 정보 서비스 제공 사업자가 기업이 과거에 제출한 재무 데이터까지 이런 부분을 고려해 수정하기 때문에 주식수가 늘어난 것으로 표시되지 않는다. 만일 구할 수 있는 재무 데이터가 주식분할을 고려하지 않은 데이터밖에 없다면 주식수가 얼마나 급격히 증가했는지를 보면 된다. 주식분할의 경우 보통 몇 배 수준으로 늘어나기 때문에 주식수가 갑자기 몇 백% 씩 바뀐다. 그래프로 그려보면 슬로프가 아니라 계단 모양이 나온다. 반면 유상증자는 몇 배 수준으로는 나타나지 않는다. 주식수의 증가폭이 크다면 주식분할, 작다면 유상증자일 가능성이 높다.

지표 산출

브라우저를 열어 주소창에 https://colab.research.google.com/을 입력해 구글 콜랩에 접속하고 로그인한다. 셀에 아래 코드를 입력하고 Shift + Enter 를 눌러 실행해 핀터스텔라 라이브러리를 설치한다.

```
1    pip install finterstellar
```
Out

퀀트머신의 엔진인 핀터스텔라 라이브러리를 불러온다.

```
1    import finterstellar as fs
```
Out

주식수는 재무제표에 나오기 때문에 쉽게 알 수 있다. 먼저 재무 데이터를 받아와 주식수를 살펴보자. 먼저 2020년 유상증자를 단행했던 테슬라(TSLA)의 재무 데이터다.

```
1    df = fs.fn_single(otp='OTP', symbol='TSLA', window='T')
```
Out

주식수 데이터를 가져오기 전 재무 데이터 항목을 살펴보자.

```
1    df.columns
```

```
Out    Index(['Revenue', 'COGS', 'Gross Profit', 'SG&A', 'Operating Income',
           'Net Income', 'EPS', 'EBITDA', 'EBIT', 'Shares', 'Cash & Equivalents',
           'Receivables', 'Inventory', 'Current Assets', 'Long Term Assets',
           'Total Assets', 'Current Debt', 'Current Liabilities', 'Long Term Debt',
           'Long Term Liabilities', 'Total Liabilities', 'Shareholders Equity',
           'Depreciation', 'Operating Cash Flow', 'Capital Expenditure',
           'Investing cash flow', 'Dividends', 'Financing cash flow', 'Price'],
           dtype='object')
```

주식수를 나타내는 Shares 칼럼을 이용하면 주식수가 변동한 것을 확인할 수 있다.

그럼 테슬라 주식수 변동을 차트로 그려보자.

```
1    fs.draw_chart(df, left='Shares', right='Net Income')
```

Out

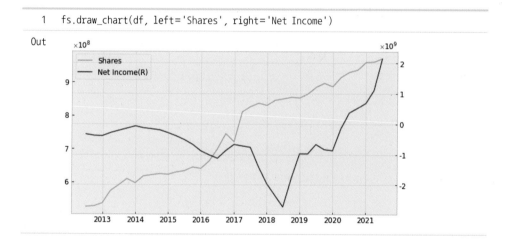

빨간색은 순이익, 하늘색은 주식수이다. 증자가 지속적으로 있어왔던 것이 차트로 확인된다.
그나마 순이익이 증가해서 다행이지만, 주주의 지분은 꾸준히 쪼그라들고 있다.

이번에는 애플(AAPL)을 보자.

```
1    df = fs.fn_single(otp='OTP', symbol='AAPL', window='T')
2    fs.draw_chart(df, left='Shares', right='Net Income')
```

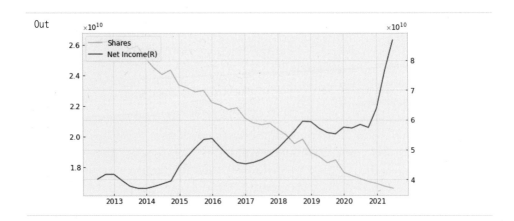

이상적인 그래프다. 순이익은 지속적으로 증가하고, 주식수는 지속적으로 줄어든다. 주당순이익도 늘어나면서 동시에 지분가치가 계속 증가하고 있다. 주식수가 줄어드는 좋은 예는 기업이 주주가치 극대화를 위해 이익잉여금(여윳돈)으로 주식을 사들여 자사주 소각 등을 하는 경우다. 이런 경우 주주의 지분가치가 늘어나기 때문에 주가에 좋은 영향을 미친다.

물론 유상증자가 항상 나쁜 것만은 아니다. 이익이 되는 사업을 시작하기 위해 자본을 모집하는 것은 당연한 수순으로 받아들여질 수 있다. 하지만 이익이 증가해도 지분가치가 훼손되면 주주에게는 더 나쁠 수 있다는 사실은 인지하고 있어야 한다.

주식수가 늘어나는 것은 안 좋은 시그널이지만, 주식수가 많이 줄어든다고 더 좋은 시그널로 받아들여지지는 않는다. 따라서 주식수가 많이 줄어든 상위 몇 개 기업에 투자하는 식의 전략은 의미가 없다. 다른 전략에 양념처럼 쓰면 충분하다.

잠깐

핀터스텔라 백테스팅 이용

핀터스텔라 사이트의 백테스팅에서 주식수 증가 여부를 반영하기 위해서는 ELIGIBILITY에 있는 증자기업 제외를 선택하면 된다.

그림 6-8 핀터스텔라에서의 주식수 증가 반영 설정

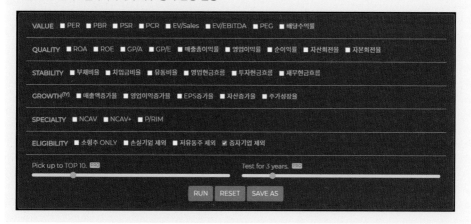

전략을 합성하는 기술

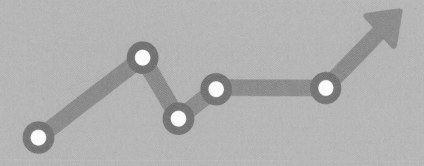

7.1 그린블라트의 마법공식

헤지펀드 고담캐피털Gotham Capital의 조엘 그린블라트는 초보 투자자가 주식투자를 이해할 수 있도록 하기 위해 『주식시장을 이기는 작은 책』[1]이란 책을 쓰고 마법공식Magic Formula을 소개했다. 그린블라트는 앞에서 소개한 벤저민 그레이엄의 NCAV 전략을 오리지널 마법공식이라고 소개하며 NCAV 전략을 보완한 새로운 마법공식을 제시했다.

그린블라트는 좋은(자본수익률이 높은) 회사의 주식을 염가(높은 이익수익률을 주는 가격)에 사야 한다고 했다. 여기에서 자본수익률은 ROCReturn on Capital를, 이익수익률은 Earnings yield를 말한다. Earnings yield는 PER의 역수다. 결국 그린블라트의 마법공식은 ROC와 PER의 합성 전략이다. 그린블라트는 친절하게도 마법공식의 합성 방법까지도 알려주었다. 전체 종목을 대상으로 ROC와 PER 각각을 기준으로 등수를 매긴다. 그리고 이 둘을 합쳐서 종합 등수를 산출하고, 이 중 상위 30개 종목에 투자하는 방법이다.

지표 산출

마법공식을 구현하기 위해 ROC가 필요하다. ROC를 구해보자. ROC는 EBIT을 투자자본 Capital employed으로 나누어 구한다.[2] EBIT은 Earnings Before Interest and Tax의 약자로 기업의 이익에서 비용을 제외한 것으로 이자와 세금을 빼기 전 금액이다. 분모에는 총자산에서 유동부채를 뺀 금액이 들어간다.

이번에는 워런 버핏이 사랑하는 기업, 코카콜라Coca-Cola Co[3](KO)로 실습을 진행해보자. 먼저 재무 데이터를 가져오자.

```
1   df = fs.fn_single(otp='OTP', symbol='KO', window='T')
```
Out

ROC는 EBIT을 총자산(Total Assets)에서 유동부채(Current Liabilities)를 차감한 금액으로 나누어 구한다.

---

1 『The Little Book That Beats the Market』(Joel Greenblart, 2006)
2 일반적으로 ROC를 계산할 때 분자에 세후영업이익을 넣지만, 그린블라트는 마법공식을 만들 때 분자에 EBIT을 넣었다.
3 전 세계에 무알콜성 음료 및 시럽을 제조 및 유통하는 미국의 식음료업 대기업.

```
1    df['ROC'] = df['EBIT'] / ( df['Total Assets'] - df['Current Liabilities'] )
```
Out

ROC와 주가를 차트로 그려보자.

```
1    fs.draw_chart(df, left='ROC', right='Price')
```

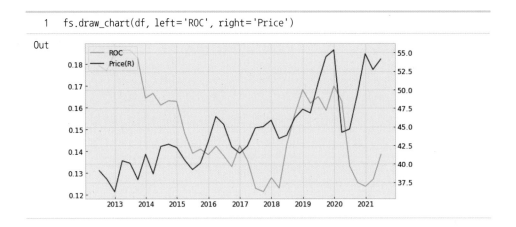

차트로 봐서는 주가와 ROC는 그다지 연관이 있어 보이지 않는다. 사실 마법공식에서 ROC에 대한 불신은 한두 명이 제기한 것이 아니다. 많은 연구 결과가 마법공식에서 ROC가 수익률을 저해하는 요인이라고 지적했다.

우리도 앞에서 ROA와 ROE를 공부할 때, 백테스트를 통해 ROA를 이용한 투자 수익률은 볼품없다는 것을 확인했다. ROC는 ROA와 유사한 지표라 ROC의 수익률 역시 ROA와 비슷할 수 있다.

$$\text{ROC} = \frac{\text{EBIT}}{\text{투자자산}} = \frac{\text{당기순이익} + (\text{이자} + \text{세금})}{\text{총자산} - \text{유동부채}}$$

$$\text{cf.} \quad \text{ROA} = \frac{\text{당기순이익(Net Income)}}{\text{총자산(Total Assets, averaged)}}$$

『할 수 있다 퀀트투자』의 저자 강환국은 마법공식의 PER을 PBR로 바꾸고, ROC를 GP/A로 바꾸면 수익률이 개선된다고 소개했다. 앞장에서 GP/A가 ROA나 ROE보다 성과가 좋은 것을 확인했으니 ROC를 GP/A로 바꾸는 것도 효과가 있으리라 기대할 수 있다. PBR+GP/A 조합은 노비막스가 제안한 공식과 같은 것으로 앞에서 이미 테스트해보았다.

잠깐 마법공식이라고 불리는 것들이 대부분 비슷한 콘셉트로 만들어진다는 뜻이다. 어떤 지표를 어떻게 합성하는지에 따라 결과가 조금씩 달라지는데, 그 황금비율을 찾는 것이 핵심이라고 볼 수 있다.

백테스팅

그린블라트의 마법공식을 백테스팅 해보고 앞서 테스트했던 PBR+GP/A 조합과 비교해보자.

분기 말 기준 3개월 후 리밸런싱하고 그 날짜의 주가를 기준으로 PER을 산출하는 것으로 하자.

```python
 1  # Magic formular
 2  terms = fs.set_terms(trade_start='2011Q1', trade_end='2021Q1')
 3  data = {}
 4  for t in terms:
 5      data[t] = fs.fn_consolidated(otp='OTP', term=t)
 6  s1 = {}
 7  s2 = {}
 8  s = {}
 9  signal = {}
10  for t in terms:
11      prev_t = fs.quarters_before(terms, t, 4)
12      data[t]['PER'] = data[t]['Price_M3'] / data[t]['EPS']
13      data[t]['Avg Assets'] = ( data[t]['Total Assets'] +
    data[prev_t]['Total Assets'] ) / 2
14      data[t]['Avg Current Liabilities'] = ( data[t]['Current Liabilities'] +
    data[prev_t]['Current Liabilities'] ) / 2
15      data[t]['ROC'] = data[t]['EBIT'] / ( data[t]['Avg Assets'] -
    data[t]['Avg Current Liabilities'] )
16      s1[t] = fs.fn_score(data[t], by='PER', method='relative', floor=1, cap=10, asc=True)
17      s2[t] = fs.fn_score(data[t], by='ROC', method='relative', floor=0, asc=False)
18      s[t] = fs.combine_score(s1[t], s2[t], n=30)
19      signal[t] = list(s[t].index)
20  df = fs.backtest(signal=signal, data=data, m=3, cost=.001, rf_rate=.01)
```

```
CAGR: 5.86%
Accumulated return: 76.74%
Investment period: 10.0yrs
Sharpe ratio: 0.25
MDD: -55.99%
```

2행은 테스트 기간을 설정한다. 3행~5행은 테스트 기간의 분기별 재무 데이터를 받아온다. 11행은 평균 총자산과 평균 유동부채를 구하는데 이용할 전년도 분기 값을 가져와 prev_t에 저장한다. 12행은 PER를 계산하는데, 분기 말 기준 3개월 후 주가(Price_M3)를 이용한다. 13행과 14행은 ROC 계산을 위한 중간 단계로 평균총자산(Avg Assets)과 평균유동부채(Avg current liabilities)를 계산한다.

15행은 ROC를 계산한다. 16행은 PER을 기준(by='PER')으로 1부터(floor=1) 10사이(cap=10)인 종목에 한정해 오름차순(asc=True)으로 등수를 매겨 상대평가(method='relative')로 점수를 매긴다. 17행은 ROC를 기준(by='ROC')으로 값이 0 이상(floor=0)인 종목에 한정해 내림차순(asc=False)으로 등수를 매겨 상대평가(method='relative')로 점수를 준다. 18행은 PER 점수가 들어있는 s1[t]와 ROC 점수가 들어있는 s2[t]를 합산한 점수를 계산하고 상위 30개 종목을 선정한다. 20행에서는 backtest() 함수를 이용해 백테스트를 진행했는데, 여기에서는 rf_rate를 명시적으로 지정해 주었다. rf_rate는 risk free rate를 지정하는 파라미터로, 샤프비율을 계산할 때 이용된다.

백테스팅 결과 이것이 정말 마법공식이라 불릴만한 것인가 의심이 들 정도로 수익률이 썩 좋지는 않다. 아마도 그린블라트가 전략을 공개한 이후로 수많은 사람들이 따라 하고 있어서 그렇지 않을까 싶다. 수익률을 그래프로 그려보자.

```
1  fs.draw_return(df)
```

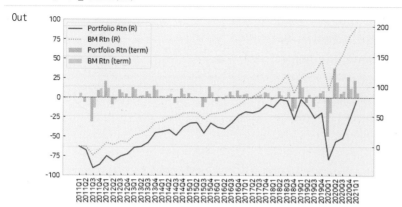

벤치마크인 S&P 500 지수보다도 못한 수익률을 보였다.

앞서 시행했던 PBR+GP/A의 수익률과 비교해보자. 코드는 이미 봤으니 결과만 리뷰하겠다.

```
1   # PBR + GP/A
2   terms = fs.set_terms(trade_start='2011Q1', trade_end='2021Q1')
3   data = {}
4   for t in terms:
5       data[t] = fs.fn_consolidated(otp='OTP', term=t)
6   s = {}
7   s1 = {}
8   s2 = {}
9   signal = {}
10  for t in terms:
11      prev_t = fs.quarters_before(terms, t, 4)
12      data[t]['PBR'] = data[t]['Price_M3'] / (data[t]['Shareholders Equity']/
        data[t]['Shares'])
13      data[t]['Avg Assets'] = ( data[t]['Total Assets'] + data[prev_t]['Total Assets'] ) / 2
14      data[t]['GP/A'] = data[t]['Gross Profit'] / data[t]['Avg Assets']
15      s1[t] = fs.fn_score(data[t], by='PBR', method='relative', floor=.1, cap=2,
        asc=True)
```

```
16    s2[t] = fs.fn_score(data[t], by='GP/A', method='relative', floor=0, asc=False)
17    s[t] = fs.combine_score(s1[t], s2[t], n=30)
18    signal[t] = list(s[t].index)
19  df = fs.backtest(signal=signal, data=data, m=3, cost=.001, rf_rate=.01)
```

```
Out  CAGR: 23.89%
     Accumulated return: 753.66%
     Investment period: 10.0yrs
     Sharpe ratio: 1.93
     MDD: -48.64%
```

그린블라트의 마법공식보다 훨씬 높은 수익률을 보여준다. 노비막스의 마법공식이 그린블라트의 마법공식보다 수익률이 더 좋은 것을 볼 수 있다. 『할 수 있다 퀀트투자』에서는 이 전략을 신마법공식으로 소개하기도 했다.

```
1    fs.draw_return(df)
```

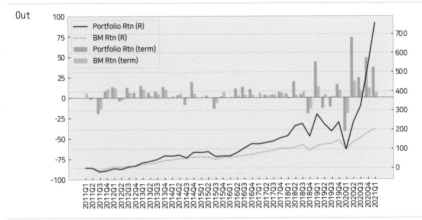

💡 잠깐   **핀터스텔라 백테스팅 이용**

핀터스텔라 사이트에서도 노비막스의 마법공식인 PBR + GP/A을 재현할 수 있다. 아래 그림과 같이 VALUE에서 PBR을, QUALITY에서 GP/A를 선택하고 종목수를 조절하면 된다. 노비막스가 했던 것처럼 소형주만을 대상으로 테스트하려면 소형주 ONLY 옵션을 추가로 선택하자.

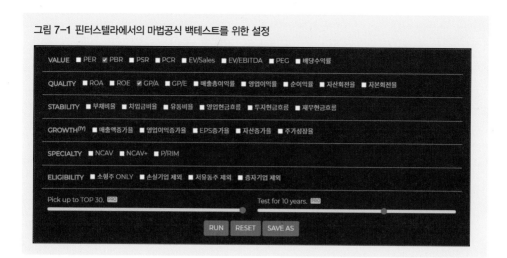

그림 7-1 핀터스텔라에서의 마법공식 백테스트를 위한 설정

7.2 피오트로스키의 F스코어

퀀트투자를 하는 투자자라면 누구나 나만의 전략 하나쯤은 갖고 싶기 마련이다. 세상에 없던 지표를 새롭게 만들어내는 것은 대단한 발견이자, 내 이름을 빛낼 수 있는 기회가 되리라. 이러한 인류의 오랜 노력은 있을만한 지표들은 거의 만들어냈다. 그래서 차라리 기존에 만들어진 지표를 합성해서 새로운 전략을 만드는 편이 훨씬 수월하다. 스탠포드대학교 회계학 교수인 조셉 피오트로스키[Joseph Piotroski][4]는 재무 지표들로 구성된 우량주 선택 도구인 F스코어[F Score]를 만들었다. 유진 파마의 논문에 영감을 받은 그는 저PBR 전략에 F스코어를 합성해 F스코어의 쓰임새를 알렸다.

F스코어는 총 9가지 지표로 구성되어 있다.

구분	지표	조건	설명
수익성	ROA	ROA > 0	플러스(+) 순이익 달성
	ΔROA	$ROA_t > ROA_{t-1}$	순이익 증가
	CFO	영입현금흐름 > 0	플러스(+) 영입현금흐름 달성
	ACCRUAL	영업현금흐름 > 당기순이익	수익조작 여부

---
4   Joseph D. Piotroski, Graduate School of Business, Stanford University (스탠포드대학교 경영대학원).

안정성	ΔLIQUID	유동비율$_t$ > 유동비율$_{t-1}$	유동성 개선
	ΔLEVER	부채비율$_t$ < 부채비율$_{t-1}$	부채 개선
	ΔEQ_OFFER	주식수$_t$ ≤ 주식수$_{t-1}$	주식수 증가 여부
효율성	ΔMARGIN	매출총이익률$_t$ > 매출총이익률$_{t-1}$	매출총이익률 개선
	ΔTURN	자산회전율$_t$ > 자산회전율$_{t-1}$	자산회전율 개선

각 지표마다 해당 조건을 충족하면 1점, 아니면 0점을 부여한다. 지표가 9개이니 점수는 0점부터 9점 사이에서 결정되고, F스코어가 높을수록 우량주라고 판단한다. 피오트로스키는 유진 파마의 논문을 출발점 삼아 저PBR+소형주를 대상으로 F스코어별 수익률을 계산했다. 1976년~1996년의 미국 주식을 대상으로 테스트한 결과 F스코어가 7점 이상인 우량주 그룹의 수익률이 제일 좋았다.

> 💡 잠깐 피오트로스키의 F스코어를 그대로 따라 할 필요는 없지만 그의 우량주 선정 아이디어는 검토할만한 가치가 있다. 피오트로스키의 논문 자체도 선대 학자의 연구를 집약한 종합 선물세트 같은 것이기 때문이다. 또한 그가 각 지표에 점수를 매긴 방식도 참고할만하다. 나만의 투자 전략을 설계하기 위해 기존 학자의 설계 방법을 적절히 응용해보는 의미다.

지표 산출

F스코어는 9개의 지표를 평가하고 점수를 매기기 때문에 복잡해 보일 수 있지만, 각각의 지표는 아주 단순하다. 게다가 우리가 지금까지 공부한 것들이 대부분이다. 하나하나 차근차근 소화해보자.

브라우저를 열어 주소창에 `https://colab.research.google.com/`을 입력해 구글 콜랩에 접속하고 로그인한다. 셀에 아래 코드를 입력하고 `Shift` + `Enter`를 눌러 실행해 핀터스텔라 라이브러리를 설치한다.

```
1   pip install finterstellar
```
Out

퀀트머신의 엔진인 핀터스텔라 라이브러리를 불러온다.

```
1   import finterstellar as fs
```
Out

F스코어 산출은 페이스북(FB)으로 진행하자. 먼저 페이스북의 재무 데이터를 받아온다.

```
1   df = fs.fn_single(otp='OTP', symbol='FB', window='T')
```
Out

F스코어를 계산하기 위한 재료를 다듬는다.

```
1   df['Avg Assets'] = ( df['Total Assets'] + df['Total Assets'].shift(4) ) /2
2   df['ROA'] = df['Net Income'] / df['Avg Assets']
3   df['Current Ratio'] = df['Current Assets'] / df['Current Liabilities']
4   df['Debt/Asset'] = df['Long Term Debt'] / df['Total Assets']
5   df['Gross Margin'] = df['Gross Profit'] / df['Revenue']
6   df['Asset Turnover'] = df['Revenue'] / df['Avg Assets']
```
Out

1행은 평균총자산을 구한다. 뒤에서 ROA, 총자산회전율 등을 구할 때 필요하다. 2행은 ROA를 계산한다. 3행은 유동비율(Current Ratio)을 계산한다. 유동비율은 $\dfrac{\text{유동자산(Total Current Assets)}}{\text{유동부채(Total Current Liabilities)}}$ 이다. 4행은 부채비율을 계산한다. 피오트로스키는 한국에서 통용되는 방식($\dfrac{\text{총부채(Liabilities)}}{\text{총자본(Equity)}}$)이 아닌 미국식으로 부채비율을 계산했다. 여기서도 피오트로스키 방식인 $\dfrac{\text{차입금(Long Term Debt)}}{\text{총자산(Total Assets)}}$ 으로 계산한다. 5행은 매출총이익률을 계산한다. 6행은 총자산회전율을 계산한다.

이제 F스코어의 각 항목별 점수를 담을 칼럼을 세팅한다.

```
1   df['F_ROA'] = 0
2   df['F_ROA_dt'] = 0
3   df['F_CFO'] = 0
4   df['F_Accrual'] = 0
```

```
 5    df['F_Liquid'] = 0

 6    df['F_Lever'] = 0

 7    df['F_Shares'] = 0

 8    df['F_Margin'] = 0

 9    df['F_Turn'] = 0

10    df['F_Score'] = 0
```

F스코어 표에 나온 순서대로 1행부터 ROA, ΔROA, CFO, ACCRUAL, ΔLIQUID, Δ
LEVER, ΔEQ_OFFER, ΔMARGIN, ΔTURN 그리고 마지막으로는 F스코어 총점을 담을
칼럼이다. 본격적으로 F스코어를 계산하자. F스코어 각 항목의 점수 판단을 위해 앞에서 예외
처리에 사용했던 데이터프레임 조건식을 이용한다. df.loc[조건, 칼럼명] = 결괏값처럼 쓰는
데, 조건을 만족하면 지정한 칼럼에 결괏값을 저장한다.

```
 1    df.loc[df['ROA']>0, 'F_ROA'] = 1

 2    df.loc[df['ROA']>df['ROA'].shift(4), 'F_ROA_dt'] = 1

 3    df.loc[df['Operating Cash Flow']>0, 'F_CFO'] = 1

 4    df.loc[df['Operating Cash Flow']-df['Net Income']>0, 'F_Accrual'] = 1

 5    df.loc[df['Current Ratio']-df['Current Ratio'].shift(4)>0, 'F_Liquid'] = 1

 6    df.loc[df['Debt/Asset']-df['Debt/Asset'].shift(4)<0, 'F_Lever'] = 1

 7    df.loc[df['Shares']-df['Shares'].shift(4)<=0, 'F_Shares'] = 1

 8    df.loc[df['Gross Margin']-df['Gross Margin'].shift(4)>0, 'F_Margin'] = 1

 9    df.loc[df['Asset Turnover']-df['Asset Turnover'].shift(4)>0, 'F_Turn'] = 1

10    df['F_Score'] =
      df['F_ROA']+df['F_ROA_dt']+df['F_CFO']+df['F_Accrual']+df['F_Liquid']+
      df['F_Lever']+df['F_Shares']+df['F_Margin']+df['F_Turn']
```

1행은 ROA가 0 보다 크면(df['ROA']>0) F_ROA를 1로 바꾼다. 2행은 당기 ROA가 전년도
ROA보다 크면(df['ROA']>df['ROA'].shift(4)) F_ROA_dt를 1로 바꾼다. 3행은 영업현금흐
름이 0보다 크면(df['Operating Cash Flow']>0) F_CFO를 1로 바꾼다.

4행은 영업현금흐름이 당기순이익보다 크면(df['Operating Cash Flow']-df['Net

Income']>0) F_Accrual를 1로 바꾼다. 5행은 당기유동비율이 전년도 유동비율보다 크면 (df['Current Ratio']-df['Current Ratio'].shift(4)>0) F_Liquid를 1로 바꾼다. 6행은 당기부채비율이 전년도 부채비율보다 작으면(df['Debt/Asset']-df['Debt/Asset'].shift(4)<0) F_Lever를 1로 바꾼다.

7행은 당기주식수가 전년도 주식수보다 크지 않으면(df['Shares']-df['Shares'].shift(4)<=0) F_Shares를 1로 바꾼다. 8행은 당기매출총이익률이 전년도 매출총이익률보다 크면(df['Gross Margin']-df['Gross Margin'].shift(4)>0) F_Margin를 1로 바꾼다. 9행은 당기자산회전율이 전년도 자산회전율보다 크면(df['Asset Turnover']-df['Asset Turnover'].shift(4)>0) F_Turn를 1로 바꾼다. 10행은 1행~9행에서 계산한 각각의 지표의 점수를 합산해 F_Score에 저장한다.

지금까지 계산한 페이스북의 F스코어의 마지막 5행만 출력해보자.

```
1   df[['F_Score', 'F_ROA', 'F_ROA_dt', 'F_CFO', 'F_Accrual', 'F_Liquid', 'F_Lever',
    'F_Shares', 'F_Margin', 'F_Turn']].tail()
```

```
Out           F_Score  F_ROA  F_ROA_dt  ...  F_Shares  F_Margin  F_Turn
    2020-06-30       6      1         1  ...         1         0       0
    2020-09-30       6      1         1  ...         1         0       0
    2020-12-31       7      1         1  ...         1         0       0
    2021-03-31       8      1         1  ...         1         0       1
    2021-06-30       7      1         1  ...         1         0       1
    [5 rows x 10 columns]
```

첫 번째 열이 F스코어이고 뒤는 각 항목별 점수이다. 분기별 F스코어의 변화를 확인할 수 있다.

백테스팅

이번에는 F스코어 전략을 백테스팅·해보자. 피오트로스키는 1976년~1996년 데이터로 백테스팅을 했는데, 연 1회 리밸런싱하고 재무제표 발표 후 5개월이 지난 시점에 트레이딩 하는 것으로 했다. 종목 선정은 특정 순위를 기준으로 하지 않고 랜덤하게 선정했다. 피오트로스키가 종목 선정을 랜덤으로 했기 때문에 똑같이 따라 하는 것은 불가능하다. 여기에서는 분기별로 리밸런싱하고 재무제표 발표 후 3개월이 지난 시점에 트레이딩 한다. 종목 선정은 피오트로스키처럼 랜덤하게 선정하되, 포트폴리오의 안정성을 높이기 위해 매년 30개 종목에 투자하는 것으로 한다. 소형주(시가총액 하위 20% 종목) 중 PBR이 0.1 이상 1 이하인 저평가 종목을 대상으로 포트폴리오를 구성한다.

백테스트에 들어가기 전에 준비 작업을 하자. F스코어를 계산하는 단계이다.

```
1    # Piotroski 준비작업
2    terms = fs.set_terms(trade_start='2011Q1', trade_end='2021Q1')
3    data = {}
4    for t in terms:
5        data[t] = fs.fn_consolidated(otp='OTP', term=t, vol=0)
6    for t in terms:
7        prev_t = fs.quarters_before(terms, t, 4)
8        data[t]['Market Cap'] = data[t]['Price_M3'] * data[t]['Shares']
9        data[t]['PBR'] = data[t]['Price_M3'] / ( data[t]['Shareholders Equity'] /
     data[t]['Shares'] )
10       data[t]['Avg Assets'] = ( data[t]['Total Assets'] +
     data[prev_t]['Total Assets'] ) / 2
11       data[t]['ROA'] = data[t]['Net Income'] / data[t]['Avg Assets']
12       data[t]['Current Ratio'] = data[t]['Current Assets'] /
     data[t]['Current Liabilities']
13       data[t]['Debt/Asset'] = data[t]['Long Term Debt'] / data[t]['Total Assets']
14       data[t]['Gross Margin'] = data[t]['Gross Profit'] / data[t]['Revenue']
15       data[t]['Asset Turnover'] = data[t]['Revenue'] / data[t]['Avg Assets']
16
17       data[t]['F_ROA'] = 0
18       data[t]['F_ROA_dt'] = 0
19       data[t]['F_CFO'] = 0
20       data[t]['F_Accrual'] = 0
21       data[t]['F_Liquid'] = 0
22       data[t]['F_Lever'] = 0
23       data[t]['F_Shares'] = 0
24       data[t]['F_Margin'] = 0
25       data[t]['F_Turn'] = 0
```

```
26        data[t]['F_Score'] = 0

27

28        data[t].loc[data[t]['ROA']>0, 'F_ROA'] = 1

29        data[t].loc[data[t]['ROA']-data[prev_t]['ROA']>0, 'F_ROA_dt'] = 1

30        data[t].loc[data[t]['Operating Cash Flow']>0, 'F_CFO'] = 1

31        data[t].loc[data[t]['Operating Cash Flow']-data[t]['Net Income']>0,
          'F_Accrual'] = 1

32        data[t].loc[data[t]['Current Ratio']-data[prev_t]['Current Ratio']>0,
          'F_Liquid'] = 1

33        data[t].loc[data[t]['Debt/Asset']-data[prev_t]['Debt/Asset']<0, 'F_Lever'] = 1

34        data[t].loc[data[t]['Shares']-data[prev_t]['Shares']<=0, 'F_Shares'] = 1

35        data[t].loc[data[t]['Gross Margin']-data[prev_t]['Gross Margin']>0,
          'F_Margin'] = 1

36        data[t].loc[data[t]['Asset Turnover']-data[prev_t]['Asset Turnover']>0,
          'F_Turn'] = 1

37        data[t]['F_Score'] = data[t]['F_ROA']+data[t]['F_ROA_dt']+
          data[t]['F_CFO']+data[t]['F_Accrual']+data[t]['F_Liquid']+data[t]['F_Lever']+
          data[t]['F_Shares']+data[t]['F_Margin']+data[t]['F_Turn']
```

2행은 테스트할 기간을 재무 데이터 기준으로 설정한다. 3행~5행은 테스트 기간별 재무 데이터를 받아온다. 피오트로스키는 유동성을 고려하지 않았으니 여기에서도 일평균 거래량 기준을 0으로 설정해 준다.(vol=0) 7행은 전년도 값을 불러올 때 이용할 4분기 전 분기 값을 구해 prev_t에 저장한다. 8행은 시가총액을 분기말 3개월 후 주가를 기준으로 계산한다. 9행은 PBR을 분기말 3개월 후 주가를 기준으로 계산한다. 10행은 평균총자산, 11행은 ROA, 12행은 유동비율, 13행은 부채비율, 14행은 매출총이익률, 15행은 총자산회전율을 계산한다.

17행~26행은 F스코어 각 항목별 점수 및 합산 점수를 담을 칼럼을 초기화한다. 28~36행은 df.loc[조건, 항목명] = 결괏값을 이용해 각 항목별 점수를 계산한다. 28행은 t 분기 ROA가 0보다 크면(data[t]['ROA']>0) F_ROA 항목에 1점을 준다. 29행은 t 분기 ROA가 prev_t 분기 ROA보다 크면(data[t]['ROA']-data[prev_t]['ROA']>0) F_ROA_dt 항목에 1점을 준다. 30행은 t 분기 영업현금흐름이 0보다 크면(data[t]['Operating Cash Flow']>0) F_CFO 항목에 1점을 준다. 31행은 t 분기 영업현금흐름이 당기순이익보다 크면(data[t]['Operating

Cash Flow']-data[t]['Net Income']>0) F_Accrual 항목에 1점을 준다. 32행은 t 분기 유동비율이 prev_t 분기 유동비율보다 크면(data[t]['Current Ratio']-data[prev_t]['Current Ratio']>0) F_Liquid 항목에 1점을 준다. 33행은 t 분기 부채비율이 prev_t 분기 부채비율보다 작으면(data[t]['Debt/Asset']-data[prev_t]['Debt/Asset']<0) F_Lever 항목에 1점을 준다.

34행은 t 분기 보통주 주식수가 prev_t 분기 보통주 주식수보다 크지 않으면(data[t]['Shares']-data[prev_t]['Shares']<=0) F_Shares 항목에 1점을 준다. 35행은 t 분기 매출총이익률이 prev_t 분기 매출총이익률보다 크면(data[t]['Gross Margin']-data[prev_t]['Gross Margin']>0) F_Margin 항목에 1점을 준다. 36행은 t 분기 자산회전율이 prev_t 분기 자산회전율보다 크면(data[t]['Asset Turnover']-data[prev_t]['Asset Turnover']>0) F_Turn 항목에 1점을 준다. 37행은 위에서 계산한 항목별 점수를 더해 F스코어를 계산한다.

여기까지 F스코어 계산이 끝났다. 이제 백테스트에 들어가 보자. 소형주, 저PBR, 고F스코어(7점~9점)인 종목을 대상으로 분기별로 30 종목을 랜덤하게 골라 투자한다.

```
1   # High F-Score
2   s1 = {}
3   s2 = {}
4   s3 = {}
5   s = {}
6   signal = {}
7   for t in terms:
8       s1[t] = fs.fn_filter(data[t], by='Market Cap', floor=0, n=1000, asc=True)
9       s2[t] = fs.fn_filter(data[t], by='PBR', floor=.1, cap=1, asc=True)
10      s3[t] = fs.fn_filter(data[t], by='F_Score', floor=7, cap=9, asc=False)
11      s[t] = fs.combine_signal(s1[t], s2[t], s3[t]).sample(frac=1)[:30]
12      signal[t] = list(s[t].index)
13  df = fs.backtest(signal=signal, data=data, m=3, cost=.001)
```

```
CAGR: 22.23%
Accumulated return: 645.65%
Investment period: 10.0yrs
Sharpe ratio: 2.65
MDD: -25.22%
```

8행은 소형주를 추려낸다. 시가총액 기준 하위 20%(1000개)를 선택한다. 9행은 저PBR 종목을 가져온다. PBR이 0.1 이상(floor=.1) 1 이하(cap=1)인 종목을 선택한다. 10행은 고F스코어 종목을 가져온다. F스코어가 7 이상(floor=7) 9 이하(cap=9)인 종목을 선택한다. 11행은 `combine_signal()` 함수를 이용해 위에서 선택한 종목을 합성한다. `sample(frac=1)` 부분은 선택된 종목 중에서 또 일부를 랜덤하게 선택하는 것이고 `[:30]`은 그중 30개만 골라내는 부분이다.

데이터프레임.sample(n=None, frac=None)

- n: 샘플 개수 (기본값은 1)
- frac: 샘플 비율 (n과 frac 중 하나만 사용)

데이터프레임의 데이터를 랜덤하게 샘플링한다.

테스트 결과 CAGR이 17%~25% 정도의 수익을 기록했다. 종목을 랜덤하게 선정하기 때문에 실행할 때마다 결괏값은 다르게 나온다. 종목을 랜덤하게 선정하기 때문에 이 백테스트는 스터디용 DB를 이용해도 결괏값이 늘 다를 수 밖에 없다. 피오트로스키는 이 실험을 1000번을 반복해서 평균값을 냈다.

그럼 F스코어가 4~6점인 종목은 어떨까?

```
1    # Mid F-Score
2    s1 = {}
3    s2 = {}
4    s3 = {}
5    s = {}
6    signal = {}
7    for t in terms:
8        s1[t] = fs.fn_filter(data[t], by='Market Cap', floor=0, n=1000, asc=True)
9        s2[t] = fs.fn_filter(data[t], by='PBR', floor=.1, cap=1, asc=True)
10       s3[t] = fs.fn_filter(data[t], by='F_Score', floor=4, cap=6, asc=False)
11       s[t] = fs.combine_signal(s1[t], s2[t], s3[t]).sample(frac=1)[:30]
12       signal[t] = list(s[t].index)
13   df = fs.backtest(signal=signal, data=data, m=3, cost=.001)
```

```
CAGR: 18.81%
Accumulated return: 461.12%
Investment period: 10.0yrs
Sharpe ratio: 1.57
MDD: -27.42%
```

10행에서 F스코어 값을 선택하는 부분을 4에서 6으로 바꿨다.

이번에는 CAGR이 15%~20% 정도다. 고F스코어에 비해 수익이 내려갔다.

```
1    # Low F-Score
2    s1 = {}
3    s2 = {}
4    s3 = {}
5    s = {}
6    signal = {}
7    for t in terms:
8        s1[t] = fs.fn_filter(data[t], by='Market Cap', floor=0, n=1000, asc=True)
9        s2[t] = fs.fn_filter(data[t], by='PBR', floor=.1, cap=1, asc=True)
10       s3[t] = fs.fn_filter(data[t], by='F_Score', floor=0, cap=3, asc=False)
11       s[t] = fs.combine_signal(s1[t], s2[t], s3[t]).sample(frac=1)[:30]
12       signal[t] = list(s[t].index)
13   df = fs.backtest(signal=signal, data=data, m=3, cost=.001)
```
```
CAGR: 11.87%
Accumulated return: 207.38%
Investment period: 10.0yrs
Sharpe ratio: 0.53
MDD: -48.11%
```

10행에서 F스코어 범위를 0부터 3으로 바꿔줬다. 수익률은 더 내려갔다.

백테스트 조건이 다르고 테스트 기간이 달라 피오트로스키가 제시한 정도의 고수익은 아니지만, F스코어로 골라낸 우량주가 더 높은 성과를 낸 것을 확인할 수 있었다. F스코어도 퀀트투자자 사이에서 인기 있는 방법이라 이전보다 수익률은 많이 내려갔다.

잠깐 중요한 것은 F스코어 자체가 아니라 지표를 선택해서 합성하는 방법에 대한 힌트를 얻는 것이다. 점수를 합성하는 방법에 있어서 자신이 설정한 기준에 부합하면 1점, 그렇지 않으면 0점을 주는 방법은 새로운 채점 방식이므로, 새로운 전략을 만들 때 활용할 수 있다.

7.3 전략 실행을 위한 필수 조건, 유동성

승률이 높은 전략을 만드는 방법을 알았다면, 이를 이용해 시장에서 트레이딩 해야 한다. 그런데 전략이 선정한 종목이 유동성이 부족해 마음대로 사고팔기 어렵다면? 기껏 발굴한 전략이 그림의 떡이 되어버리고 만다. 따라서 전략 발굴 과정에서 유동성을 확인하는 것은 필수다. 유동성을 확인하는 가장 직관적인 방법은 일평균 거래량을 확인하는 것이다.

마침 핀터스텔라 라이브러리는 기본적으로 분석 대상 종목을 선정할 때 일평균 거래량을 고려한다. 사용자가 따로 지정하지 않으면 최근 1개월 일평균 거래량 10만주 이상이 기본값이다. 당연하지만 일평균 거래량은 매일 달라진다. 따라서 분석 대상 종목 수 역시 매일 달라지게 된다. 오늘은 대상 종목이 약 3100개이지만, 증시 흐름에 따라 내일은 3000개 또는 3500개가 될 수도 있다. 일반적으로 증시가 활황일 때는 투자자들이 많아져서 거래량이 올라가고, 불황일 때는 내려간다.

```
1  data = fs.fn_consolidated(otp='OPT', term='2020Q4')
2  data['avg_volume']
```

```
Out  symbol
     A        1307200
     AA       3443600
     AAIC      202700
     AAL     57891100
     AAN       541700
              ...
     ZUMZ      149500
     ZUO      1354700
     ZVO       364600
     ZYME      218900
     ZYXI      289300
     Name: avg_volume, Length: 3133, dtype: int64
```

만일 유동성을 고려하지 않고 싶다면 일평균 거래량 제한을 0으로 낮추면 된다.

```
1    data = fs.fn_consolidated(otp='OPT', term='2020Q4', vol=0)

2    data['avg_volume']

Out  symbol
     A          1307200
     AA         3443600
     AAIC        202700
     AAL       57891100
     AAME         7800

                 ...
     ZUMZ        149500
     ZUO        1354700
     ZVO         364600
     ZYME        218900
     ZYXI        289300
     Name: avg_volume, Length: 4169, dtype: int64
```

일평균 거래량 기준을 10만 주로 했을 때보다 종목수가 늘어난 것을 확인할 수 있다.

일평균 거래량 기준을 더 타이트하게 운용할수록 전략대로 포트폴리오를 운용할 수 있지만, 거래 대상 종목은 줄어들어 포트폴리오 수익률이 더 낮아질 가능성이 있다. 일평균 거래량 기준을 100만 주로 하면 대상 종목수가 확 줄어든다. 아래 코드 실행 결과에서 확인할 수 있다.

```
1    data = fs.fn_consolidated(otp='OPT', term='2020Q4', vol=1000000)

2    data['avg_volume']

Out  symbol
     A          1307200
     AA         3443600
     AAL       57891100
     AAPL      99116600
     ABBV       6148100

                 ...
     ZNGA      12415400
     ZS         1469600
     ZTO        1883100
     ZTS        1292600
     ZUO        1354700
     Name: avg_volume, Length: 996, dtype: int64
```

거래량이 얼마나 될 때 유동성이 충분한지에 대한 판단은 개인마다 다를 것이다. 거래량 하위 10% 종목을 제거하는 방법도 있고, 거래량이 10만 주 미만 종목을 제거하는 방법도 있다. 2021년 3월 기준으로 일평균 거래량이 약 39000주 이하면 유동성 하위 10% 종목에 해당한다.

그럼 유동성 기준을 일평균 거래량 10만 주로 했을 때와, 100만 주로 했을 때의 성과를 비교해보자.

10만주를 기준으로 할 때는 앞에서 해왔던 대로 기본 세팅을 그대로 유지한다.

```
1   # finterstellar
2   # Set test terms by fiscal years
3   terms = fs.set_terms(trade_start='2011Q1', trade_end='2021Q1')
4   data = {}
5   for t in terms:
6       data[t] = fs.fn_consolidated(otp='OTP', term=t)
7   for t in terms:
8       # Set previous terms
9       prev_t = fs.quarters_before(terms, t, 4)
10      # Company size
11      data[t]['Market Cap'] = data[t]['Price_M3'] * data[t]['Shares']
12      # Value
13      data[t]['PER'] = data[t]['Price_M3'] / data[t]['EPS']
14      data[t]['PBR'] = data[t]['Price_M3'] / (data[t]['Shareholders Equity']/
    data[t]['Shares'])
15      data[t]['PSR'] = data[t]['Price_M3'] / (data[t]['Revenue'] /
    data[t]['Shares'])
16      data[t]['PCR'] = data[t]['Price_M3'] / ( ( data[t]['Net Income'] +
    data[t]['Depreciation'] ) / data[t]['Shares'] )
17      # Profitability
18      data[t]['Avg Assets'] = ( data[t]['Total Assets'] +
    data[prev_t]['Total Assets'] ) / 2
19      data[t]['Avg Equity'] = ( data[t]['Shareholders Equity'] +
    data[prev_t]['Shareholders Equity'] ) / 2
20      data[t]['ROA'] = data[t]['Net Income'] / data[t]['Avg Assets']
```

```
21    data[t].loc[(data[t]['Net Income']<0) | (data[t]['Avg Assets']<0) |
      (data[t]['Total Assets']<0), 'ROA'] = float('nan')

22    data[t]['ROE'] = data[t]['Net Income'] / data[t]['Avg Equity']

23    data[t].loc[(data[t]['Net Income']<0) | (data[t]['Avg Equity']<0) |
      (data[t]['Shareholders Equity']<0), 'ROE'] = float('nan')

24    data[t]['GP/A'] = data[t]['Gross Profit'] / data[t]['Avg Assets']

25    data[t].loc[(data[t]['Gross Profit']<0) | (data[t]['Avg Assets']<0) |
      (data[t]['Total Assets']<0), 'GP/A'] = float('nan')

26    data[t]['GP/E'] = data[t]['Gross Profit'] / data[t]['Avg Equity']

27    # Stability

28    data[t]['Liability/Equity'] = data[t]['Total Liabilities'] /
      data[t]['Shareholders Equity']

29        data[t].loc[(data[t]['Shareholders Equity']<0), 'Liability/Equity'] =
      float('nan')

30    data[t]['Debt/Equity'] = (data[t]['Long Term Debt'] + data[t]['Current Debt'])
      / data[t]['Shareholders Equity']

31    data[t].loc[(data[t]['Shareholders Equity']<0), 'Debt/Equity'] = float('nan')

32    data[t]['Current Ratio'] = data[t]['Current Assets'] /
      data[t]['Current Liabilities']

33    data[t]['Share Increase'] =  data[t]['Shares'] / data[prev_t]['Shares']

34    # Efficiency

35    data[t]['Gross Margin'] = data[t]['Gross Profit'] / data[t]['Revenue']

36    data[t]['Asset Turnover'] = data[t]['Revenue'] / data[t]['Avg Assets']

37    data[t]['Equity Turnover'] = data[t]['Revenue'] / data[t]['Avg Equity']

38    # Momentum

39    data[t]['Price Growth'] =  data[t]['Price_M3'] / data[prev_t]['Price_M3']
```

이제 백테스트를 진행한다.

```
1    # GP/E + 소형주 + 증자X + 중유동주
2    s1 = {}
3    s2 = {}
```

```
4    s3 = {}

5    s = {}

6    signal = {}

7    for t in terms:

8        s1[t] = fs.fn_score(data[t], by='GP/E', method='relative', floor=0,
    asc=False)

9        s2[t] = fs.fn_filter(data[t], by='Market Cap', floor=0, n=1000, asc=True)

10       s3[t] = fs.fn_filter(data[t], by='Share Increase', floor=.9, cap=1)

11       s[t] = fs.combine_signal(s1[t], s2[t], s3[t], how='and', n=30)

12       signal[t] = list(s[t].index)

13   df = fs.backtest(signal=signal, data=data, m=3, cost=.001)
```

```
CAGR: 17.61%
Accumulated return: 407.12%
Investment period: 10.0yrs
Sharpe ratio: 1.37
MDD: -50.85%
```

그럼 100만 주로 기준을 높여보자. 이전 코드에서 분석 대상 종목 선택 부분인 6행만 다음과 같이 바꿔주면 된다.

```
6        data[t] = fs.fn_consolidated(otp='OTP', term=t, vol=1000000)
```

백테스트를 다시 돌려 수익률을 확인한다.

```
1    # GP/E + 소형주 + 증자X + 고유동주

2    s1 = {}

3    s2 = {}

4    s3 = {}

5    s = {}

6    signal = {}

7    for t in terms:

8        s1[t] = fs.fn_score(data[t], by='GP/E', method='relative', floor=0, asc=False)

9        s2[t] = fs.fn_filter(data[t], by='Market Cap', floor=0, n=1000, asc=True)
```

```
10      s3[t] = fs.fn_filter(data[t], by='Share Increase', floor=.9, cap=1)

11      s[t] = fs.combine_signal(s1[t], s2[t], s3[t], how='and', n=30)

12      signal[t] = list(s[t].index)

13   df = fs.backtest(signal=signal, data=data, m=3, cost=.001)
```

```
CAGR: 12.24%
Accumulated return: 217.69%
Investment period: 10.0yrs
Sharpe ratio: 1.23
MDD: -23.73%
```

기본값인 10만 주로 했을 때보다 수익률이 줄어들었다. 아무래도 트레이딩 대상 종목이 줄어드니 어쩔 수 없다. 유동성 제한이 낮을수록 수익률은 개선될 수 있지만, 전략대로 트레이딩을 실행하기는 더 어려워질 수 있다. 이 책을 집필하고있는 2021년 8월은 시장 전반적으로 거래량이 많아 100만주로 제한하더라도 대상 종목이 많았지만, 거래량이 줄어드는 시기에 같은 백테스트를 돌리면 대상 종목이 줄어들어 더 저조한 결과를 얻게될 수 있다.

7.4 세상에 없던 나만의 투자 전략 만들기

지금까지 투자에 쓰이는 다양한 지표가 무엇을 측정하기 위한 지표인지, 어떻게 만드는지 알아보았다. 퀀트머신을 이용해 지표를 직접 만들어 기본 전략을 만들어보고, 기본 전략을 조합해 복잡한 전략도 만들어 보았다. 지표 하나하나 나름의 의미는 있지만, 모든 지표가 투자에 도움되지는 않았다. 어떤 지표는 내 입맛에 맞지만, 어떤 지표는 굳이 이런 것까지 필요한지 싶은 것도 있었을 것이다. 그럼 그중에 내 입맛에 맞는 지표만 골라 투자에 이용하면 어떨까?

전략을 조합하기 위한 재료 하나하나를 팩터라고 부른다. 저PER 팩터, 소형주 팩터, 증자 팩터, 유동성 팩터 등 팩터를 조합하면 하나의 새로운 전략이 만들어진다. 지금까지 퀀트머신을 이용해 각종 팩터를 산출했고, 팩터를 조합하고 쌓아올려 대가들이 소개한 복잡한 전략까지 구현해봤다. 퀀트머신을 이용하면 우리도 대가들이 했던 것처럼 나만의 전략을 만들 수 있다. 지금까지 해 온 대로 레고블록 쌓듯 퀀트머신의 함수를 쌓으면 된다. 이번에는 대가의 전략을 응용한 새로운 전략을 만들어보자.

구글 콜랩에 접속하고 로그인한다. 셀에 아래 코드를 입력하고 `Shift` + `Enter`를 눌러 실행해 핀터스텔라 라이브러리를 설치한다.

```
1   pip install finterstellar
Out
```

퀀트머신의 엔진인 핀터스텔라 라이브러리를 불러온다.

```
1   import finterstellar as fs
Out
```

이제 데이터를 준비하자. 코드가 길어 보이지만 지금까지 해온 것의 종합 편이다. 앞으로 개발할 새로운 전략들은 이 코드를 베이스로 해서 시작해도 좋을 것이다.

```
1   # finterstellar
2   # Set test terms by fiscal years
3   terms = fs.set_terms(trade_start='2011Q1', trade_end='2021Q1')
4   data = {}
5   for t in terms:
6       data[t] = fs.fn_consolidated(otp='OTP', term=t)
7   for t in terms:
8       # Set previous terms
9       prev_t = fs.quarters_before(terms, t, 4)
10      # Company size
11      data[t]['Market Cap'] = data[t]['Price_M3'] * data[t]['Shares']
12      # Value
13      data[t]['PER'] = data[t]['Price_M3'] / data[t]['EPS']
14      data[t]['PBR'] = data[t]['Price_M3'] / (data[t]['Shareholders Equity']/
    data[t]['Shares'])
15      data[t]['PSR'] = data[t]['Price_M3'] / (data[t]['Revenue'] / data[t]['Shares'])
```

```
16    data[t]['PCR'] = data[t]['Price_M3'] / ( ( data[t]['Net Income'] +
      data[t]['Depreciation'] ) / data[t]['Shares'] )

17    # Profitability

18    data[t]['Avg Assets'] = ( data[t]['Total Assets'] +
      data[prev_t]['Total Assets'] ) / 2

19    data[t]['Avg Equity'] = ( data[t]['Shareholders Equity'] +
      data[prev_t]['Shareholders Equity'] ) / 2

20    data[t]['ROA'] = data[t]['Net Income'] / data[t]['Avg Assets']

21    data[t].loc[(data[t]['Net Income']<0) | (data[t]['Avg Assets']<0) |
      (data[t]['Total Assets']<0), 'ROA'] = float('nan')

22    data[t]['ROE'] = data[t]['Net Income'] / data[t]['Avg Equity']

23    data[t].loc[(data[t]['Net Income']<0) | (data[t]['Avg Equity']<0) |
      (data[t]['Shareholders Equity']<0), 'ROE'] = float('nan')

24    data[t]['GP/A'] = data[t]['Gross Profit'] / data[t]['Avg Assets']

25    data[t].loc[(data[t]['Gross Profit']<0) | (data[t]['Avg Assets']<0) |
      (data[t]['Total Assets']<0), 'GP/A'] = float('nan')

26    data[t]['GP/E'] = data[t]['Gross Profit'] / data[t]['Avg Equity']

27    data[t].loc[(data[t]['Gross Profit']<0) | (data[t]['Avg Equity']<0) |
      (data[t]['Shareholders Equity']<0), 'GP/E'] = float('nan')

28    # Stability

29    data[t]['Liability/Equity'] = data[t]['Total Liabilities'] /
      data[t]['Shareholders Equity']

30    data[t].loc[(data[t]['Shareholders Equity']<0), 'Liability/Equity'] =
      float('nan')

31    data[t]['Debt/Equity'] = (data[t]['Long Term Debt'] + data[t]['Current Debt'])
      / data[t]['Shareholders Equity']

32    data[t].loc[(data[t]['Shareholders Equity']<0), 'Debt/Equity'] = float('nan')

33    data[t]['Current Ratio'] = data[t]['Current Assets'] /
      data[t]['Current Liabilities']

34    data[t]['Share Increase'] = data[t]['Shares'] / data[prev_t]['Shares']

35    # Efficiency

36    data[t]['Gross Margin'] = data[t]['Gross Profit'] / data[t]['Revenue']

37    data[t]['Asset Turnover'] = data[t]['Revenue'] / data[t]['Avg Assets']

38    data[t]['Equity Turnover'] = data[t]['Revenue'] / data[t]['Avg Equity']
```

```
39      # Momentum
40      data[t]['Price Growth'] = data[t]['Price_M3'] / data[prev_t]['Price_M3']
```

3행은 테스트 기간을 재무 데이터 기준으로 세팅한다. 4행~6행은 재무 데이터를 받아오는 부분이다. 9행은 1분기 전년도 분기 값을 prev_t에 담는다. Avg Assets, Avg Equity, Price Growth를 구할 때 필요하다. 11행은 분기 말 3개월 후 주가를 기준으로 시가총액(Market Cap)을 구한다. 시가총액은 대형주, 중형주, 소형주를 구분하기 위해 사용된다. 13행~16행은 PER, PBR, PSR, PCR 등 가치주 지표인 프라이스멀티플을 계산한다. 프라이스멀티플 계산에 이용하는 주가는 앞에서와 같이 3개월 후 주가이다. (5.2~5.5 참조) 18행~19행은 평균 총자산과 평균 총자본을 계산한다. (6.2 참조) 20행~23행은 ROA와 ROE를 계산하고 예외처리를 한다. (6.2 참조)

24행~27행은 GP/A와 GP/E를 계산하고 예외처리를 한다. (6.4 참조) 29행~32행은 부채비율과 차입금비율을 계산하고 예외처리를 한다. (6.1 참조) 33행은 유동비율을 계산한다. (6.4 참조) 34행은 지분감소 여부 탐지를 위해 주식수 증감을 계산한다. (6.8 참조) 36행은 매출총이익률을 계산한다. (6.7 참조) 37행~38행은 총자산회전율과 총자본회전율을 계산한다. (6.6 참조) 40행은 주가성장률(1년)을 계산한다. (6.5 참조)

여기까지 기본 지표 준비를 마쳤다. 이제 전략의 합성에 들어가 보자.

간단한 몸풀기로 가치투자 4대장 콤보와 소형주를 결합한 전략을 만들어보자.

```
1      # 가치투자 4대장 콤보 + 소형주
2      s1 = {}
3      s2 = {}
4      s3 = {}
5      s4 = {}
6      s5 = {}
7      s6 = {}
8      s = {}
9      signal = {}
```

```
10    for t in terms:
11        s1[t] = fs.fn_score(data[t], by='PER', method='relative', floor=1, asc=True)
12        s2[t] = fs.fn_score(data[t], by='PBR', method='relative', floor=.1, asc=True)
13        s3[t] = fs.fn_score(data[t], by='PSR', method='relative', floor=.1, asc=True)
14        s4[t] = fs.fn_score(data[t], by='PCR', method='relative', floor=.1, asc=True)
15        s5[t] = fs.fn_filter(data[t], by='Market Cap', floor=0, n=1000, asc=True)
16        s6[t] = fs.combine_score(s1[t], s2[t], s3[t], s4[t])
17        s[t] = fs.combine_signal(s6[t], s5[t], how='and', n=50)
18        signal[t] = list(s[t].index)
19    df = fs.backtest(signal=signal, data=data, m=3, cost=.001)
```

```
CAGR: 10.85%
Accumulated return: 180.40%
Investment period: 10.0yrs
Sharpe ratio: 0.55
MDD: -56.15%
```

2행~9행까지는 각 지표 값을 필터링해서 저장할 저장소를 세팅한다. 11행은 fn_score( ) 함수를 이용해 PER(by='PER')가 1 이상(floor=1)인 종목에 한해 오름차순(asc=True)으로 상대평가(method='relative') 점수를 매긴다. 12행~14행은 11행과 같은 방식으로 PBR, PSR, PCR 점수를 매기는데, 하한 값은 0.1로 한다(floor=.1). 15행은 fn_filter( ) 함수를 이용해 시가총액이 낮은 순서대로(asc=True) 하위 약 20%인 1000개(n=1000) 종목을 선정한다.

16행은 combine_score( ) 함수를 이용해 PER, PBR, PSR, PCR 점수를 합산하여 s6에 저장한다. 17행은 combine_signal( ) 함수를 이용해 위에서 만든 시그널을 교집합(how='and')으로 합성하고 그중 상위 50개 종목(n=50)을 선정한다. 시그널을 합성할 때는 먼저 입력한 시그널이 우선권을 가진다. 여기에서는 **s6**를 먼저 입력했으므로 합산 점수가 우선순위를 가진다. 따라서 시가총액 하위 종목 중 합산 점수가 높은 순서대로 50개가 선정된다. 18행은 17행에서 선정한 50개 종목으로 트레이딩 시그널을 만든다. 19행은 각 분기별로 만들어진 트레이딩 시그널대로 백테스트를 진행한다. 분기 말 이후 3개월 후(m=3)에 리밸런싱 하고, 매매비용은 0.1%(cost=.001)로 한다.

성과는 그다지 좋지 않았다. 수익률 그래프도 그려보자.

```
1   fs.draw_return(df)
```

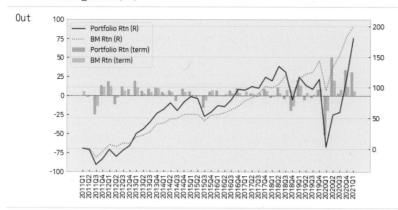

이번에는 가치투자 4대장에 노비막스의 GP/A와 안정성 지표인 부채비율, 유동비율까지 점수에 합산한다. 소형주에 대해 투자하고, 증자를 한 종목은 제외한다.

```
1   # (4대장 + GP/A + 부채비율 + 유동비율) + 소형주 + 증자X
2   s1 = {}
3   s2 = {}
4   s3 = {}
5   s4 = {}
6   s5 = {}
7   s6 = {}
8   s7 = {}
9   s8 = {}
10  s9 = {}
11  s10 = {}
12  s11 = {}
13  s = {}
14  signal = {}
15  for t in terms:
16      s1[t] = fs.fn_score(data[t], by='PER', method='relative', floor=1, asc=True)
17      s2[t] = fs.fn_score(data[t], by='PBR', method='relative', floor=.1, asc=True)
18      s3[t] = fs.fn_score(data[t], by='PSR', method='relative', floor=.1, asc=True)
```

```
19    s4[t] = fs.fn_score(data[t], by='PCR', method='relative', floor=.1, asc=True)

20    s5[t] = fs.fn_score(data[t], by='ROE', method='relative', floor=0, asc=False)

21    s6[t] = fs.fn_score(data[t], by='GP/A', method='relative', floor=0, asc=False)

22    s7[t] = fs.fn_score(data[t], by='Debt/Equity', method='relative', floor=0,
   asc=True)

23    s8[t] = fs.fn_score(data[t], by='Current Ratio', method='relative', floor=0,
   asc=False)

24    s9[t] = fs.fn_filter(data[t], by='Market Cap', floor=0, n=1000, asc=True)

25    s10[t] = fs.fn_filter(data[t], by='Share Increase', floor=.9, cap=1)

26    s11[t] = fs.combine_score(s1[t], s2[t], s3[t], s4[t], s5[t], s6[t], s7[t], s8[t])

27    s[t] = fs.combine_signal(s11[t], s9[t], s10[t], how='and', n=50)

28    signal[t] = list(s[t].index)

29 df = fs.backtest(signal=signal, data=data, m=3, cost=.001)
```

```
CAGR: 10.00%
Accumulated return: 159.47%
Investment period: 10.0yrs
Sharpe ratio: 0.60
MDD: -49.89%
```

바뀐 부분만 살펴보자.

20행은 ROE 점수를 계산한다. ROE는 높을수록 좋은 것이기 때문에 내림차순(asc=False)으로 점수를 준다. 21행은 GP/A 점수를 계산한다. GP/A 역시 높을수록 좋으니 내림차순이다. 22행은 Debt/Equity 점수를 계산한다. 부채비율은 낮을수록 좋으니 오름차순이다. 23행은 유동비율 점수다. 유동비율은 높을수록 좋다. 26행은 s1~s8을 합산한 점수를 계산해 s11에 저장한다. 27행은 합산 점수인 s11과 소형주 필터 s9, 증자X 필터 s10을 합성한다.

테스트 결과 CAGR과 샤프비율이 개선됐다. 안정성 지표가 추가되면서 포트폴리오 수익률의 변동성이 개선된 것 같다.

```
1  fs.draw_return(df)
```

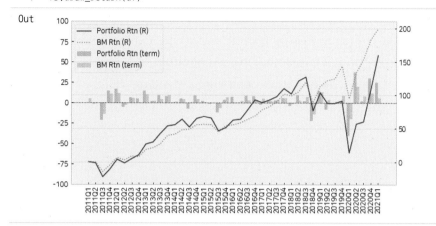

여기에 모멘텀 지표까지 추가해보면 어떨까? 위 기준은 고스란히 재활용하고 1년 전보다 주가
가 올라간 종목만 선정하는 시그널을 추가하자.

```
 1  # (4대장 + GP/A + 부채비율 + 유동비율) + 소형주 + 증자X + 모멘텀
 2  s1 = {}
 3  s2 = {}
 4  s3 = {}
 5  s4 = {}
 6  s5 = {}
 7  s6 = {}
 8  s7 = {}
 9  s8 = {}
10  s9 = {}
11  s10 = {}
12  s11 = {}
13  s12 = {}
14  s = []
15  signal = {}
16  for t in terms:
17      s1[t] = fs.fn_score(data[t], by='PER', method='relative', floor=1, asc=True)
```

```
18    s2[t] = fs.fn_score(data[t], by='PBR', method='relative', floor=.1, asc=True)

19    s3[t] = fs.fn_score(data[t], by='PSR', method='relative', floor=.1, asc=True)

20    s4[t] = fs.fn_score(data[t], by='PCR', method='relative', floor=.1, asc=True)

21    s5[t] = fs.fn_score(data[t], by='ROE', method='relative', floor=0, asc=False)

22    s6[t] = fs.fn_score(data[t], by='GP/E', method='relative', floor=0, asc=False)

23    s7[t] = fs.fn_score(data[t], by='Debt/Equity', method='relative', floor=0,
      asc=True)

24    s8[t] = fs.fn_score(data[t], by='Current Ratio', method='relative', floor=0,
      asc=False)

25    s9[t] = fs.fn_filter(data[t], by='Market Cap', floor=0, n=1000, asc=True)

26    s10[t] = fs.fn_filter(data[t], by='Share Increase', floor=.9, cap=1)

27    s11[t] = fs.fn_filter(data[t], by='Price Growth', floor=1)

28    s12[t] = fs.combine_score(s1[t], s2[t], s3[t], s4[t], s5[t], s6[t], s7[t], s8[t])

29    s[t] = fs.combine_signal(s12[t], s9[t], s10[t], s11[t], how='and', n=50)

30    signal[t] = list(s[t].index)

31  df = fs.backtest(signal=signal, data=data, m=3, cost=.001)
```

```
CAGR: 6.01%
Accumulated return: 79.42%
Investment period: 10.0yrs
Sharpe ratio: 0.42
MDD: -45.61%
```

27행에서 모멘텀 지표를 추가하고, 1년 전 대비 주가가 오른 종목만 필터링해서 가져왔다.

그런데 결과를 보니 실망스럽다. 지표를 추가했는데 성과가 개선되기는커녕 오히려 줄어들었다.

> 💡 **잠깐** 왜 이럴까? 전략을 합성할 때 개별 지표가 좋다고 무턱대고 막 더하면 오히려 마이너스가 될
> 수 있다. 서로 상반된 가치를 추구하는 지표를 합성하면 한 지표가 다른 지표의 장점을 상쇄
> 시키는 경우가 종종 발생한다. 모멘텀 지표의 경우가 그렇다. 가치투자는 기본 콘셉트가 저평가된 주식을 찾는
> 것이고, 모멘텀 지표는 잘나가는 주식을 찾는 것이다. 저평가되면서 잘나가는 주식이란 것을 찾을 수 있을까?
> 말 자체가 모순이다. 아무 지표나 막 섞는 것은 도움이 안된다.

그럼 깔끔하게 정리해보자. 중복되는 지표는 제거하고 대표 주자 하나씩만 데려오자. 수익률
지표의 대표 선수는 노비막스의 GP/A다. GP/A에 소형주, 증자X 조건으로 테스트해보자.

```
 1    # GP/A + 소형주 + 증자X
 2    s1 = {}
 3    s2 = {}
 4    s3 = {}
 5    s = {}
 6    signal = {}
 7    for t in terms:
 8        s1[t] = fs.fn_score(data[t], by='GP/A', method='relative', floor=0, asc=False)
 9        s2[t] = fs.fn_filter(data[t], by='Market Cap', floor=0, n=1000, asc=True)
10        s3[t] = fs.fn_filter(data[t], by='Share Increase', floor=.9, cap=1)
11        s[t] = fs.combine_signal(s1[t], s2[t], s3[t], how='and', n=50)
12        signal[t] = list(s[t].index)
13    df = fs.backtest(signal=signal, data=data, m=3, cost=.001)
```

CAGR: 14.30%
Accumulated return: 280.93%
Investment period: 10.0yrs
Sharpe ratio: 1.10
MDD: -43.25%

GP/A만 가져왔더니 다른 지표들을 막 섞은 것보다 깔끔하다.

```
 1    fs.draw_return(df)
```

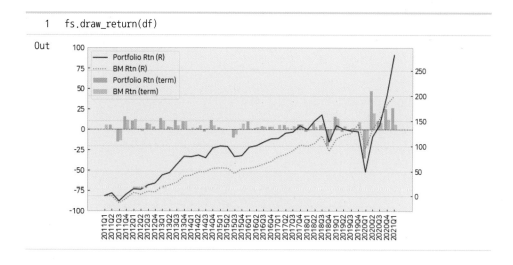

마무리는 자산회전율과 GP/A, 소형주의 결합이다.

```
1   # 자산회전율 + GP/A + 소형주
2   s1 = {}
3   s2 = {}
4   s3 = {}
5   s4 = {}
6   s5 = {}
7   s = {}
8   signal = {}
9   for t in terms:
10      s1[t] = fs.fn_score(data[t], by='Asset Turnover', method='relative', floor=0,
        asc=False)
11      s2[t] = fs.fn_score(data[t], by='GP/A', method='relative', floor=0, asc=False)
12      s3[t] = fs.fn_filter(data[t], by='Market Cap', floor=0, n=1000, asc=True)
13      s5[t] = fs.combine_score(s1[t], s2[t])
14      s[t] = fs.combine_signal(s5[t], s3[t], how='and', n=50)
15      signal[t] = list(s[t].index)
16  df = fs.backtest(signal=signal, data=data, m=3, cost=.001)
```

CAGR: 18.69%
Accumulated return: 455.52%
Investment period: 10.0yrs
Sharpe ratio: 1.42
MDD: -44.33%

활동성이 높은 기업에 GP/A를 더하니 괜찮은 성과를 거둘 수 있었다.

```
1   fs.draw_return(df)
```

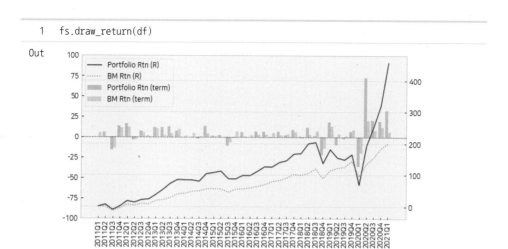

앞에서 테스트했던 것처럼, 여기에 안정성 지표를 추가하면 변동성을 더 줄여서 샤프비율을 높일 수 있을 것이다.

💡 잠깐   **핀터스텔라 백테스팅 이용**

마지막 테스트인 자산회전율 + GP/A + 소형주 조합을 핀터스텔라 사이트를 이용해 진행하려면 다음과 같이 조건을 선택한다. 선정 종목수는 최대 30개까지 가능하다.

그림 7-2 핀터스텔라에서의 자산회전율+GP/A+소형주 조합 조건 설정

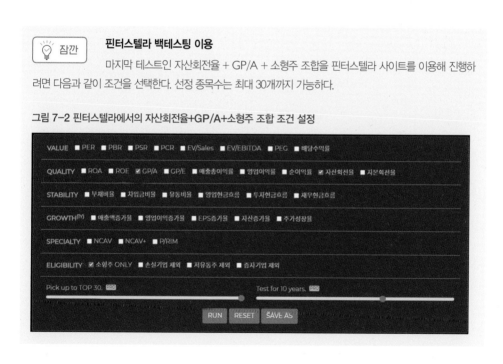

퀀트투자 시작하기

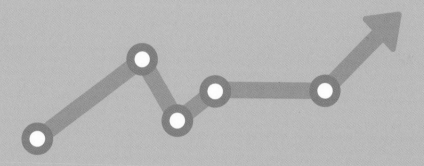

8.1 개인퀀트 vs. 기관퀀트

지금까지 주식투자를 위한 여러 방법을 알아봤다. 퀀트투자, 별거 아니었다. 이렇게 특별하지도 않은 전략으로 월스트리트의 헤지펀드들은 어떻게 그런 엄청난 수익률을 올릴까? 기관에 소속된 퀀트는 어떻게 할까? 기관퀀트가 개인퀀트와 다른 점을 짚어보자.

첫째, 상대하는 시장의 범위가 다르기 때문에 구사하는 전략의 다양성 차원이 다르다. 기관퀀트라도 주식만 하는 사람이라면 특별히 다르지 않지만, 기관퀀트가 주식만 다루는 경우는 드물다. 기관퀀트는 주식과 동시에 파생상품이나 채권 등을 운용하면서 훨씬 더 많은 기회를 만든다. 간단한 예로 KOSPI 200 ETF에 투자하는 사람이라면 KOSPI 200 선물을 동시에 투자할 수 있다. 두 상품 모두 KOSPI 200 지수를 그대로 따라가도록 설계된 상품이라 가격이 같이 움직이는 것이 정상이다. 그런데 두 상품의 가격이 일시적으로 차이가 발생한다면? 두 시장을 동시에 보고 있는 트레이더에게는 기회다. 가격이 높은 곳에서 매도하고, 낮은 곳에서 매수하면 시장이 정상화됐을 때 수익을 얻을 수 있다. 이것을 차익거래^{Arbitrage}라고 한다. 주식시장만을 바라보는 투자자는 포착할 수 없는 기회다.

둘째, 레버리지가 다르다. ①기대수익률 1%, 성공확률 90% 전략과 ②기대수익률 10%, 성공확률 40% 전략 중 무엇을 선택할까? 레버리지를 쓰지 않는 개인이라면 승률이 높아도 기대수익이 1%인 전략은 그다지 매력적이지 않다. 하지만 레버리지를 쓴다면 얘기가 달라진다. 레버리지를 10배만 가져다 써도 수익률 1%는 수익률 10%로 변한다. 기관은 대개 엄청난 레버리지를 이용하기 때문에 승률이 높은 ①번 전략이 더 매력적일 수 있다. 따라서 개인이 관심 갖지 않는 전략이라도 기관은 베팅할 수 있다.

셋째, 엄청난 레버리지를 사용하기 때문에 리스크 관리의 중요도가 다르다. 부업으로 투자를 하는 개인투자자라면 30 종목 내외의 분산 투자만으로도 충분히 리스크 관리가 되지만, 높은 레버리지를 사용하는 기관퀀트는 트레이딩 건 하나하나마다 리스크를 계산해 그 허용 범위 내에서 트레이딩을 집행한다. 그래서 기관퀀트에게는 투자 전략 못지않게 리스크 관리가 중요하다. 이 책에서는 다루지 않지만, 퀀트 책 중에는 리스크 관리를 다루는 책도 많다.

넷째, 정보의 양이 다르다. 퀀트를 함으로써 매일 전 종목을 분석할 수 있게 되었으니 퀀트를 하지 않는 사람보다는 유리해졌다. 하지만 주식시장에 도움 되는 정보는 주식시장 밖에서도 나온다. 매크로 지표, 채권시장, 외환시장, 원자재 등 상품시장에서 나오는 정보를 추가로 고려할 수 있다면 더 정교한 모델을 만들 수도 있다. 아무리 컴퓨터를 이용하더라도 혼자서 이 모든 정보를 소화해내기는 어렵다.

다섯째, 이용할 수 있는 정보의 양과 질이 다르다. 이 책에서는 야후 파이낸스, 핀터스텔라, 스톡로우 등이 제공하는 무료 정보를 이용했다. 하지만 기관에서는 블룸버그나 로이터 등에서 판매하는 유료 정보를 이용한다. 물론 개인이라도 유료 정보를 이용할 수 있지만, 블룸버그만 하더라도 월간 이용료가 수백만 원을 넘어선다. 무료 정보는 아무래도 정보의 품질이 떨어질 수밖에 없는데, 야후 파이낸스에서 제공하는 과거 주가 정보만 보더라도 틀린 경우가 꽤 있다. 백테스트를 진행하다가 이상하게 수치가 튀는 부분이 나오면 십중팔구 무료로 받아온 주가가 틀린 것이 원인이다.

재무 데이터도 대개 기업이 발표하는 수치를 그대로 가져오지만, 기업이 수치를 이상하게 발표하는 경우도 종종 있다. 2021년 3월, 수소에너지 기업 플러그 파워$^{Plug\ Power\ Inc}$(PLUG)가 2018년부터 비용 처리 오류가 있었다며 몇 년 치 재무제표를 다시 제출했다.[1] 이런 경우 유료로 정보를 제공하는 업체는 나름대로 데이터 가공을 해서 수치를 스무딩해서 보여주는 것에 반해, 무료 데이터는 기업이 오류가 있는 데이터를 발표하더라도 그냥 그대로 제공한다. 물론 고가의 블룸버그 정보라도 오류가 없는 것은 아니다.

여섯째, IT 인프라 수준이 다르다. 개인퀀트는 많이 투자해봤자 고사양 PC에 기가인터넷 회선 정도가 IT 인프라 구축의 최대치다. 하지만 기관은 서버급 컴퓨터와 기업용 전용선을 이용할 수 있으며, 서버도 거래소 주문 서버 가까이에 설치하는 등의 막대한 설비 투자를 통해 남보다 빠르게 주문을 전송할 수 있다. 여러 투자자가 동일하게 투자 기회를 포착했을 경우 IT 인프라 투자를 많이 한 쪽이 주문에서 우위를 점할 수 있다.

위에서 언급한 것 이외에도 개인퀀트와 기관퀀트의 차이는 더 있을 것이다. 하지만 실망할 필요 없다. 개인퀀트가 기관퀀트와 경쟁해서 이겨야 할 필요는 없다. 또한 기관퀀트는 리스크 관리 때문에 개인퀀트가 좋아하는 분야에 참여하지 못할 수도 있다. 그리고 자원이 제한적이라고 해서 개인퀀트의 모델이 더 좋지 말라는 법도 없다. 단순한 전략이 좋은 것이다. 많은 정보를 가진 기관보다 개인이 더 단순하고 좋은 전략을 만들 수도 있다. 필드에서 뛰는 진짜 퀀트에 대해 알고 싶다면 퀀트의 아버지 **에드워드 소프**$^{Edward\ O.\ Thorp}$[2]의 『나는 어떻게 시장을 이겼나』,

---

1 "사업보고서 지연"⋯SK 투자 美플러그파워 주가 20% 급락(2021. 3. 17. 한국경제), https://www.hankyung.com/finance/article/202103171345i

2 월스트리트에서 퀀트투자의 아버지로 불리는 전설적인 인물.

스콧 패터슨Scott Patterson[3]의 『퀀트』, 영주 닐슨Youngju Nielsen[4]의 『월스트리트 퀀트투자의 법칙』을 추천한다.

이 책들을 읽고 기관퀀트가 되고 싶은 마음이 생겼다면 다음 스텝은 주식을 뛰어넘는 다양한 금융상품을 배우고 이것을 주물럭거리는 도구인 금융공학을 배우는 일이다. 금융공학이 궁금해졌다면 『파이썬을 활용한 금융공학 레시피』(한빛미디어, 2018)를 통해 맛볼 수 있다. 금융공학을 제대로 배워보고 싶다면 MBA나 금융공학 석사 과정에 들어가 차근차근 배우면 좋다. 금융상품이 워낙 다양해서 독학으로는 정신 줄 놓고 헤맬 우려가 있다. 가성비를 따진다면 KAIST 금융공학 석사 과정이 괜찮다.

마지막으로, 유명 헤지펀드가 어떤 주식을 샀다는 소식을 듣고 따라 투자하지 말자. 그 펀드의 매니저는 주식이 오를 것이라 생각해서가 아니라 다른 상품의 헤지hedge[5]용으로 샀을 수 있다.

8.2 최적의 마켓 타이밍은 아무도 모른다

투자자라면 누구나 최저가에 매수하고 최고가에 매도하고 싶어 한다. 언제가 최저가이고 언제가 최고가일까? 마켓 타이밍만 알 수 있다면 세계 최고의 부자가 되는 것은 시간문제인데, 신이 아니고는 최적의 마켓 타이밍을 알 수 있는 사람은 없다. 당연히 퀀트모델로 최적의 마켓 타이밍을 찾아내는 방법이 있다는 얘기는 들어보지 못했다.

한국판 제임스 사이먼스라고 불리고 옵투스자산운용 대표이자 서울대학교 컴퓨터공학과 문병로 교수는 저서 『문병로 교수의 메트릭 스튜디오』에서 긴 지면을 할애하며 마켓 타이밍의 어려움을 토로한다. 그는 폭락을 맞으면 자신의 펀드 역시 손해를 본다며 '그런 일을 당하면 우리도 손해를 봅니다. 우리는 항상 시장에 있습니다. 그런 타이밍을 맞출 수는 없고, 그런 시도를 하다 보면 결정적인 수익의 기회를 놓칠 가능성이 높습니다.'라고 했다.

가치투자가 아닌 모멘텀 트레이딩이라면 마켓 타이밍이 더 중요하다고 여겨진다. 모멘텀 트레

---

3   월스트리트의 최신 기술적 진보를 전문적으로 취재하는 월스트리트 저널THE WALL STREET JOURNAL의 전문기자.

4   성균관대학교의 글로벌 경영전문대학원 교수. 월스트리트에서 15년 이상 시스티매틱 트레이딩Systematic Trading 분야의 트레이더와 포트폴리오 매니저로 활동했다.

5   투자자가 가지고 있거나 앞으로 보유하려는 자산의 가치가 변함에 따라 발생하는 위험을 없애려는 시도.

이딩을 얘기하면 빠질 수 없는 터틀 트레이딩Turtle Trading[6]이 있다. 오리지널 터틀 트레이더 출신인 커티스 페이스Curtis M. Faith[7]는 그의 저서 『터틀의 방식』에서 '터틀의 성공 비결은 다름 아니라 이미 잘 알려져 있는 꽤 오랫동안 사용해왔던 트레이딩 규칙이나 개념 속에 모두 들어있다. 다만 터틀은 그것을 일관되고 꾸준히 따랐다는 사실이다.'라고 밝혔다.

언제 주가가 폭락할지, 떨어지는 주가가 언제 반등할지는 아무도 모른다. 폭락장에서 포지션을 들고 있다면 가슴이 철렁철렁할 것이다. 당장 포지션을 정리하고 시장이 반등할 때 다시 돌아오고 싶은 마음이 굴뚝같다. 하지만 그렇게만 하면 페이스가 말한 일관되고 꾸준한 전략 수행을 할 수가 없게 된다.

8.3 터틀의 마인드

퀀트투자자 역시 수익을 얻기 위해서는 꾸준히 전략을 실행해야 하고, 이를 위해 터틀 트레이더의 마인드를 배워야 할 필요가 있다. 페이스는 터틀의 방식을 다음과 같이 정리했다.

1. 승산이 있는 트레이딩에 임하라
2. 리스크를 관리하라
3. 일관성 있는 태도를 유지하라
4. 단순성에 초점을 맞춰라

이것을 풀어서 써보면 이렇게 해석할 수 있다.

1. 좋은 전략을 찾아라 – 수익률도 높고 샤프지수도 높은 전략을 찾아야 한다. 수익률이 높아도 샤프지수가 낮고 MDD가 크다면 하락이 왔을 때 전략을 꾸준히 지속하기 어렵다.
2. 파산하지 말라 – 파산하면 결국 시장에서 쫓겨나고, 전략을 지속할 수 없게 된다. 분산 투자를 통해 일부 종목에서 손해가 나더라도 다른 종목이 커버할 수 있도록 관리해야 한다.
3. 하락 장에서도 전략을 유지해라 – 2020년 증시에서 봤듯이 급등은 급락 직후에 온다. 마켓 타이밍을 알 수 있는 신적인 능력이 없다면 하락 장에서도 전략을 유지해야 한다.
4. 전략은 단순하게 만들어라 – 앞에서 전략을 합성하는 기술을 배웠다. 좋은 전략이라고 모두 가져다 조합하면 수익이 오히려 줄어드는 것도 확인했다. 단순한 전략이 만들기도 쉽고 수행하기도 쉽다.

....

6 미국의 투자인 리처드 데니스Richard Dennis에 의한 주식투자도 거북이처럼 키워낼 수 있다는 발상에서 명명된 투자 기법으로 추세추종전략을 따른다. 그는 제자들을 터틀스Turtles(거북이들)라고 불렀다.
7 터틀 원년 멤버 중 가장 성공한 인물로 기계적 트레이딩 시스템과 소프트웨어 분야를 선도한 투자 고수 가운데 한 사람.

터틀 트레이딩을 하지 않더라도 퀀트 전략을 실천하려는 사람이라면 『터틀의 방식』은 한 번쯤 읽어봐야 할 필독서다. 특히 주가가 하락해 심리적으로 위축될 때 한 번씩 다시 읽어보면 도움이 된다.

파이썬이 처음이라면

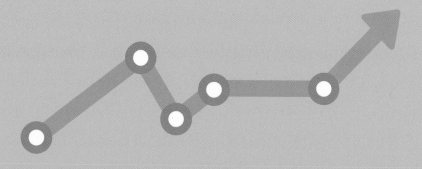

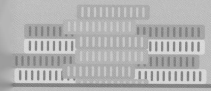

파이썬 프로그래밍을 해보지 않은 독자에게 퀀트머신의 이해를 돕기 위해 마련했다. 코딩 경험이 있는 사람이라면 건너뛰어도 무방하다.

결괏값 출력

코드를 만들었다면 결과가 의도한 대로 나왔는지 확인하고 싶어진다. 결괏값을 출력하는 가장 일반적인 방법은 print() 함수를 이용하는 것이다.

숫자를 출력할 때는 ()에 직접 넣어주면 되고, 문자를 출력할 때는 따옴표(" 또는 "")를 이용해 묶어줘야 한다. 여러 값을 연속해서 출력하려면 쉼표(,)를 이용해 연결해 줄 수 있다.

```
1   print(1)
2   print('A')
3   print('Number:', 1)
```
```
Out   1
      A
      Number: 1
```

코드를 실행하려면 Shift + Enter 를 눌러 실행시킨다.

파이썬은 작은따옴표와 큰따옴표를 모두 사용할 수 있다. 다만 혼용은 불가하다. 작은따옴표로 시작했다면 작은따옴표로 닫아야 한다.

대소문자 구분

파이썬은 대문자와 소문자를 구분한다. A와 a는 서로 다른 변수로 인식한다.

```
1   A = '변수1'
2   a = '변수2'
3   print('A:', A)
4   print('a:', a)
```
```
Out   A: 변수1
      a: 변수2
```

들여쓰기

파이썬은 들여쓰기로 문단을 구분한다. 단일 문단 내에서는 반드시 같은 위치에서 줄을 시작해야 하며, 이를 어기면 에러가 발생한다.

```
1   print(1)
2   print(2)
Out 1
    2
```

다음은 들여쓰기 오류로 에러가 발생한 예이다.

```
1   print(1)
2     print(2)
Out File "<ipython-input-4-ea5ae22bc8ce>", line 2
      print(2)
      ^
    IndentationError: unexpected indent
```

문장의 끝(줄바꿈)

파이썬은 자바java, C와 같이 문장 끝에 세미콜론(;)을 붙여줄 필요가 없다. 다만 붙여도 에러가 나지 않는다. 문장이 너무 길어져 가동성을 위해 줄바꿈을 하고 싶을 때는 백슬래시(\)를 붙이고 다음 줄로 넘어가면 된다.

```
1   B = '문장을 만들어볼까요?'
2   b = '긴 문장을 ' + \
3       '한 줄로 만들어볼까요?'
4   print(B)
5   print(b)
Out 문장을 만들어볼까요?
    긴 문장을 한 줄로 만들어볼까요?
```

주석

주석Comment은 코딩에 포함되긴 하지만 파이썬이 해석하지 않는 문자열이다. 코딩을 하면서 참고 사항 등을 표시할 때 이용한다. 주석은 #, ''' ''', """ """로 표시한다. 한 줄짜리 주석은 # 뒤에, 여러 줄 주석은 ''' ''' 나 """ """사이에 넣는다.

```
1    # 이것은 한 줄 주석
2    p = 1    # 이 줄에서는 여기서부터가 주석
3    '''
4    삼중 따옴표 사이에 들어와도 다 주석이다.
5    여러 줄 주석을 입력할 때 사용한다.
6    '''
7    " ""
8    p = 100
9    주석은 파이썬에 입력되지 않기 때문에 출력되지 않는다.
10   " ""
11   print(p)    # p값을 출력하는 부분은 2행에 있다.
```
Out   1

변수의 형식(자료형)

코딩에 필요한 정보를 컴퓨터에게 넣어 계산시키고 결괏값을 돌려받는 과정이다. 컴퓨터에게 정보를 알려줄 때는 이름표를 달아서 알려주는데, 이름표를 변수라고 한다. 변수는 숫자형 변수와 문자형 변수로 구분한다.

숫자형 변수에는 int, float, complex 등이 있다. 정수는 int, 소수는 float, 복소수는 complex다. 변수가 어떠한 형태로 사용되었는지 확인하려면 type(변수명)이라고 입력한다.

숫자형 변수는 꼭 형식을 지켜서 사용해야 한다. 정수형 변수에 소수를 집어넣으려고 하면 에러가 발생한다.

```
1    i = 1    # 정수형 변수
2    type(i)
```
Out   int

변수에 소수를 입력하면 자동으로 소수형 변수로 설정된다.

```
1  f = 1.0   # 소수형 변수
2  type(f)
Out  float
```

정수형으로 이미 선언된 변수를 소수형으로 바꾸려면 별도의 변환 작업이 필요하다. 정수형을 소수형으로 변환한다고 해서 형변환이라고 하는데 `float()` 함수를 이용하면 정수형 변수가 강제로 소수형으로 변환된다.

```
1  i = float(i)   # 정수형으로 선언했던 변수를 소수형으로 변환
2  type(i)
Out  float
```

반대로 `int()` 함수를 이용해 float를 int로 변형하면 소수점 이하 숫자를 날려버리고 정수로 바꿔준다.

문자형 변수는 "(홑따옴표) 또는 ""(쌍따옴표)로 감싸서 전달한다. 둘 중 어떤 따옴표를 사용해도 상관없다. 여러 줄을 넣을 때는 ''' ''' 나 """ """ 사이에 넣는다

```
1  s = '나는 문자'
2  s2 = '''나도
3  문자
4  '''
5  type(s)
Out  str
```

문자형 변수를 출력해보자.

```
1  print(s2)
Out  나도
     문자
```

노트북 환경에서는 print() 함수를 쓰지 않아도 결괏값이 나오는 경우가 있다. 보고 싶은 값이 하나뿐이라면 굳이 print()를 쓰지 않아도 된다. 하지만 print()를 써서 명시적으로 출력하지 않고 변수를 여러 개 나열한다면 마지막 변수만 출력되고 이전 것들은 무시된다. 따라서 보고 싶은 값의 개수에 따라 print()를 쓰자.

사칙연산

숫자의 사칙연산은 더하기(+), 빼기(−), 곱하기(*), 나누기(/), 나머지(%), 거듭제곱(**) 등이 있다.

```
1   x = 3
2   print(x)
```
Out 3

```
1   print(x * 2)
```
Out 6

```
1   print(x ** 2)      # x*x 도 같은 표현
```
Out 9

```
1   print(x ** 3)      # 거듭제곱은 엑셀에서는 x^3 로 표현
```
Out 27

문자는 사칙연산 대신 합치기와 자르기가 된다. 문자를 합칠 때 +를 사용하고, 문자를 자를 때는 변수 뒤에 [시작 위치 (이상):끝 위치 (미만)]을 붙여 사용한다. 문자의 최초 위치는 0부터 시작되고, 시작점은 포함, 끝점은 미포함이다. 각 위치를 나타내는 점이 문자 위를 가리키는 것이 아니라 문자 사이를 가리킨다고 이해하면 편하다. 다음 Python이라는 문자열에서 [0:2]라고 하면 0은 P 앞 위치, 2는 y와 t 사이 위치를 가리키므로 'Py'가 나온다. 위치값을 생략하면 가장 끝 위치를 나타낸다.

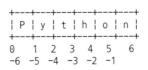

```
+---+---+---+---+---+---+
| P | y | t | h | o | n |
+---+---+---+---+---+---+
0   1   2   3   4   5   6
-6  -5  -4  -3  -2  -1
```

```
1   w1 = 'Py'
2   w2 = 'thon'
3   word = w1 + w2   # w1과 w2를 합하기
4   word
Out 'Python'
```

```
1   word[0:2]   # 0부터 2까지
Out 'Py'
```

```
1   word[1:4]   # 1부터 4까지
Out 'yth'
```

```
1   word[:4]   # 처음부터 4까지
Out 'Pyth'
```

```
1   word[4:]   # 4부터 끝까지
Out 'on'
```

변수 오브 변수: 리스트List

리스트는 여러 값을 그룹으로 묶어 한꺼번에 지정하는 자료형이다. 리스트 안에는 숫자형과 문자형이 섞여 존재할 수 있다.

```
1   prices = [100, 200, 300, 400, 500]
2   prices
Out [100, 200, 300, 400, 500]
```

리스트도 문자열과 같은 방식으로 잘라낼 수 있고, 특정 위치의 값만을 뽑아낼 수 있다. 주의할 점은 문자 자를 때 보았듯이 파이썬은 최초 위치에 0을 지정하기 때문에 4번째 값을 뽑아내려면 [3]이라고 지정해야 한다.

```
1   prices[0:2]
Out [100, 200]
```

```
1    prices[3]    # 첫 번째 값은 0이므로 3을 지정하면 네 번째 값
```

```
Out  400
```

리스트에 값을 추가할 수 있다.

```
1    prices.append(600)    # append를 할 때는 [ ]이 아니라 ( )를 사용
2    prices
```

```
Out  [100, 200, 300, 400, 500, 600]
```

리스트에 몇 개의 값이 들어 있는지는 **len(리스트)**로 확인한다.

```
1    len(prices)
```

```
Out  6
```

리스트에서 값을 빼낼 수도 있다.

```
1    prices.remove(400)    # remove를 할 때는 [ ]이 아니고 ( )를 사용
2    prices
```

```
Out  [100, 200, 300, 500, 600]
```

```
1    len(prices)
```

```
Out  5
```

한꺼번에 여러 값을 넣으려면 **extend**를 사용한다. 여러 값을 한 번에 넣기 위해서는 [ ] 속에 여러 값을 넣어 리스트를 만든 후 기존 리스트에 추가해 준다.

```
1    prices.extend([700, 200])    # extend를 할 때는 ( ) 안에 리스트를 넣음
2    prices
```

```
Out  [100, 200, 300, 500, 600, 700, 200]
```

```
1    len(prices)
```

```
Out  7
```

세트

세트는 수학의 집합과 같다. 리스트에서는 그룹 지정에 []를 사용했지만 집합에서는 {}를 사용한다. 수학 시간에 공부한 집합의 연산인 합집합, 교집합, 차집합 연산을 할 수 있다.

```
1   A = {1, 2, 3, 4, 5}
2   B = {4, 5, 6, 7, 8}
3   type(A)
```
```
Out   set
```

```
1   A | B    # 합집합. A.union(B)도 가능
```
```
Out   {1, 2, 3, 4, 5, 6, 7, 8}
```

```
1   A & B    # 교집합. A.intersection(B)도 가능
```
```
Out   {4, 5}
```

```
1   A - B    # 차집합
```
```
Out   {1, 2, 3}
```

튜플

튜플은 리스트와 유사하지만 한번 만들어지면 데이터를 추가하거나 변경할 수 없다. 다만 처리 속도에 장점이 있어 파이썬 내부적으로 많이 사용된다. 리스트는 [], 세트는 {}, 튜플은 ()를 사용한다.

```
1   t = (1, 2, 3)
2   type(t)
```
```
Out   tuple
```

딕셔너리

딕셔너리는 사전(단어:뜻)처럼 'key:value'로 구성되어 있는 자료구조이다. 데이터 추가와 삭제도 가능하다.

```
1  d = {'Kim':123, 'Lee':456}
2  type(d)
```
Out Dict

```
1  d['Choi'] = 789     # 딕셔너리에 데이터 추가
2  D
```
Out {'Choi': 789, 'Kim': 123, 'Lee': 456}

```
1  del d['Lee']     # 데이터 삭제
2  D
```
Out {'Choi': 789, 'Kim': 123}

딕셔너리에 데이터 쌍이 몇 개 들어 있는지는 len(딕셔너리 명)으로 알 수 있다. 딕셔너리는 데이터에 직접 접근하기 쉽다. Key:value 쌍을 가져오려면 items(), key만 가져오려면 keys(), value만 가져오려면 values()를 사용한다.

```
1  d['Park'] = 134
2  len(d)
```
Out 3

```
1  d.items()
```
Out dict_items([('Kim', 123), ('Choi', 789), ('Park', 134)])

```
1  d.keys()
```
Out dict_keys(['Kim', 'Choi', 'Park'])

```
1  d.values()
```
Out dict_values([123, 789, 134])

순환문 for

For 문은 정해진 구간을 순차적으로 진행하며 내용을 실행한다. 기본 구조는 다음과 같다. 실행할 내용은 들여쓰기를 한다. 들여쓰기가 끝나면 for가 실행할 내용이 끝남을 의미한다. For

문은 중첩해서 사용할 수 있다. 다음 구조에서 (실행할 내용) 부분에 또 다른 for 문이 들어갈 수 있다는 의미이다.

```
For 문의 구조
     for (변수) in (구간):
         (실행할 내용)
```

다음은 리스트를 공부할 때 만들었던 prices에 있는 값을 하나씩 출력하는 예제이다.

```
1   prices    # prices에 뭐가 담겼는지 확인
Out [100, 200, 300, 500, 600, 700, 200]
```

```
1   for p in prices:    # prices에 담긴 내용을 변수 p에 할당해서 루프를 돌린다.
2       print('가격은 ', p, '입니다.')
```
```
Out 가격은  100 입니다.
    가격은  200 입니다.
    가격은  300 입니다.
    가격은  500 입니다.
    가격은  600 입니다.
    가격은  700 입니다.
    가격은  200 입니다.
```

제어문 if

입력된 조건이 참인지 거짓인지 판단하고 결과에 따라 실행을 달리하는 것을 제어라고 하며 if 문이 대표적이다. If 문의 구조는 다음과 같다. If 문에서도 실행할 내용은 들여쓰기를 한다.

```
If 문의 구조
     if (조건 1):
         (조건 1이 참일 때 실행할 내용)
     elif (조건 2):
         (소건 2가 참일 때 실행힐 내용)
     else:
         (모두 거짓일 때 실행할 내용)
```

elif와 else는 생략할 수 있다. 둘 다 생략된다면 (조건 1)이 참인 경우에는 내용을 실행하고 거짓인 경우에는 아무것도 실행하지 않고 지나간다.

다음 예제는 가격을 입력받고 입력받은 가격이 1만 원보다 낮으면 매수, 높으면 매도, 1만 원이면 중립을 표시하는 if 문이다.

```
1   p = int(input())    # 정수값을 입력받아 p에 저장
2   '''
3   input()으로 값을 입력받음
4   int는 입력받은 값을 정수형으로 변환
5   값을 정수형으로 변환해야 숫자로 인식해서 if 문을 통해 대소 비교가 가능
6   '''
7   if p < 10000:    # 10000보다 낮으면
8       print('매수')
9   elif p > 10000:    # 10000보다 높으면
10      print('매도')
11  else:    # 위 조건이 모두 틀리다면
12      print('중립')
```

Out

```
11000 Enter
```

```
11000
매도
```

핀터스텔라 라이브러리 가이드

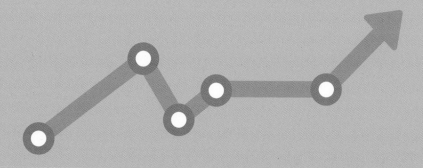

data_prep

> get_price(symbol, start_date=None, end_date=None)
>
> 지정한 기간의 주가(종가)를 가져온다.

입력 변수

- symbol: 종목코드(야후 파이낸스 기준)
- start_date: 기간 시작 일자(미지정 시 현재 일로부터 1년 전)
- end_date: 기간 종료 일자(미지정 시 현재 날짜)

반환 값

- 데이터프레임: 일자별 주가

사용 예

```
1  fs.get_price(symbol='AAPL', start_date='2021-01-01', end_date='2021-01-10')
```

```
Out    Symbols      AAPL
       Date
       2021-01-04  129.41
       2021-01-05  131.01
       2021-01-06  126.60
       2021-01-07  130.92
       2021-01-08  132.05
```

```
1  fs.get_price(symbol='AAPL')
```

```
Out    Symbols      AAPL
       Date
       2020-03-02   74.70
       2020-03-03   72.33
       2020-03-04   75.68
       2020-03-05   73.23
       2020-03-06   72.26
       ...           ...
       2021-02-24  125.35
       2021-02-25  120.99
       2021-02-26  121.26
```

```
2021-03-01  127.79
2021-03-02  125.12


[253 rows x 1 columns]
```

※ 조회하는 날짜에 따라 달라짐

> get_ohlc(symbol, start_date=None, end_date=None)
>
> 지정한 기간의 시가, 고가, 저가, 종가 및 거래량을 가져온다.

입력 변수

- symbol: 종목코드(야후 파이낸스 기준)
- start_date: 기간 시작 일자(미지정 시 현재 일로부터 1년 전)
- end_date: 기간 종료 일자(미지정 시 현재 날짜)

반환 값

- 데이터프레임: 일자별 고가, 저가, 시가, 종가, 거래량, 수정주가

사용 예

```
1  fs.get_ohlc(symbol='AAPL', start_date='2021-01-01', end_date='2021-01-10')

Out              High    Low    Open  Close    Volume  Adj Close
     Date
     2021-01-04 133.61 126.76 133.52 129.41 143301900     129.22
     2021-01-05 131.74 128.43 128.89 131.01  97664900     130.81
     2021-01-06 131.05 126.38 127.72 126.60 155088000     126.41
     2021-01-07 131.63 127.86 128.36 130.92 109578200     130.72
     2021-01-08 132.63 130.23 132.43 132.05 105158200     131.85
```

```
1  fs.get_ohlc(symbol='AAPL')

Out              High    Low    Open  Close        Volume  Adj Close
     Date
     2020-03-02  75.36  69.43  70.57  74.70 341,397,200.00      73.73
     2020-03-03  76.00  71.45  75.92  72.33 319,475,600.00      71.39
     2020-03-04  75.85  73.28  74.11  75.68 219,178,400.00      74.70
     2020-03-05  74.89  72.85  73.88  73.23 187,572,800.00      72.27
```

```
2020-03-06  72.71  70.31  70.50  72.26 226,176,800.00      71.31
...           ...    ...    ...    ...            ...        ...
2021-02-24 125.56 122.23 124.94 125.35 111,039,900.00     125.35
2021-02-25 126.46 120.54 124.68 120.99 148,199,500.00     120.99
2021-02-26 124.85 121.20 122.59 121.26 164,560,400.00     121.26
2021-03-01 127.93 122.79 123.75 127.79 115,998,300.00     127.79
2021-03-02 128.72 125.01 128.41 125.12  97,447,283.00     125.12

[253 rows x 6 columns]
```

trend

---

macd(df, short=12, long=26, signal=9)

MACD 값을 계산한다

입력 변수

- df: 주가 정보가 들어있는 데이터프레임
- short: 단기 이동평균의 윈도 사이즈(기본값 12)
- long: 장기 이동평균의 윈도 사이즈(기본값 26)
- signal: MACD 시그널을 구하기 위한 윈도 사이즈(기본값 9)

반환 값

- 데이터프레임: 일자별 주가, MACD, MACD signal, MACD oscillator

사용 예

```
1  df = fs.get_price(symbol='AAPL', start_date='2020-01-01', end_date='2020-12-31')
2  fs.macd(df, short=12, long=26, signal=9)
Out  Symbols     AAPL  macd  macd_signal  macd_oscillator
     Date
     2020-01-02 75.09  0.00      0.00          0.00
     2020-01-03 74.36 -0.02     -0.01         -0.01
     2020-01-06 74.95 -0.00     -0.01          0.01
     2020-01-07 74.60 -0.01     -0.01          0.00
     2020-01-08 75.80  0.04      0.01          0.03
```

```
      ...         ...   ...        ...          ...
2020-12-24 131.97  3.32       2.67         0.65
2020-12-28 136.69  3.79       2.89         0.90
2020-12-29 134.87  3.98       3.11         0.87
2020-12-30 133.72  3.98       3.28         0.70
2020-12-31 132.69  3.86       3.40         0.46

[253 rows x 4 columns]
```

---

rsi(df, w=14)

RSI 값을 계산한다

입력 변수

- df: 주가 정보가 들어있는 데이터프레임
- w: RSI 값 계산에 사용하는 기간 (윈도 사이즈)(기본값 14)

반환 값

- 시리즈: 일자별 주가, Slow k, Slow d

사용 예

```
1  df = fs.get_price(symbol='AAPL', start_date='2020-01-01', end_date='2020-12-31')
2  rsi(df, w=14)
Out  Date
     2020-01-02    nan
     2020-01-03    nan
     2020-01-06    nan
     2020-01-07    nan
     2020-01-08    nan
                   ...
     2020-12-24   67.87
     2020-12-28   73.60
     2020-12-29   68.52
     2020-12-30   65.45
     2020-12-31   62.74
     Name: rsi, Length: 253, dtype: float64
```

stochastic(df, symbol='AAPL', n=14, m=3, t=3)
스토캐스틱Stochastic 값을 계산한다

입력 변수

- df: 주가 정보가 들어있는 데이터프레임
- symbol: 종목 코드(야후 파이낸스 기준)
- n: Fast k 계산을 위한 윈도 사이즈(기본값 14)
- m: Slow k 계산을 위한 윈도 사이즈(기본값 3)
- t: Slow d 계산을 위한 윈도 사이즈(기본값 3)

반환 값

- 데이터프레임: 일자별 주가, Slow k, Slow d

사용 예

```
1   df = fs.get_ohlc(symbol='AAPL', start_date='2020-01-01', end_date='2020-12-31')

2   fs.stochastic(df, symbol='AAPL', n=14, m=3, t=3)

Out            AAPL  slow_k  slow_d
     Date
     2020-01-02  75.09    nan     nan
     2020-01-03  74.36    nan     nan
     2020-01-06  74.95    nan     nan
     2020-01-07  74.60    nan     nan
     2020-01-08  75.80    nan     nan
     ...          ...     ...     ...
     2020-12-24 131.97   80.32   80.24
     2020-12-28 136.69   84.97   82.18
     2020-12-29 134.87   86.03   83.77
     2020-12-30 133.72   82.66   84.55
     2020-12-31 132.69   72.78   80.49

     [253 rows x 3 columns]
```

```
envelope(df, w=50, spread=0.05)
```
엔벨로프Envelope 값을 계산한다

입력 변수

- df: 주가 정보가 들어있는 데이터프레임
- w: 이동평균을 구할 윈도 사이즈 (기본값 50)
- spread: 밴드 사이즈 결정 계수 (기본값 0.05)

반환 값

- 데이터프레임: 일자별 주가, 이동평균, 하단 값, 상단 값

사용 예

```
1    df = fs.get_price(symbol='AAPL', start_date='2020-01-01', end_date='2020-12-31')

2    fs.envelope(df, w=50, spread=0.05)

     Symbols    AAPL center    ub    lb
     Date
     2020-01-02 75.09    nan   nan   nan
     2020-01-03 74.36    nan   nan   nan
     2020-01-06 74.95    nan   nan   nan
     2020-01-07 74.60    nan   nan   nan
     2020-01-08 75.80    nan   nan   nan
Out  ...        ...      ...   ...   ...
     2020-12-24 131.97 119.74 125.72 113.75
     2020-12-28 136.69 120.06 126.06 114.05
     2020-12-29 134.87 120.37 126.39 114.35
     2020-12-30 133.72 120.73 126.76 114.69
     2020-12-31 132.69 121.03 127.08 114.98

     [253 rows x 4 columns]
```

볼린저밴드 값을 계산한다

입력 변수

- df: 주가 정보가 들어있는 데이터프레임
- w: 이동평균을 구할 윈도 사이즈 (기본값 20)
- k: 밴드 사이즈 결정 계수 (기본값 2)

반환 값

- 데이터프레임: 일자별 주가, 이동평균, 하단 값, 상단 값

사용 예

```
1   df = fs.get_price(symbol='AAPL', start_date='2020-01-01', end_date='2020-12-31')

2   fs.bollinger(df, w=20, k=2)
```

```
Out   Symbols      AAPL center      ub      lb
      Date
      2020-01-02  75.09     nan     nan     nan
      2020-01-03  74.36     nan     nan     nan
      2020-01-06  74.95     nan     nan     nan
      2020-01-07  74.60     nan     nan     nan
      2020-01-08  75.80     nan     nan     nan
      ...          ...      ...     ...     ...
      2020-12-24 131.97  124.90  133.28  116.52
      2020-12-28 136.69  125.91  134.89  116.93
      2020-12-29 134.87  126.70  135.92  117.48
      2020-12-30 133.72  127.25  136.78  117.72
      2020-12-31 132.69  127.73  137.34  118.12

      [253 rows x 4 columns]
```

trading

---

indicator_to_signal(df, factor, buy, sell)

지표를 트레이딩 시그널로 변환한다.

입력 변수

- df: 주가와 지표 값이 들어있는 데이터프레임
- factor: 지표 값이 저장된 칼럼명
- buy: 매수 기준 값
- sell: 매도 기준 값

반환 값

- 시리즈: 일자별 트레이딩 시그널

사용 예

```
1   df = fs.get_price(symbol='AAPL', start_date='2020-01-01', end_date='2020-12-31')

2   fs.rsi(df, w=14)

3   fs.indicator_to_signal(df, factor='rsi', buy=40, sell=60)
```

```
Out   Date
      2020-01-02    zero
      2020-01-03    zero
      2020-01-06    zero
      2020-01-07    zero
      2020-01-08    zero

              ...
      2020-12-24    zero
      2020-12-28    zero
      2020-12-29    zero
      2020-12-30    zero
      2020-12-31    zero
      Name: trade, Length: 253, dtype: object
```

> **band_to_signal(df, buy, sell)**
>
> 밴드 지표를 트레이딩 시그널로 변환한다.

입력 변수

- df: 주가와 지표 값이 들어있는 데이터프레임
- buy: 매수 영역 (A/B/C/D)
- sell: 매도 영역(A/B/C/D)

그림 B-1 밴드 영역 구분

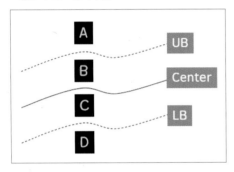

반환 값

- 시리즈: 일자별 트레이딩 시그널

사용 예

```
1  df = fs.get_price(symbol='AAPL', start_date='2020-01-01', end_date='2020-12-31')

2  fs.rsi(df, w=14)

3  fs.indicator_to_signal(df, factor='rsi', buy=40, sell=60)
```

```
Out  Date
     2020-01-02    zero
     2020-01-03    zero
     2020-01-06    zero
     2020-01-07    zero
     2020-01-08    zero

                   ...
```

```
2020-12-24    zero
2020-12-28    zero
2020-12-29    zero
2020-12-30    zero
2020-12-31    zero
Name: trade, Length: 253, dtype: object
```

---

combine_signal_or(df, *cond)

시그널을 합집합으로 결합한다.

입력 변수

- df: 주가 정보가 들어있는 데이터프레임
- cond: 결합 대상 시그널

반환 값

- 데이터프레임: 일자별 주가, 결합 결과, 결합 대상1, 결합 대상2, …

사용 예

1	df = fs.get_price(symbol='AAPL', start_date='2020-01-01', end_date='2020-12-31')
2	df = fs.bollinger(df, w=20, k=.5)
3	df['s1'] = fs.band_to_signal(df, buy='A', sell='B')
4	df['s2'] = fs.band_to_signal(df, buy='D', sell='B')
5	fs.combine_signal_or(df, 's1', 's2')

```
Out  Symbols      AAPL  center  sigma     ub      lb  trade    s1    s2
     Date
     2020-01-02  75.09    nan    nan    nan     nan   zero  zero  zero
     2020-01-03  74.36    nan    nan    nan     nan   zero  zero  zero
     2020-01-06  74.95    nan    nan    nan     nan   zero  zero  zero
     2020-01-07  74.60    nan    nan    nan     nan   zero  zero  zero
     2020-01-08  75.80    nan    nan    nan     nan   zero  zero  zero
     ...           ...    ...    ...    ...     ...    ...   ...   ...
     2020-12-24 131.97  124.90   4.19 127.00  122.81   buy   buy  zero
     2020-12-28 136.69  125.91   4.49 128.15  123.66   buy   buy  zero
```

```
2020-12-29 134.87 126.70  4.61 129.00 124.39  buy   buy  zero
2020-12-30 133.72 127.25  4.77 129.63 124.87  buy   buy  zero
2020-12-31 132.69 127.73  4.81 130.13 125.33  buy   buy  zero
```

[253 rows x 8 columns]

---

combine_signal_and(df, *cond)

시그널을 교집합으로 결합한다

입력 변수

- df: 주가 정보가 들어있는 데이터프레임
- cond: 결합 대상 시그널

반환 값

- 데이터프레임: 일자별 주가, 결합 결과, 결합 대상1, 결합 대상2, …

사용 예

```
1  df = fs.get_price(symbol='AAPL', start_date='2020-01-01', end_date='2020-12-31')

2  fs.bollinger(df, w=20, k=.5)

3  df['s1'] = fs.band_to_signal(df, buy='A', sell='B')

4  fs.rsi(df, w=14)

5  df['s2'] = fs.indicator_to_signal(df, factor='rsi', buy=70, sell=50)

6  fs.combine_signal_and(df, 's1', 's2')
```

```
Out  Symbols     AAPL center sigma   ub    lb trade   s1  diff  au  ad \
     Date
     2020-01-02 75.09   nan   nan   nan   nan zero zero  nan nan nan
     2020-01-03 74.36   nan   nan   nan   nan zero zero -0.73 nan nan
     2020-01-06 74.95   nan   nan   nan   nan zero zero  0.59 nan nan
     2020-01-07 74.60   nan   nan   nan   nan zero zero -0.35 nan nan
     2020-01-08 75.80   nan   nan   nan   nan zero zero  1.20 nan nan
     ...          ...   ...   ...   ...   ...  ...  ...  ... ... ...
     2020-12-24 131.97 124.90  4.19 127.00 122.81 zero  buy  1.01 1.14 0.54
     2020-12-28 136.69 125.91  4.49 128.15 123.66  buy  buy  4.72 1.39 0.50
```

```
2020-12-29 134.87 126.70    4.61 129.00 124.39    buy    buy -1.82 1.29 0.59
2020-12-30 133.72 127.25    4.77 129.63 124.87    buy    buy -1.15 1.20 0.63
2020-12-31 132.69 127.73    4.81 130.13 125.33    buy    buy -1.03 1.11 0.66


Symbols        rsi    s2
Date
2020-01-02    nan   zero
2020-01-03    nan   zero
2020-01-06    nan   zero
2020-01-07    nan   zero
2020-01-08    nan   zero
...            ...   ...
2020-12-24  67.87   zero
2020-12-28  73.60    buy
2020-12-29  68.52    buy
2020-12-30  65.45    buy
2020-12-31  62.74    buy

[253 rows x 12 columns]
```

position(df)
시그널에 따른 포지션을 산출한다

입력 변수

- df: 주가 정보가 들어있는 데이터프레임

반환 값

- 시리즈: 일자별 포지션

사용 예

```
1  df = fs.get_price(symbol='AAPL', start_date='2020-01-01', end_date='2020-12-31')
2  fs.rsi(df, w=14)
3  fs.indicator_to_signal(df, factor='rsi', buy=40, sell=60)
4  fs.position(df)
```

```
Out   Date
      2020-01-02
      2020-01-03    zz
      2020-01-06    zz
      2020-01-07    zz
      2020-01-08    zz
                    ..
      2020-12-24    zz
      2020-12-28    zz
      2020-12-29    zz
      2020-12-30    zz
      2020-12-31    zz
      Name: position, Length: 253, dtype: object
```

---

evaluate(df, cost=.001)

일자별 수익률과 MDD를 계산한다.

입력 변수

- df: 주가 정보가 들어있는 데이터프레임
- cost: 매도 시 거래비용(0.1% 라면 0.001로 입력)(기본값 0.1%)

반환 값

- 데이터프레임: 일자별 수익률, 누적 수익률, MDD, 벤치마크 MDD

사용 예

```
1   df = fs.get_price(symbol='AAPL', start_date='2020-01-01', end_date='2020-12-31')

2   fs.rsi(df, w=14)

3   fs.indicator_to_signal(df, factor='rsi', buy=40, sell=60)

4   fs.position(df)

5   fs.evaluate(df, cost=.001)

Out   Symbols      AAPL  diff   au   ad   rsi trade position  position_chart  rtn \
      Date
      2020-01-02  75.09   nan  nan  nan   nan  zero                        0 1.00
      2020-01-03  74.36 -0.73  nan  nan   nan  zero           zz           0 1.00
```

```
2020-01-06  74.95  0.59   nan  nan   nan  zero      zz          0 1.00
2020-01-07  74.60 -0.35   nan  nan   nan  zero      zz          0 1.00
2020-01-08  75.80  1.20   nan  nan   nan  zero      zz          0 1.00
...          ...   ...   ...  ...   ...  ...       ...         ... ...
2020-12-24 131.97  1.01  1.14 0.54 67.87  zero      zz          0 1.00
2020-12-28 136.69  4.72  1.39 0.50 73.60  zero      zz          0 1.00
2020-12-29 134.87 -1.82  1.29 0.59 68.52  zero      zz          0 1.00
2020-12-30 133.72 -1.15  1.20 0.63 65.45  zero      zz          0 1.00
2020-12-31 132.69 -1.03  1.11 0.66 62.74  zero      zz          0 1.00

Symbols     daily_rtn  acc_rtn  acc_rtn_dp  mdd  bm_mdd
Date
2020-01-02      1.00     1.00        0.00 1.00    1.00
2020-01-03      1.00     1.00        0.00 1.00    0.99
2020-01-06      1.00     1.00        0.00 1.00    1.00
2020-01-07      1.00     1.00        0.00 1.00    0.99
2020-01-08      1.00     1.00        0.00 1.00    1.00
...              ...      ...         ...  ...     ...
2020-12-24      1.00     1.15       14.50 1.00    0.98
2020-12-28      1.00     1.15       14.50 1.00    1.00
2020-12-29      1.00     1.15       14.50 1.00    0.99
2020-12-30      1.00     1.15       14.50 1.00    0.98
2020-12-31      1.00     1.15       14.50 1.00    0.97

[253 rows x 14 columns]
```

---

performance(df, rf_rate=0.01)

투자 성과를 계산한다.

입력 변수

- df: 주가 정보가 들어있는 데이터프레임
- rf_rate: 무위험이자율(자본조달비용)(기본값 1%)

반환 값

- 데이터프레임: 누적수익률, 연환산수익률, 평균수익률, 벤치마크수익률, 거래횟수, 승리횟수, 승률, 투자기간, 샤프비율, MDD, 벤치마크 MDD

사용 예

1	`df = fs.get_price(symbol='AAPL', start_date='2020-01-01', end_date='2020-12-31')`
2	`fs.rsi(df, w=14)`
3	`fs.indicator_to_signal(df, factor='rsi', buy=40, sell=60)`
4	`fs.position(df)`
5	`fs.evaluate(df)`
6	`fs.performance(df, rf_rate=0.01)`
Out	Accumulated return: 14.50% Annualized return : 15.39% Average return: 7.38% Benchmark return : 67.05% Number of trades: 2 Number of win: 1 Hit ratio: 50.00% Investment period: 0.9yrs Sharpe ratio: 0.34 MDD: -25.89% Benchmark MDD: -31.43%

financials

`fn_single(otp, symbol='', window='T')`

1종목의 다년간 재무 데이터를 조회한다

입력 변수

- otp: API 사용 권한 확인을 위한 one time password
- symbol: 종목코드
- window: 재무 데이터 조회 방법(Q: 분기, T:TTM)(기본값 T)

반환 값

- 데이터프레임: 1종목의 다년간 주요 재무 데이터

사용 예

```
1   fs.fn_single(otp='OTP', symbol='AAPL', window='T')
```

```
Out                        Revenue    Cost of Revenue       Gross Profit  \
    2011-12-31 127,841,000,000.00  73,618,000,000.00  54,223,000,000.00
    2012-03-31 142,360,000,000.00  79,791,000,000.00  62,569,000,000.00
    2012-06-30 148,812,000,000.00  83,171,000,000.00  65,641,000,000.00
    2012-09-30 156,508,000,000.00  87,846,000,000.00  68,662,000,000.00
    2012-12-31 164,687,000,000.00  95,668,000,000.00  69,019,000,000.00
    2013-03-31 169,104,000,000.00 102,300,000,000.00  66,804,000,000.00
    2013-06-30 169,404,000,000.00 104,570,000,000.00  64,834,000,000.00
    2013-09-30 170,910,000,000.00 106,606,000,000.00  64,304,000,000.00
    2013-12-31 173,992,000,000.00 108,902,000,000.00  65,090,000,000.00
    2014-03-31 176,035,000,000.00 109,347,000,000.00  66,688,000,000.00
    2014-06-30 178,144,000,000.00 109,745,000,000.00  68,399,000,000.00
    2014-09-30 182,795,000,000.00 112,258,000,000.00  70,537,000,000.00
    2014-12-31 199,800,000,000.00 121,368,000,000.00  78,432,000,000.00
    이하생략
```

```
fn_consolidated(otp, symbol='', term='', acct='')
```
전 종목의 다년간 재무 데이터를 조회한다

입력 변수

- otp: API 사용 권한 확인을 위한 one time password
- symbol: 종목코드(특정 종목만 조회할 경우)
- term: 조회 기간(분기 값, 예:2020Q1)
- acct: 조회할 재무 데이터 계정과목(특정 계정과목만 조회할 경우)

반환 값

- 데이터프레임: 전 종목의 다년간 주요 재무 데이터

사용 예

```
1  fs.fn_consolidated(otp='OTP', term='2020Q1')
```

```
Out        term         Revenue  Cost of Revenue      Gross Profit  \
    symbol
    A      2020Q1  5,236,000,000.00  2,415,000,000.00  2,821,000,000.00
    AA     2020Q1 10,095,000,000.00  8,382,000,000.00  1,713,000,000.00
    AACG   2020Q1     18,421,600.00     11,676,300.00      6,745,200.00
    AAIC   2020Q1    114,619,000.00             0.00    114,619,000.00
    AAL    2020Q1 43,699,000,000.00 35,299,000,000.00  8,400,000,000.00
    ...       ...               ...               ...               ...
    ZUMZ   2020Q1  1,034,130,000.00    667,566,000.00    366,563,000.00
    ZUO    2020Q1    276,057,000.00    134,181,000.00    141,876,000.00
    ZVO    2020Q1    405,903,000.00    204,173,000.00    201,730,000.00
    ZYME   2020Q1     25,888,000.00    134,951,000.00   -109,063,000.00
    ZYXI   2020Q1     51,504,000.00     10,431,000.00     41,073,000.00
```
이하생략

```
1  fs.fn_consolidated(otp='OTP', symbol='AAPL', term='2020Q1')
```

```
Out  term       Revenue  Cost of Revenue  Gross Profit         SG&A  \
    symbol
    AAPL  2020Q1  267981000000      165854000000   102127000000  19153000000


          Operating Income   Net Income  EPS      EBITDA          EBIT  ...  \
    symbol                                            ...
    AAPL         65591000000  57215000000 3.22  77305000000   65591000000  ...


          Dividends  Financing cash flow  Price  Price_M1  Price_M2  Price_M3  \
    symbol
    AAPL  -14022000000          -94190000000  63.57     73.45     79.49     91.20


          name  name_kr      sector             industry
    symbol
    AAPL  Apple    애플  Technology  Consumer Electronics

    [1 rows x 38 columns]
```

> `set_terms(start, end)`
>
> 테스트 기간을 재무 데이터 기준으로 한 분기 값으로 변환해 반환한다.

입력 변수

- start: 시작일(날짜 또는 분기 형식)
- end: 종료일(날짜 또는 분기 형식)

반환 값

- 분기 값

사용 예

```
1  fs.set_terms(start='2020-01-01', end='2020-12-31')
```
```
Out  Index(['2019Q4', '2020Q1', '2020Q2', '2020Q3'], dtype='object')
```

```
1  fs.set_terms(start='2020-01', end='2020-12')
```
```
Out  Index(['2019Q4', '2020Q1', '2020Q2', '2020Q3'], dtype='object')
```

```
1  fs.set_terms(start='2020Q1', end='2020Q4')
```
```
Out  Index(['2019Q4', '2020Q1', '2020Q2', '2020Q3'], dtype='object')
```

> `sector_info(df)`
>
> 재무 데이터를 구성하고 있는 종목의 섹터와 인더스트리 값을 가져온다.

입력 변수

- df: 재무 데이터

반환 값

- 분기 값

사용 예

```
1  df = fs.fn_consolidated(otp='OTP', term='2020Q1')
```

```
2  fs.sector_info(df)
```

```
Out    sector
       Basic Materials          [Aluminum, Gold, Specialty Chemicals, Chemical...
       Communication Services    [Entertainment, Publishing, Telecom Services, ...
       Consumer Cyclical        [Specialty Retail, Auto & Truck Dealerships, G...
       Consumer Defensive       [Education & Training Services, Household & Pe...
       Energy                   [Oil & Gas Integrated, Oil & Gas Midstream, Oi...
       Financial Services       [Asset Management, Insurance—Life, Banks—Regio...
       Healthcare               [Diagnostics & Research, Drug Manufacturers—Ge...
       Industrials              [Airlines, Building Products & Equipment, Airp...
       Other                                                              [Other]
       Real Estate              [Reit—Mortgage, Reit—Diversified, Reit—Residen...
       Technology               [Semiconductors, Consumer Electronics, Communi...
       Utilities                [Utilities—Regulated Electric, Utilities—Diver...
       Name: industry, dtype: object
```

---

sector_filter(df, sector=None)
지정한 섹터의 종목만 선택해 돌려준다.

입력 변수

- df: 재무 데이터
- sector: 선택할 섹터 이름. 여러 개 선택 시 리스트 형태로 호출
  (예: ['Financial Services', 'Technology'])

반환 값

- 재무 데이터

사용 예

```
1  df = fs.fn_consolidated(otp='OTP', term='2020Q1')
```

```
2  fs.sector_info(df)
```

```
3  fs.sector_filter(df, sector='Financial Services')
```

```
Out            term      Revenue  Cost of Revenue     Gross Profit  \
        symbol
        AAMC  2020Q1     19,645,000.00            0.00    19,645,000.00
        AAME  2020Q1    182,571,000.00    184,589,000.00    -2,018,000.00
        ABCB  2020Q1    915,954,000.00    140,517,000.00   775,437,000.00
        ABTX  2020Q1    246,069,000.00     53,251,000.00   192,818,000.00
        AC    2020Q1     30,982,000.00            0.00    30,982,000.00
        ...      ...            ...               ...             ...
        WVFC  2020Q1     11,929,000.00      4,590,000.00     7,339,000.00
        XYF   2020Q1    402,400,000.00    244,532,000.00   157,867,000.00
        Y     2020Q1  8,202,390,000.00  5,701,350,000.00 2,501,040,000.00
        YRD   2020Q1  1,087,200,000.00     84,421,000.00 1,002,780,000.00
        ZION  2020Q1  3,194,000,000.00    386,000,000.00 2,808,000,000.00
        이하 생략
        [688 rows x 38 columns]
```

```
1  df = fs.fn_consolidated(otp='OTP', term='2020Q1')
```

```
2  fs.sector_info(df)
```

```
3  fs.sector_filter(df, sector=['Financial Services', 'Technology'])
```

```
Out            term      Revenue  Cost of Revenue     Gross Profit          SG&A  \
        symbol
        AAMC  2020Q1     19,645,000.00            0.00    19,645,000.00  26,161,000.00
        AAME  2020Q1    182,571,000.00    184,589,000.00    -2,018,000.00          0.00
        ABCB  2020Q1    915,954,000.00    140,517,000.00   775,437,000.00 569,805,000.00
        ABTX  2020Q1    246,069,000.00     53,251,000.00   192,818,000.00 134,543,000.00
        AC    2020Q1     30,982,000.00            0.00    30,982,000.00  31,701,000.00
        ...      ...            ...               ...             ...           ...
        ZDGE  2020Q1      8,539,000.00      1,337,000.00     7,202,000.00   8,265,000.00
        ZEN   2020Q1    872,407,000.00    238,330,000.00   634,077,000.00 573,273,000.00
        ZIXI  2020Q1    196,562,000.00     91,848,000.00   104,714,000.00  84,995,000.00
        ZS    2020Q1    360,094,000.00     72,095,000.00   287,999,000.00 283,333,000.00
        ZUO   2020Q1    276,057,000.00    134,181,000.00   141,876,000.00 153,143,000.00
        이하 생략
        [1241 rows x 38 columns]
```

> `industry_filter(df, industry=None)`
>
> 지정한 인더스트리의 종목만 선택해 돌려준다.

입력 변수

- df: 재무 데이터
- industry: 선택할 섹터 이름. 여러 개 선택 시 리스트 형태로 호출.
  (예: ['Semiconductors', 'Consumer Electronics'])

반환 값

- 재무 데이터

사용 예

```
1   df = fs.fn_consolidated(otp='OTP', term='2020Q1')

2   fs.sector_info(df)

3   fs.industry_filter(df, industry='Semiconductors')
```

```
Out         term            Revenue  Cost of Revenue      Gross Profit  \
     symbol
     AAOI    2020Q1       178,620,000.00   138,432,000.00     40,188,000.00
     ADI     2020Q1     5,753,530,000.00 1,931,290,000.00  3,822,240,000.00
     AMD     2020Q1     7,245,000,000.00 4,080,000,000.00  3,165,000,000.00
     AMKR    2020Q1     4,310,300,000.00 3,592,720,000.00    717,586,000.00
     AOSL    2020Q1       454,370,000.00   352,937,000.00    101,433,000.00
     ...        ...              ...              ...               ...
     TXN     2020Q1    14,118,000,000.00 5,127,000,000.00  8,991,000,000.00
     UMC     2020Q1     5,299,270,000.00 4,390,490,000.00    908,778,000.00
     VSH     2020Q1     2,535,990,000.00 1,928,710,000.00    607,281,000.00
     WISA    2020Q1         1,612,000.00     1,678,000.00       -66,000.00
     XLNX    2020Q1     3,162,670,000.00 1,047,630,000.00  2,115,040,000.00

     [63 rows x 38 columns]
```

```
fn_filter(df, by='PER', floor=-inf, cap=inf, n=None, asc=True)
```
지정한 조건에 따라 재무 데이터를 골라서 반환한다.

입력 변수

- df: 재무 데이터
- by: 필터링 기준으로 사용할 칼럼(기본값 PER)
- floor: 최젓값(생략하면 무제한)
- cap: 최댓값(생략하면 무제한)
- n: 반환할 데이터 개수(생략하면 조건에 맞는 데이터 전체)
- asc: 정렬 방법(True: 오름차순, False: 내림차순)

반환 값

- 재무 데이터

사용 예

```
1  df = fs.fn_consolidated(otp='OTP', term='2020Q1')
2  fs.fn_filter(df, by='EPS', n=10, asc=False)
```

```
Out         EPS
     symbol
     BRK.A  5,983.00
     NVR      236.89
     SEB      105.61
     BKNG      79.69
     AZO       66.87
     BIO       52.87
     BIO.B     52.87
     GOOG      49.98
     GOOGL     49.98
     BHF       46.42
```

```
1  df = fs.fn_consolidated(otp='OTP', term='2020Q1')
2  fs.fn_filter(df, by='EPS', floor=10, cap=11, asc=True)
```

```
Out         EPS
      symbol
      NOG    10.00
      FLT    10.09
      SBNY   10.16
      IBM    10.17
      MHK    10.19
      LEA    10.26
      EA     10.29
      HD     10.29
      PH     10.31
      JLL    10.33
      DE     10.36
      ANET   10.43
      DPZ    10.43
      SNX    10.47
      ALXN   10.68
      PNC    10.78
      TDY    10.87
```

> **fn_score(df, by='PER', method='relative', floor=None, cap=None, asc=True)**
>
> 지정한 조건에 따라 재무 데이터를 골라서 반환한다.

입력 변수

- df: 재무 데이터
- by: 필터링 기준으로 사용할 칼럼
- method: 배점 방법(relative: 상대평가, absolute: 절대평가)(기본값 relative)
- floor: 최젓값 (생략하면 무제한)
- cap: 최댓값(생략하면 무제한)
- asc: 정렬 방법(True: 오름차순, False: 내림차순)

반환 값

- 재무 데이터 및 점수

사용 예

상대평가 + 내림차순

```
1   df = fs.fn_consolidated(otp='OTP', term='2020Q1')
2   fs.fn_score(df, by='EPS', method='relative', asc=False)
```

```
Out            EPS  Score
     symbol
     BRK.A  5,983.00 100.00
     NVR      236.89  99.90
     SEB      105.61  99.90
     BKNG      79.69  99.90
     AZO       66.87  99.90
     ...          ...    ...
     FET     -107.80   0.10
     NBR     -144.23   0.10
     CHFS    -153.75   0.10
     HPR     -250.00   0.00
     BH      -297.28   0.00

     [3994 rows x 3 columns]
```

절대평가 + 내림차순

```
1   fs.fn_score(df, by='EPS', method='absolute', asc=False)
```

```
Out            EPS  Score
     symbol
     BRK.A  5,983.00 100.00
     NVR      236.89   8.50
     SEB      105.61   6.40
     BKNG      79.69   6.00
     AZO       66.87   5.80
     ...          ...    ...
     FET     -107.80   3.00
     NBR     -144.23   2.40
     CHFS    -153.75   2.30
     HPR     -250.00   0.80
     BH      -297.28   0.00

     [3994 rows x 2 columns]
```

절대평가 + 오름차순

```
1  fs.fn_score(df, by='EPS', method='absolute', asc=True)
```

```
Out            EPS  Score
    symbol
    BH      -297.28 100.00
    HPR     -250.00  99.20
    CHFS    -153.75  97.70
    NBR     -144.23  97.60
    FET     -107.80  97.00

    ...         ...    ...
    AZO       66.87  94.20
    BKNG      79.69  94.00
    SEB      105.61  93.60
    NVR      236.89  91.50
    BRK.A  5,983.00   0.00

    [3994 rows x 2 columns]
```

floor와 cap을 지정한 경우, 상대평가

```
1  fs.fn_score(df, by='EPS', method='relative', floor=30, cap=100, asc=False)
```

```
Out          EPS Score
    symbol
    BKNG   79.69 91.70
    AZO    66.87 83.30
    BIO    52.87 66.70
    BIO.B  52.87 66.70
    GOOG   49.98 50.00
    GOOGL  49.98 50.00
    BHF    46.42 41.70
    GHC    39.99 33.30
    FCNCA  36.84 25.00
    CABO   36.78 16.70
    BIIB   32.45  8.30
    TPL    30.73  0.00
```

floor와 cap을 지정한 경우, 절대평가

```
1    fs.fn_score(df, by='EPS', method='absolute', floor=30, cap=100, asc=False)
```

Out		EPS	Score
symbol			
BKNG		79.69	71.00
AZO		66.87	52.70
BIO		52.87	32.70
BIO.B		52.87	32.70
GOOG		49.98	28.50
GOOGL		49.98	28.50
BHF		46.42	23.50
GHC		39.99	14.30
FCNCA		36.84	9.80
CABO		36.78	9.70
BIIB		32.45	3.50
TPL		30.73	1.00

---

combine_score(*signals, n=None)

fn_score()로 만든 점수를 합산한다.

입력 변수

- signals: 점수 데이터
- how: 시그널 합성 방법(교집합 and, 합집합 or) (기본값 and)
- n: 반환할 데이터 개수(생략하면 조건에 맞는 데이터 전체)

반환 값

- 재무 데이터 및 합산 점수

사용 예

점수1: EPS 30~100사이

```
1    s1 = fs.fn_score(df, by='EPS', method='relative', floor=30, cap=100, asc=False)
2    print(s1)
```

Out		EPS	Score
symbol			

```
BKNG    79.69  91.70
AZO     66.87  83.30
BIO     52.87  66.70
BIO.B   52.87  66.70
GOOG    49.98  50.00
GOOGL   49.98  50.00
BHF     46.42  41.70
GHC     39.99  33.30
FCNCA   36.84  25.00
CABO    36.78  16.70
BIIB    32.45   8.30
TPL     30.73   0.00
```

점수2: 매출액 1천억 달러 이상

```
1  s2 = fs.fn_score(df, by='Revenue', method='relative', floor=100000000000, asc=False)

2  print(s2)

Out                    Revenue  Score
   symbol
   WMT    523,964,000,000.00  97.40
   RDS.B  327,403,000,000.00  92.30
   RDS.A  327,403,000,000.00  92.30
   AMZN   296,274,000,000.00  89.70
   TM     275,356,000,000.00  87.20
   BP     274,749,000,000.00  84.60
   AAPL   267,981,000,000.00  82.10
   CVS    261,885,000,000.00  79.50
   XOM    257,471,000,000.00  76.90
   BRK.A  255,203,000,000.00  71.80
   BRK.B  255,203,000,000.00  71.80
   UNH    246,268,000,000.00  69.20
   MCK    231,051,000,000.00  66.70
   ABC    186,159,000,000.00  64.10
   T      179,145,000,000.00  61.50
   TOT    169,702,000,000.00  59.00
   GOOG   166,677,000,000.00  53.80
   GOOGL  166,677,000,000.00  53.80
   COST   158,350,000,000.00  51.30
   CI     154,089,000,000.00  48.70
```
이하 생략

합산 점수

```
1   fs.combine_score(s1, s2)
```

```
Out           Score  Score_   Sum
     symbol
     GOOGL   25.00   26.90 51.90
     GOOG    25.00   26.90 51.90
     WMT       nan   48.70 48.70
     RDS.B     nan   46.15 46.15
     RDS.A     nan   46.15 46.15
     BKNG    45.85     nan 45.85
     AMZN      nan   44.85 44.85
     TM        nan   43.60 43.60
     BP        nan   42.30 42.30
     AZO     41.65     nan 41.65
     AAPL      nan   41.05 41.05
     CVS       nan   39.75 39.75
     XOM       nan   38.45 38.45
     이하 생략
```

> **combine_signal(*signals, how='and', n=None)**
>
> 시그널을 조합한다.

입력 변수

- signals: 필터링 선정 종목 데이터 또는 점수 데이터
- how: 시그널 합성 방법(교집합 and, 합집합 or) (기본값 and)
- n: 반환할 데이터 개수(생략하면 조건에 맞는 데이터 전체)

반환 값

- 선정 종목

사용 예

종목1: EPS 10~100사이

```
1   s1 = fs.fn_filter(df, by='EPS', floor=10, cap=100, asc=False)
2   print(s1)
```

```
Out            EPS
       symbol
       BKNG    79.69
       AZO     66.87
       BIO.B   52.87
       BIO     52.87
       GOOGL   49.98
       ...      ...
       MHK     10.19
       IBM     10.17
       SBNY    10.16
       FLT     10.09
       NOG     10.00

       [90 rows x 1 columns]
```

종목2: 매출액 1백억 달러 이상

```
1  s2 = fs.fn_filter(df, by='Revenue', floor=10000000000, asc=False)
2  print(s2)
```

```
Out              Revenue
       symbol
       WMT    523,964,000,000.00
       RDS.A  327,403,000,000.00
       RDS.B  327,403,000,000.00
       AMZN   296,274,000,000.00
       TM     275,356,000,000.00
       ...              ...
       ORLY    10,215,900,000.00
       KOF     10,196,200,000.00
       LNG     10,178,000,000.00
       AA      10,095,000,000.00
       HSIC    10,054,400,000.00

       [418 rows x 1 columns]
```

종목 조합 (and): 먼저 입력한 시그널을 기준으로 정렬한다. 여기에서는 s1을 기준으로 정렬한다.

```
1    fs.combine_signal(s1, s2, how='and')
```

```
Out            EPS            Revenue
       symbol
       BKNG   79.69   14,517,000,000.00
       AZO    66.87   12,078,100,000.00
       GOOGL  49.98  166,677,000,000.00
       GOOG   49.98  166,677,000,000.00
       BHF    46.42   14,848,000,000.00
       BIIB   32.45   14,422,400,000.00
       AMP    27.40   12,850,000,000.00
       BLK    27.24   14,903,000,000.00
       LMT    22.15   61,127,000,000.00
       AMZN   21.30  296,274,000,000.00
       HUM    19.58   67,716,000,000.00
       GS     18.55   36,482,000,000.00
       ANTM   18.47  109,168,000,000.00
       ORLY   17.99   10,215,900,000.00
       SHW    17.65   18,006,600,000.00
       LBTYK  17.38   11,549,300,000.00
       LBTYA  17.38   11,549,300,000.00
       이하 생략
```

종목 조합 (or): ABC 순으로 정렬한다.

```
1    fs.combine_signal(s1, s2, how='or')
```

```
Out         EPS          Revenue
      symbol
      AA      nan   10,095,000,000.00
      AAL     nan   43,699,000,000.00
      AAPL    nan  267,981,000,000.00
      ABB     nan   27,347,000,000.00
      ABBV    nan   34,057,000,000.00
      ...     ...          ...
      X       nan   12,186,000,000.00
      XEL     nan   11,199,000,000.00
      XOM     nan  257,471,000,000.00
      XPO     nan   16,392,000,000.00
      YPF     nan   13,529,700,000.00

      [469 rows x 2 columns]
```

```
backtest(signal, data, m=3, cost=0.001, rf_rate=0.01)
```
산출한 시그널대로 백테스트 한다.

입력 변수

- signal: 선정한 종목
- data: 주가 및 재무 데이터
- m: 리밸런싱 일자(재무 데이터 발표일 기준 m 개월 후, m=3이면 3개월 후 리밸런싱)
- cost: 매도 거래비용(1% 면 cost=0.01)
- rf_rate: 무위험이자율(1% 면 rf_rate=0.01)

반환 값

- 기간별수익률, 누적수익률, 연간수익률, 트레이딩 기간, 샤프비율, MDD

사용 예

1	`terms = fs.set_terms(start='2011Q4', end='2020Q3')`
2	`data = {}`
3	`s = {}`
4	`signal = {}`
5	`for t in terms:`
6	`    data[t] = fs.fn_consolidated(otp='OTP 코드', term=t)`
7	`    data[t]['PER'] = data[t]['Price_M3'] * data[t]['EPS']`
8	`    s[t] = fs.fn_filter(data[t], by='PER', floor=.1, n=10, asc=True)`
9	`    signal[t] = list(s[t].index)`
10	`df = fs.backtest(signal=signal, data=data, m=3, cost=.01)`
Out	Accumulated return: 205.85% Annualized return: 13.22% Investment period: 9.0yrs Sharpe ratio: 0.21 MDD: -34.59%

```
view_portfolio(data, signal, term=None)
```
지정한 기간에 보유한 종목을 조회한다.

입력 변수

- data: 재무 데이터
- signal: 선정 종목 리스트
- term: 조회할 기간(재무 정보 기준, 생략 시 마지막 분기)

반환 값

- 종목코드, 종목명, 섹터, 인더스트리

사용 예

```
1  fs.view_portfolio(data, signal, term='2020Q3')
```

```
Out                                  name                   sector  \
     symbol
     METC              Ramaco Resources Inc        Basic Materials
     ANGI              ANGI Homeservices  Communication Services
     BTN                 Ballantyne Omah       Consumer Cyclical
     PME       Pingtan Marine Enterprise Ltd     Consumer Defensive
     UGP                       Ultrapar                 Energy
     AAME                  Atlantic Amer      Financial Services
     USX         US Xpress Enterprises Inc           Industrials
     DAKT                    Daktronics             Technology
     INTT                   inTest Corp            Technology
     GWRS                 Global Water              Utilities


                                  industry
     symbol
     METC                        Coking Coal
     ANGI       Internet Content & Information
     BTN                           Leisure
     PME                       Farm Products
     UGP        Oil & Gas Refining & Marketing
     AAME                    Insurance—Life
     USX                           Trucking
     DAKT                  Computer Hardware
     INTT                      Semiconductors
     GWRS            Utilities—Regulated Water
```

visualization

> `draw_chart(df, left=None, right=None, log=False)`
> 라인차트를 그린다.

입력 변수

- df: 데이터프레임
- left: 왼쪽 y축을 기준으로 그릴 칼럼 리스트
- right: 오른쪽 y축을 기준으로 그릴 칼럼 리스트
- log: True이면 로그스케일로 그림

반환 값

- 라인차트

사용 예

```
1  df = fs.get_price(symbol='AAPL', start_date='2020-01-01', end_date='2020-12-31')

2  fs.rsi(df, w=14)

3  fs.draw_chart(df, left='rsi', right='AAPL')
```

Out

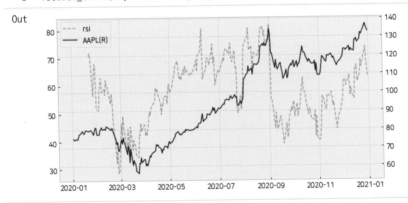

> `draw_band_chart(df, band=['lb', 'center', 'ub'], log=False)`
> 밴드차트를 그린다.

입력 변수

- df: 데이터프레임
- band: 밴드의 하단, 중심, 상단 값을 리스트 형태로 지정. 생략 시 기본값인 ['lb', 'center', 'ub']로 세팅
- log: True이면 로그스케일로 그림

반환 값

- 밴드차트

사용 예

```
1  df = fs.get_price(symbol='AAPL', start_date='2020-01-01', end_date='2020-12-31')
2  fs.envelope(df, w=20, spread=.1)
3  fs.draw_band_chart(df)
```

Out

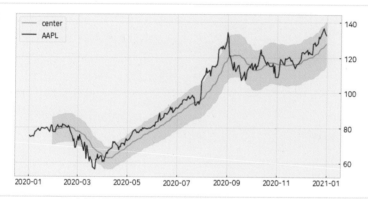

```
draw_price_multiple_band(df, multiple='PER', acct='EPS', log=False)
```
프라이스멀티플 밴드차트를 그린다.

입력 변수

- df: 데이터프레임
- multiple: 프라이스멀티플
- acct: 프라이스멀티플 계산에 이용되는 계정과목
- log: True이면 로그스케일로 그림

반환 값

- 프라이스멀티플 밴드차트

사용 예

```
1  df = fs.fn_single(otp='OTP 코드', symbol='AAPL', window='T')

2  df['PER'] = df['Price'] / df['EPS']

3  fs.draw_price_multiple_band(df, multiple='PER', acct='EPS')
```

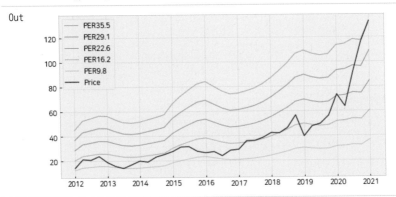

---

draw_trade_results(df)

단일 종목의 트레이딩 결과와 포지션 상황을 차트로 그린다

입력 변수

- df: 데이터프레임

반환 값

- 트레이딩 결과 차트

사용 예

```
1  df = fs.get_price(symbol='AAPL', start_date='2020-01-01', end_date='2020-12-31')

2  fs.rsi(df, w=14)

3  fs.indicator_to_signal(df, factor='rsi', buy=30, sell=70)

4  fs.position(df)
```

```
5    fs.evaluate(df, cost=.001)

6    fs.performance(df, rf_rate=0.01)

7    fs.draw_trade_results(df)
```

Out

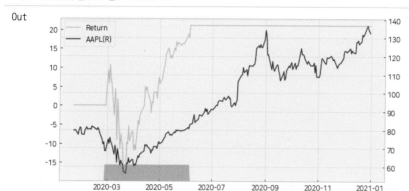

---

draw_return(df, bm='^GSPC')

포트폴리오 트레이딩 수익률과 벤치마크수익률을 차트로 그린다.

입력 변수

- df: 데이터프레임
- bm: 벤치마크 종목코드(지수, ETF, 주식 등)(기본값 S&P 500 지수)

반환 값

- 수익률차트

사용 예

```
1    terms = fs.set_terms(start='2019Q4', end='2020Q3')

2    data = {}

3    s = {}

4    signal = {}

5    for t in terms:

6        data[t] = fs.fn_consolidated(otp='OTP', term=t)

7        data[t]['PER'] = data[t]['Price'] / data[t]['EPS']
```

```
8    s[t] = fs.fn_filter(data[t], by='PER', floor=1, cap=100, n=10, asc=True)
```

```
9    signal[t] = list(s[t].index)
```

```
10   df = fs.backtest(signal=signal, data=data, m=2, cost=.01)
```

```
11   fs.draw_return(df)
```

Out

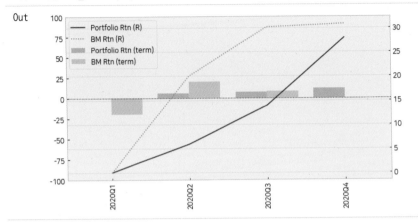

WeBull 애플리케이션:
실시간 시세 및 페이퍼 트레이딩 가이드

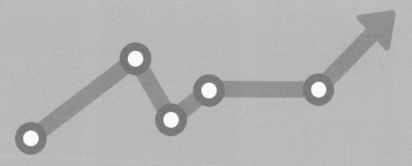

미국 주식투자가 처음이라면 바로 뛰어들기보다는 모의 트레이딩으로 자신의 모델이 얼마나 잘 작동하는지 테스트해보고 실전에 들어가면 도움이 된다. 미국 주식시세를 실시간으로 보며 모의 트레이딩(페이퍼 트레이딩)을 하기 위해서는 로빈후드와 비슷한 개인투자자 위주의 증권사 WeBull 앱을 이용하면 좋다. WeBull 앱의 설치 및 페이퍼 트레이딩 방법을 알아보자.

앱스토어 또는 구글플레이에 접속하고 weBull을 검색해 앱을 설치한다. 설치된 앱을 구동하면 [그림 C-2]와 같은 초기 화면이 나온다. Skip을 눌러 넘어가거나, Learn About Me 버튼을 누르고 안내를 읽은 후 Get Started 버튼을 누른다.

그림 C-1 WeBull 앱 검색

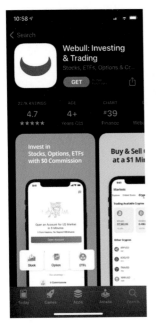

그림 C-2 WeBull 초기 화면

그림 C-3 WeBull 사용 안내

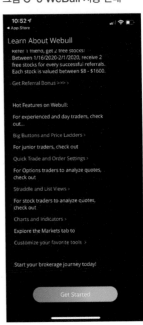

이제 본격적으로 앱이 시작된다. 아직 관심 종목을 설정하지 않았다면 기본적으로 [그림 C-4]와 같이 관심 종목 리스트가 세팅된다. 페이퍼 트레이딩에 들어가려면 오른쪽 하단의 Menu을 누른다. [그림 C-5] 화면이 나오면 아래쪽에 Paper Trading 메뉴를 선택한다. 페이퍼 트레이딩을 하기 위해서는 WeBull에 계정을 만들어야 한다. 미국 Social security number (한국의 주민등록번호와 유사)가 없으면 실제 거래는 할 수 없지만, 이메일 계정만 있으면 페이퍼 트레이딩은 할 수 있다. Login을 누르고 Sign Up을 누르면 [그림 C-6]의 계정 생성 화면을 만날 수 있다. 계정을 만들고 로그인하자.

그림 C-4 관심 종목 리스트	그림 C-5 메뉴 화면	그림 C-6 계정 생성

 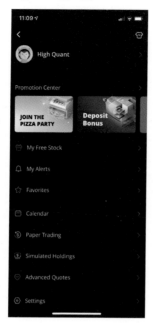 

로그인을 완료한 후 [그림 C-4] 화면에서 우측 상단에 있는 유저 아이콘을 터치하면 [그림 C-5] 메뉴 화면으로 들어간다. [그림 C-5] 메뉴 화면 하단에 있는 Paper Trading을 누르자. [그림 C-7] 화면이 나오면 계정의 잔고를 초기화한다. 어차피 가상의 돈이니 원하는 만큼 세팅하자.

페이퍼 트레이딩 세팅이 완료되고 [그림 C-9] 화면으로 들어간다. 이제 트레이딩을 시작할 수 있다. Quick Trade를 눌러 [그림 C-10] 화면으로 들어간다. 아래 종목 리스트에서 종목을 선택하거나 검색창에서 종목을 검색해 트레이딩 할 종목을 선택한다. [그림 C-11]에서 주가 추이 등 정보를 확인할 수 있다.

그림 C-7 가상 잔고 화면

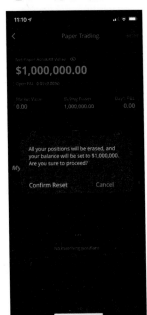

그림 C-8 자산 초기화

그림 C-9 모의 트레이딩 준비

그림 C-10 종목 선택

그림 C-11 종목 정보 확인

그림 C-12 주문

맨 아래 주황색으로 표시된 Paper Trading을 누르면 [그림 C-12]처럼 주문 화면으로 들어간다. 주문에 필요한 정보는 다음과 같다.

- Side: 매수(Buy)/매도(Sell) 선택
- Quantity: 주문 수량
- Order Type: 주문 방법 (MARKET: 시장가 주문/LIMIT: 지정가 주문)
- Limit Price: 지정가 주문일 경우 지정 가격
- Time-in-Force: 주문 유효 시간 (Day: 당일/GTC: 체결 시까지)
- Extended Hours: 시간 외 거래

이상의 정보를 입력하고 맨 아래 Paper Trade를 누르면 주문이 접수되고, [그림 C-14] 화면으로 넘어가면서 주문 내역이 표시된다. 주문 내역을 터치하면 [그림 C-15]처럼 주문 세부 내역이 나온다.

그림 C-13 주문 접수

그림 C-14 주문 내역 확인

그림 C-15 주문 세부 내역

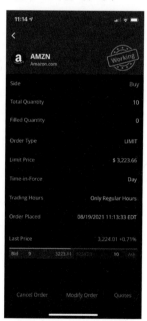

[그림 C-15]의 주문 세부 내역에서 하단 버튼을 이용해 주문을 취소 또는 수정할 수 있다.

관심 종목 리스트를 만들어두면 미국 주식을 관리하기 편리하다. [그림 C-16]의 관심 종목 화

면에서 왼쪽 상단의 메뉴 버튼(빨간색 네모로 표시)을 누르면 [그림 C-17]의 관심 종목 그룹 편집 화면이 나타난다. Manage 를 눌러 관심 종목 그룹을 추가하거나 삭제할 수 있다.

그림 C-16 관심 종목

그림 C-17 관심 종목 편집

그림 C-18 그룹 추가/삭제

관심 종목 그룹에 종목을 추가하려면 그룹으로 이동해서 종목 리스트 맨 아래 위치한 Add Symbol 을 누른다. 그러면 [그림 C-20]과 같이 종목을 검색하거나 리스트에서 선택할 수 있는 화면이 나온다. 여기에서 종목을 선택하면 된다.

그림 C-19 그룹 내 종목 설정   그림 C-20 종목 선택   그림 C-21 종목 세부 화면

관심 종목에 종목을 추가하는 다른 방법은 [그림 C-21]과 같은 종목 세부 화면에서 오른쪽 상
단에 있는 하트 아이콘을 클릭한다. 하트를 클릭하면 어떤 그룹에 종목을 추가할지 선택할 수
있다.

주피터랩 설치 가이드

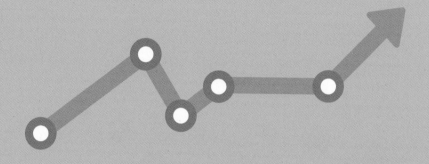

회사에서 외부 클라우드 접속 차단 등의 이유로 구글 콜랩 사용이 어려운 경우, 주피터랩 JupyterLab으로 구글 콜랩과 똑같이 퀀트머신을 이용할 수 있다. 여기에서는 주피터랩 설치와 사용법을 안내한다.

웹브라우저를 열어 주소창에 https://www.anaconda.com/를 입력해 아나콘다 사이트에 접속한다.

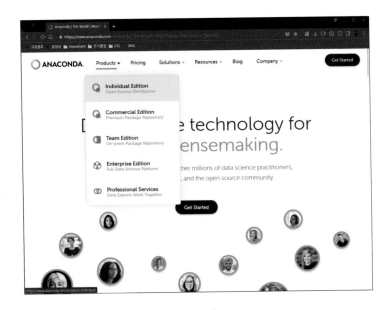

Products를 선택하고 하위 메뉴에서 Individual Edition을 선택한다.

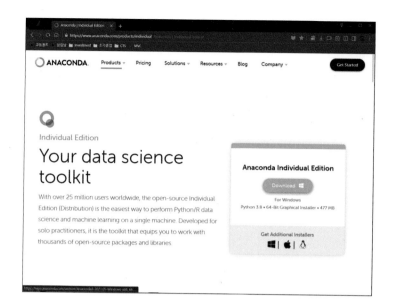

화면 오른쪽에 있는 Download 버튼을 누른다. 만일 다운로드 버튼에 제시된 버전이 원하는 버전과 다르다면 버튼 아래 위치한 Get Additional Installers 를 눌러 추가 버전을 확인하고 선택한다.

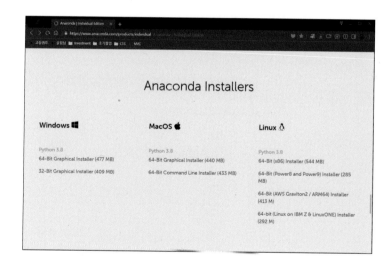

다운로드한 파일을 실행시켜 아나콘다 설치를 시작하자. 여기서부터는 특별한 설정 필요 없이 계속 기본적인 답변을 하면서 진행한다.

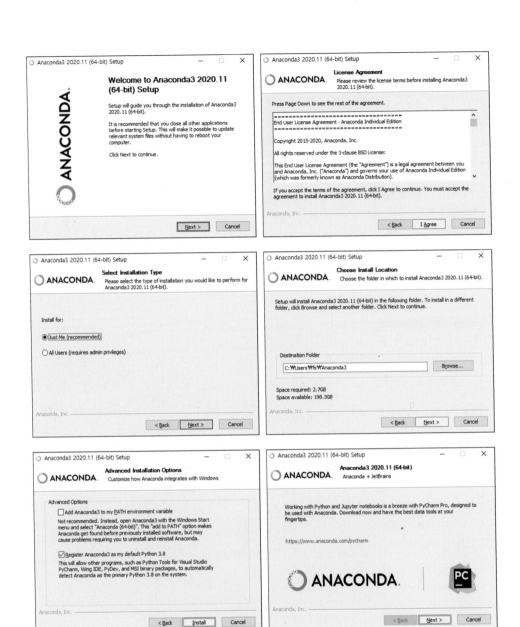

설치가 완료되었다. 시작 화면에서 Anaconda 폴더를 열어 Anaconda Navigator를 실행한다.

아래 화면이 나오면 JupyterLab 타일에 있는 Launch 버튼을 눌러 주피터랩을 실행한다.

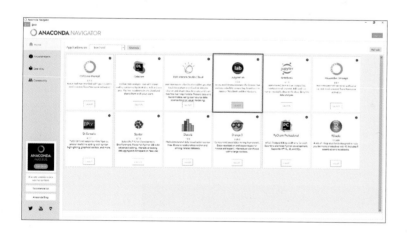

주피터랩이 실행된 화면이다.

어두운 테마로 바꿔주기 위해 Settings - JupyterLab Theme - JupyterLab Dark를 선택한다.

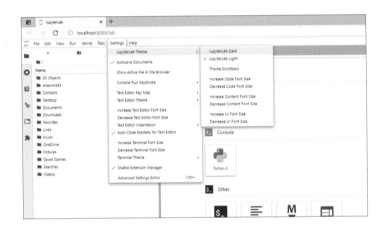

다크 테마가 적용된 모습이다. 이제부터는 구글 콜랩과 거의 비슷하다.

새 파일을 눌러 빈 노트북 화면을 열어보자. 구글 콜랩에서와 같은 환경을 갖추기 위해 아래 명령어를 순서대로 입력한다. 그다음 핀터스텔라 라이브러리를 불러와 설치한다. 설치 명령어가 살짝 달라졌으니 주의하자.

```
pip install finterstellar
```

야후 파이낸스에서 시세를 받아오기 위해 필요한 pandas-datareader를 설치한다.

```
pip install pandas-datareader
```

여기까지 실행한 화면이다.

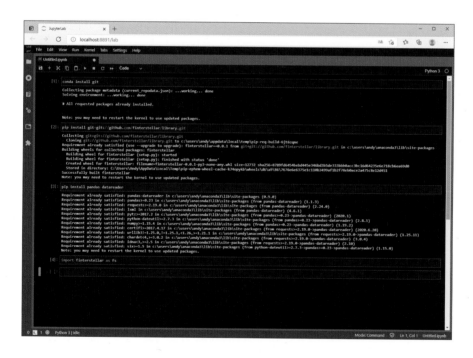

이후부터는 콜랩에서 할 때와 같다. 콜랩보다 설치 시간이 더 들긴 했지만, 내 PC에서 돌아가기 때문에 오히려 편한 점도 많다. 필요에 따라 콜랩과 주피터랩을 선택해 사용하자.

- Eugene F. Fama and Kenneth R. French. 『The cross-section of expected stock returns』(The Journal of Finance, 1992)

- Joseph D. Piotroski. 『Value Investing: The Use of Historical Financial Statement Information to Separate Winners from Losers』(Journal of Accounting Research, 2000)

- John Bollinger. 『볼린저 밴드 투자기법』(이레미디어, 2010)『Bollinger on Bollinger Bands』(McGraw-Hill, 2001)

- 고승덕. 『고변호사의 주식강의』(개미들출판사, 2002)

- 최준철. 『가치투자가 쉬워지는 V차트』(이콘, 2004)

- Curtis M. Faith. 『터틀의 방식』(이레미디어, 2010)『Way of the Turtle』(McGraw-Hill, 2007)

- Benjamin Graham and David L. Dodd 『증권 분석』(리딩리더, 2012)『Security Analysis - 6th Edition』(McGraw Hill, 2008)

- Scott Patterson. 『퀀트』(다산북스, 2011)『The Quants』(Random House, 2010)

- Robert Novy-Marx. 『The Other Side of Value: The Gross Profitability Premium』(Journal of Financial Economics, 2012)

- Wes Mckinney. 『파이썬 라이브러리를 활용한 데이터 분석』(한빛미디어, 2013)『Python for Data Analysis』(O'Reilly, 2012』

- Yves Hilpisch. 『파이썬을 활용한 금융 분석』(한빛미디어, 2016)『Python for Finance』(O'Reilly, 2014)

- 문병로. 『메트릭 스튜디오』(김영사, 2014)

- Edward O. Thorp. 『나는 어떻게 시장을 이겼나』(이레미디어, 2019)『A Man for All Markets』(Random House, 2017)

- 강환국. 『할 수 있다 퀀트투자』(에프엔미디어, 2017)

- 김용환. 『파이썬을 활용한 금융공학 레시피』(한빛미디어, 2018)

- 영주 닐슨. 『월스트리트 퀀트투자의 법칙』(비즈니스북스, 2019)

- 뉴욕주민. 『진짜 미국식 주식투자』(비즈니스북스, 2020)

- Jon Acampora. 『Calculate Percentage Change for Negative Numbers in Excel』(https://www.excelcampus.com/functions/percentage-change-formula-negative-numbers)

- CME Group. 『Understanding Moving Averages』(https://www.cmegroup.com/education/courses/technical-analysis/understanding-moving-averages